벌거벗은 **진리**

벌거벗은 진리

한스 블루멘베르크 지음 ‖ 임홍배 옮김

도서출판
길

벌거벗은 **진리**

2023년 10월 20일 제1판 제1쇄 찍음
2023년 10월 30일 제1판 제1쇄 펴냄

지은이 | 한스 블루멘베르크
옮긴이 | 임홍배
펴낸이 | 박우정

기획·편집 | 천정은
전산 | 한향림

펴낸곳 | 도서출판 길
주소 | 06032 서울시 강남구 도산대로25길 16 우리빌딩 201호
전화 | 02)595-3153   팩스 | 02)595-3165
등록 | 1997년 6월 17일 제113호

차례

블루멘베르크의 은유 이론과 '벌거벗은 진리'의 패러다임
니체와 프로이트의 경우

은둔의 철학자 블루멘베르크

한스 블루멘베르크Hans Blumenberg, 1920~1996는 제2차 세계대전 이후 독일 철학계에서 가장 주목받는 철학자의 한 사람이다. 그렇지만 국내 독자들에겐 비교적 생소한 이름이므로 우선 그의 이력을 간단히 소개하고자 한다. 블루멘베르크는 1920년 북독일의 항구 도시 뤼베크에서 태어났다. 아버지는 미술 출판사를 운영했고, 부계의 조상들은 18세기부터 성직자를 많이 배출했다. 김나지움을 최우수 성적으로 졸업했으나 어머니가 유대인이어서 이미 반反유대주의 광풍이 몰아치기 시작하는 상황에서 일반 대학에 진학할 수 없었기 때문에 1939년 파데보른 신학대학에 입학했다. 그러나 여기서도 퇴학 압력을 받아서 결국 1942년 학업을 중단하고 뤼베크로 돌아왔다. 같은 해에 강제 노동에 차출되어 군수 공장에 배치되었다가 얼마 후 건강상의 이유로 면직되었다. 그러고서 다시 뤼베크의 의료기기 회사에서 일했다. 제2차 세계대전이 막바지로 치닫던 1945년 초에 안할트 주에 있는 반半유대인 강제수용소에 수감되었으나 그가 일했던 의료기기 회사의 사장이 구명에 나서서 무사히 풀려날 수 있었다.(그 사장은 블루멘베르크와 비슷한 처지에 있던 많은 유대인들을 구해준 의인으로 알려져 있다.) 석방 후 곧바로 뤼베크의 여자 친구 집으로 피신하여 전쟁이 끝날 때까지 숨어 지냈고, 생명의 은인인 그 여성과 나중에 결혼했다.

종전 후 블루멘베르크는 함부르크 대학에서 철학·독문학·고전학을 공부했고, 1947년 킬 대학에서 중세 철학 연구로 박사학위를 받았다. 1950년 킬 대학에서 '존재론적 거리: 후설 현상학의 위기에 관한 연구'라는 주제로 교수 자격 논문을 마쳤다. 1958년 함부르크 대학 비정년 교수가 되었고, 그 후 기센 대학, 보훔 대학을 거쳐 1970년부터 뮌스터 대학 교수로 재직했다. 생의 후반부로 갈수록 그는 학회 모임 등에도 참석하지 않고 공적인 생활에서 완전히 물러나 혼자 칩거하면서 연구와 집필에만 전념했다. 그래서 '보이지 않는 철학자' 또는 '은둔의 철학자'라는 별명을 얻은 블루멘베르크는 그 이유를 묻는 동료 철학자에게 김나지움 졸업 후 '잃어버린 8년을 만회하기 위해서'라고 답했다고 전해진다. 그러나 1960년대에는 비교문학자 한스 로베르트 야우스Hans Robert Jauß 등과 함께 문학과 철학의 학제적 연구와 토론을 주도한 '시학과 해석학'Poetik und Hermeneutik 그룹의 창립 멤버로 활발히 참여했다. 실제로 블루멘베르크는 괴테와 폰타네에 관한 저서 외에 다수의 문학비평과 문학이론 저술을 남겼다.

블루멘베르크가 탐구한 분야는 매우 다양하고 방대하다. 그 출발점이라 할 수 있는 『은유학을 위한 패러다임들』Paradigmen zu einer Metaphorologie,

1960은, 뒤에서 자세히 살펴보겠지만, '개념'으로 대체될 수 없는 '은유'가 사유의 자양분으로서 어떤 중요한 역할을 하는가를 규명하고 있다. 종래의 철학이 개념으로 파악된 인간 사유만을 다루었다면, 블루멘베르크의 은유 이론은 개념 형성 이전의 사고 과정뿐만 아니라 나아가서 개념으로는 접근할 수 없는 한계 영역까지도 표현하는 은유의 적극적 기능을 조명하고 있다. 그런 점에서 그의 은유 이론은 프로이트Sigmund Freud의 꿈 해석이 '의식'보다 광대한 '무의식'의 영역을 개척한 것에 비견될 수 있다.

블루멘베르크의 저술 중 상당수는 『은유학을 위한 패러다임들』에서 제시한 주제들을 확장 심화한 것이다. 과학사와 철학사를 결합하여 중세에서 근대로의 이행과 두 시대의 겹침을 다룬 『코페르니쿠스적 전회』*Die kopernikanische Wende*, 1965, 세계를 '텍스트'라는 은유로 파악한 철학과 문학의 궤적을 탐구한 『세계의 해독解讀 가능성』*Die Lesbarkeit der Welt*, 1979, 20세기 후반의 가장 중요한 신화 이론으로 꼽히는 『신화 만들기』*Arbeit am Mythos*, 1979 등이 대표적인 경우다. 또한 블루멘베르크 사후에도 철학적 인간학의 재정립을 시도한 『인간에 대한 서술』*Beschreibung des Menschen*, 2006, 은유 이론을 비개념적 사유의 문제로 확장한 『비개념성의 이론』*Theorie der Unbegrifflichkeit*, 2007, 『은유학을 위한 패러다임들』에서 진리에 대한 은유의 패러다임 중 하나로 제시한 주제를 다룬 『벌거벗은 진리』*Die nackte Wahrheit*, 2019 등의 유고가 최근까지 계속 출간되고 있다. 사후에 출간된 유고 저서들이 생시에 나온 책들보다 더 많을 정도로 블루멘베르크는 방대한 유고를 남겼다. 철학자로서는 매우 이례적으로 그의 모든 원고와 유고는 쉴러의 고향 도시 마르바흐에 있는 문학 기록관에 보관되어 있다. 이 모든 방대한 작업의 이론적 토대가 바로 '은유학'이기 때문에, 블루멘베르크의 사상을 이해하기 위해서는 은유 이론에 대한 이해가 필수적이다.

은유 이론의 배경

블루멘베르크는 '은유학'Metaphorologie이라는 신조어를 만들어서 평생 은유에 관한 철학적 탐구에 매진했다. 그의 은유 이론은 제2차 세계대전 후 독일 철학계가 주도한 개념사 연구 작업과 상호보완적인 관계에 있다. 1956년부터 요아힘 리터Joachim Ritter 등이 주도하여 철학 개념사 서술 작업을 시작하여 1971년부터 30여 년 동안 『철학 개념사 사전』Historisches Wörterbuch der Philosophie, 1971~2007: 총 13권을 완간했다. 이 사전에는 철학적 은유와 관련된 항목이 거의 누락되었지만,[1] 나중에 블루멘베르크의 은유 이론에 관한 선행 작업을 바탕으로 개념사 프로젝트가 완료되는 시점에 때맞추어 『철학적 은유 사전』Wörterbuch der philosophischen Metaphern, 2007이 별도로 출간되었다.

블루멘베르크의 은유 이론은 개념으로 설명되거나 입증될 수 없지만 인간이 맞닥뜨리는 근본적인 문제들에 접근할 수 있는 통로를 열어준다. 그럼에도 종래의 철학적 탐구에서 은유가 간과된 이유는 은유를 단순히

---

1 은유에 관한 항목은 '자연의 책'(Buch der Natur), '천지창조의 책'(Buch der Schöpfung), '생명의 책'(Buch des Lebens) 등 3개 항목이 전부다.

수사적 기법으로 간주하거나 명확한 개념적 인식에 이르지 못한 불완전한 인식과 추측의 표현이라고 폄하했기 때문이다. 그러나 은유 중에는 개념으로 설명될 수 없지만 '철학적 언어의 근본 바탕'이 되는 은유도 존재하는데, 블루멘베르크는 이런 은유를 '절대적 은유'absolute Metapher(PM 14)라 일컫는다.

이 해제에서는 블루멘베르크의 은유 이론에 대한 이해를 바탕으로 진리에 관한 은유의 대표적 유형인 '벌거벗은 진리'의 패러다임을 분석하고자 한다. 이를 위해 먼저 블루멘베르크의 『은유학을 위한 패러다임들』에서 개진된 은유 이론을 살펴보고, 그 4장에서 다루는 '벌거벗은 진리'의 다양한 함의를 생각해 볼 것이다. 그리고 이를 바탕으로 사후에 출간된 『벌거벗은 진리』에서 가장 비중 있게 다루는 니체Friedrich Nietzsche와 프로이트의 경우를 분석하고자 한다.

블루멘베르크의 은유 이론과 '벌거벗은 진리'의 함의

절대적 은유

블루멘베르크가 은유에 주목하는 이유는 개념적 사고가 미치지 않는 은유의 영역이 끊임없이 지적 호기심을 자극하고 새로운 의미 지평을 열어주며, 개념을 통한 이론적 탐구의 기반이 된다고 보기 때문이다. 개념으로 설명될 수 없고 원칙적으로 최종적인 답변이 불가능한 물음에 은유로서 답하려는 '절대적 은유'의 패러다임 중에서 특히 '벌거벗은 진리'의 은유는 진리의 은폐성과 개방성에 대한 다양하고 상반되는 태도들을 입체적으로 살펴보기에 적절한 척도가 된다. 블루멘베르크는 근대적 진리관의 확고한 척도로 통용되어온 데카르트René Descartes의 진리 판단 기준인 '명석함'Klarheit과 '판명함'Bestimmtheit에 대한 비판적 검토로 논의를 시작한다. 데카르트에 따르면 최종적으로 확보한 '순수한 개념'만이 진리에 해당되고 다른 모든 것은 '선입견'prévention이나 성급한 '예단'précipitation으로 배척된다. 그러나 블루멘베르크에 따르면 이러한 진리관은 개념과 인식의 역사성을 배제하고 결국 '진리'veritas를 '검증 가능성'verficabilitas으로 축소하는 결과를 초래한다.(Th 188)

전통적으로 은유는 '신화에서 로고스로' — 즉, 허구적 상상에서 이성적 인식으로 — 나아가는 사유의 도정에서 명확한 인식에 도달하지 못한 사유의 '잔여물'Restbestände로 간주되어 왔다. 다시 말해 은유는 엄밀한 개념적 인식에 미치지 못하는 불완전한 사고의 산물로 여겨졌다. 그러나 개념으로 환원될 수 없는 절대적 은유는 오히려 개념적 사고의 한계를 허물면서 의미 지평을 확장한다. 그런 맥락에서 은유는 개념적 사고의 '근본 바탕'Grundbestände이 될 수 있다.

은유학은 사유의 하부구조와 기반에 접근하여, 개념의 체계적인 결정結晶, Kristallisation을 위한 배양액을 규명하고자 한다. 이와 동시에 은유학은 과연 정신이 어떤 '용기'를 가지고 비유적 형상들 자체를 통해 (개념보다 — 인용자) 앞서가고 있는지, 정신이 감히 추측할 수 있는 용기 속에서 자신의 역사를 기획하고 있는지 파악할 수 있게 하고자 한다.(PM 16)

은유는 단지 개념의 장식물이 아니라 질적 구성 요소라는 것을 '개념의 체계적 결정을 위한 배양액'이라는 화학적 은유로 표현하고 있다. 이러한 은유의 '배양액'은 그러한 화학작용을 통해 소진되거나 고갈되지 않는다. 개념의 결정체가 마모되어 기능을 다하면 그것을 해체하고 재구성하는 기능까지도 수행하기 때문이다. 따라서 은유는 개념의 형성을 위한 의미 지평과 관찰 방식 자체의 변화까지도 수반하기 때문에 개념보다 더 근본적인 차원에서 역사성을 띤다.

절대적 은유는 개념으로 환원될 수 없고 원칙적으로 답할 수 없는 문제에 답하려는 시도이다. "절대적 은유는 얼핏 생각하면 소박하지만 원칙적으로 대답할 수 없는 질문에 답한다. 그런 질문은 우리가 제기하는 게 아니라 우리 존재의 근저에서 이미 주어져 있는 질문이기 때문에 중요하다."(PM 19) 예컨대 세계, 존재, 현존재와 같이 인간 삶의 근본에 관한 질문은 원칙적으로 답을 찾을 수 없지만 그럼에도 이런 문제를 계속 탐구하는 이유는 세계와 인간 자신을 어떤 방식으로든 이해하고 '방향 설정의 지침'Orientierungsmuster을 탐색하기 위해서다. 이런 절대적 은유는 "현실의 총체성에 대한 상像"(PM 20)을 찾으려는 시도이다.

블루멘베르크가 제시하는 절대적 은유의 패러다임은 매우 다양하고 범위가 넓다. 절대적 은유로서 가장 오래되고 지속적인 탐구의 대상은 '진리의 은유'이다. 진리에 관한 최종적이고 직접적인 진술은 불가능하므로 은유를 통한 간접적 진술에 의존할 수밖에 없기 때문이다.『은유학을 위한 패러다임들』에서도 전체 10개 장 중에 진리의 은유에 7개의 장을 할애하고 있다.[2]

절대적 은유의 기능을 잘 보여주는 것은 전통적 형이상학의 사유다. 비근한 예로 『파우스트』 1부에 나오는 '대지의 영'Erdgeist을 들 수 있다. 파우스트는 만물을 움직이는 근원적인 힘을 '대지의 영'이라 생각하며, 자신이 대지의 영과 닮았다고 자부한다. 그러나 막상 대지의 영이 눈앞에 나타나자 파우스트는 그 엄청난 위력에 주눅이 든다. 그런 파우스트에게 대지의 영은 "너는 나를 닮은 것이 아니라/네가 생각하는 정신을 닮은 것이다."(512~513행)라고 일갈한다. 다시 말해 파우스트가 생각하는 대지의 영은 어디까지나 그의 정신적 한계 안에서 떠올리는 관념적 인식 대상일 뿐이라는 것이다. 파우스트의 이성적 인식으로는 도달할 수 없는 존재의 근원이 '대지의 영'이라는 절대적 은유로 표현된 것이다. 그런 의미에서 블루멘베르크는 은유의 구조 자체가 '형이상학적인 가설'로 이루어져 있다고 말한다.(PM 173)

『파우스트』에 나오는 '대지의 영'은 순전히 괴테의 독창적 창안이 아니라 중세 후기 신플라톤주의 사상가들이 상상한 '세계의 영혼'Weltseele, anima mundi을 괴테식으로 '번역'한 것이다. '세계의 영혼'은 인간에게 영혼이 있듯이 세계와 우주에도 영혼이 있다고 상상한 관념이다. 인간이라는 소우주와 우주 만물이 동일한 구조로 만들어져 있다는 이런 관념에는 신의 섭리에 따라 우주가 완벽한 조화를 이루고 있다는 형이상학적 믿음

---

2 전체 목차는 다음과 같다: I.'막강한' 진리의 은유. II.진리의 은유와 인식의 실용주의. III.진리에 관한 표상을 위한 용어적·은유적 단면. IV.'벌거벗은 진리'의 은유. V.근대적 세계 이해의 은유로서의 미지의 땅과 '미완의 우주'. VI.유기체적 배경과 기계적 배경의 은유. VII.신화와 은유. VIII.은유의 용어화: '개연성'. IX.은유화된 우주론. X.기하학적 상징과 은유.

과 자연 운행의 법칙성에 대한 과학적 인식이 뒤섞여 있다. 신학과 모든 학문에 통달한 파우스트가 생각하는 '대지의 영'에도 그런 믿음과 인식이 뒤섞여 있다. 그렇지만 파우스트는 과학적 인식이 진보할수록 신앙에서 멀어졌기 때문에 '대지의 영'에 신의 섭리가 작용한다는 믿음은 박약하다. 바로 그런 이유에서 파우스트는 '대지의 영'을 직접 대면했을 때 그만큼 더 견디기 힘든 전율과 두려움을 느끼는 것이다. 파우스트의 이러한 체험은 애초에 형이상학적 배경을 가졌던 절대적 은유에서 형이상학적 내용이 희석되고 세속화되는 과정의 한 단면을 보여준다. 근대 이래 탈형이상학의 시대에는 형이상학이 붕괴했기 때문에 그 공백을 은유로 사유할 여지가 오히려 그만큼 커진다. 그런 의미에서 "형이상학이 사라지면서 은유가 다시 형이상학의 자리로 소환된다."(PM 193)

'벌거벗은 진리'의 함의

『은유학을 위한 패러다임들』의 4장 '벌거벗은 진리'를 다룬 부분은 진리에 관한 은유 중에서도 흥미로운 문제의식을 내포하고 있다. 원칙적으로 진리가 어떤 개념이나 명제로 환원될 수 없다면 진리에 관한 진술에서 은유를 사용하는 것은 필연적 귀결이다. 그리고 진리 내지 진실 그 자체를 가리키는 은유인 '벌거벗은 진리'의 은유는 진리/진실에 관한 은유에서 핵심적 지위를 차지한다. 무엇보다 '벌거벗은 진리'의 은유는 은유자체의 핵심적 특성인 다양한 '함의'Implikation의 양상을 가장 잘 보여준다.[3] 우선 Wahrheit의 함의가 매우 폭넓다는 것을 알 수 있다. 보편타당한 '진리'에서부터 세부적인 '사실'에 이르기까지 의미의 스펙트럼이 끝없이 확장될 수 있다. 보편타당한 진리를 상정해 보면, 보편타당한 진리가 과연 '적나라하게' ─ 문자 그대로 '그 자체'로 ─ 표현되고 인식될 수 있을까? 인식 주체의 경험과 이해 지평, 특정한 이론 체계와 방법, 시간과 공간의 역사적 제약을 초극한 불변의 보편타당성이 과연 성립할 수 있을까? 이러한 질문들 앞에서 '적나라한/벌거벗은 진리'는 결코 도달할 수 없는 인식 목표인 것처럼 보인다. 반면에 세부적인 '사실'에 가까워질수록 '적나라한' 상태는 더 구체성을 띨 것이다. 따라서 '적나라한 사실'의 확정도 더 수월해 보이고, 누구도 이의를 제기할 수 없는 객관적 사실성을 인식하는 것도 용이해 보인다. 그런데 과연 그럴까? 니체의 생각을 빌리면 우리가 '사실'이라고 여기는 모든 것도 어디까지나 '해석'일 뿐이다. '사실'에 대한 이해는 사실이 의미를 획득하는 맥락에 따라 얼마든지 달라질 수 있기 때문이다. 다른 한편 Wahrheit를 체험적 특성이 강한 '진실'로 이해할 경우 진실을 베일로 감추는 것과 그 베일을 벗기는 것 사이의 경계는 매우 유동적이고 모호하다. 단적인 예로 괴테의 자서전 『시와 진실』에서 '진실'은 단지 체험적 진실만을 가리키는 것이 아니라 시적 허구와 불가분의 관계로 얽혀 있다. 더구나 20대의 청년기에 대한 회고적 서술은 무려 40년이 지난 이후의 회상으로 서술되고 있기 때문에 기억을 재구성하는 가공 작업을 거친 결과물이다. 따라서 이 경우에도 '벌거벗은 진리'라는 말은 성립하기 어려워 보인다.

이런 난관에도 불구하고 진실을 추구한다는 것은 있는 그대로의 벌거

---

3 은유의 '함의' 구조에 관한 자세한 논의는 Rüdiger Campe(2022) 참조.

벗은 진리를 추구하는 것과 거의 동의어로 사용되어 왔다. 그것은 진실이 자명하게 주어져 있지 않고 대개는 베일에 가려져 있기 때문일 것이다. '적나라함'이 벌거벗은 상태를 뜻하는 것과 마찬가지로 그 반대의 은폐 상태 역시 '옷을 입힌'verkleidet 또는 '베일로 가린'verhüllt이라는 은유를 사용한다. 그렇다면 진실에 옷을 입히거나 그것을 베일로 가리는 이유는 무엇일까? 진실을 은폐하고 호도하려는 기만적 의도를 일단 논외로 하더라도, 진실을 베일로 가려야 할 이유는 의외로 많아 보인다. '옷'이나 '베일'은 벌거벗은 상태의 치부와 수치심을 감추는 구실을 하기 때문이다. 그런 맥락에서 '의상'은 문화의 기본 요소라 할 수 있다. "진리는 의상을 걸침으로써 그 나름의 '문화'를 갖게 되는데, 이는 인간이 본질적으로 복식의 문화사를 갖게 되는 것과 같다. 인간은 '자연 그대로의 모습'을 적나라하게 드러내지 않고 옷을 입는 존재이기 때문이다."(PM 64) 비슷한 맥락에서 기독교 문화권에서 공유하는 원죄 의식에 비추어 보더라도 벌거벗은 진리를 감추는 것은 기독교적 윤리의 미덕이 된다.

성경의 비유는 진리와 복음을 표현하기 위한 불가결한 수단이다. 일찍이 아퀴나스Thomas Aquinas는 "성경은 신체의 일부를 가리키는 은유를 통해 영적인 문제를 우리에게 전달한다."(PM 69 재인용)라고 했다. 블루멘베르크는 이 말을 해석하면서 "여기서 은유를 '통해'sub라는 말은 이중적 의미를 갖는다. 그것은 계시의 '표현 수단'을 뜻할 수도 있고 계시의 '수호 수단'을 뜻할 수도 있다."(같은 곳)라고 설명한다. 다시 말해 하느님의 말씀을 전하는 성경의 진리는 인간의 이성으로 남김없이 밝힐 수 있는 것이 아니므로 성경적 은유는 성경의 성스러운 의미를 고갈시키지 않고 계시의 무궁무진한 원천을 간직하기 위한 보호 수단이 된다는 것이다. 이런 경우 은유는 그 자체로는 표현할 수도 인식할 수도 없는 진리를 가리키는 절대적 은유가 된다.

다른 한편 '벌거벗은 진리'를 옹호하는 입장도 다양하다. 아우구스티누스Aurelius Augustinus는 하느님 앞에서 한 점 부끄러움도 없는 순수한 양심의 고백이라는 의미에서 하느님 앞에서 벌거벗은 상태를 옹호한다. 이 경우 벌거벗은 진실을 요구받는 대상은 다름 아닌 자기 자신이다. 그렇지만 아우구스티누스의 이러한 자기 다짐은 겉만 번지르르한 사이비 기독교인들에 대한 준엄한 질타와 이교도들에 대한 비판까지도 내포한다.

루소Jean-Jacques Rousseau는 인간 사회가 '복잡한 위장 체계'로 발전하면서 불평등을 은폐한 것을 비판하면서 '자연상태'의 벌거벗은 진리를 옹호한다. 이 경우 벌거벗은 진리를 요구받는 대상은 특정 개인이나 집단 주체가 아니라 사회 체계 전반에 해당된다. 이처럼 벌거벗은 진리의 요구는 그 대상과 범위가 매우 유동적이다. 이에 따라 은유의 의미와 기능도 변화한다. 일찍이 아우구스티누스에겐 순수한 신앙고백의 신조였던 '벌거벗은 진실'은 루소에 이르러 사회적 불평등을 혁파하려는 사회 변혁 이념의 슬로건이 된다. 동일한 은유가 전혀 다른 맥락에서 새로운 의미를 획득하는 것이다. 은유의 이러한 역사적 의미 변화에 관한 탐구를 블루멘베르크는 은유의 '메타 동역학'Meta-Kinetik이라 일컬었다. 동역학이 물체의 운동 궤적을 포물선으로 기술한다면, 은유의 의미와 기능이 역사적 맥락 속에서 부침하는 궤적에 관한 메타적 성찰이 은유학의 탐구 주제가 된다는 뜻이다.

벌거벗은 진리의 은유가 가장 큰 힘을 얻는 것은 근대 과학을 통해서다. 근대 과학은 진리의 객관성과 개방성을 요구하기 때문이다. 일찍이 베이컨Francis Bacon이 말한 대로 "진리는 벌거벗은 것이고 대낮의 햇볕과 같아서 세상의 가면이나 위장 또는 개선행렬 따위를 필요로 하지 않는다." 승승장구하는 근대 과학과 더불어 '벌거벗은 진리'에의 요구는 불가역의 대세로 굳어지는 것처럼 보였다. 그러나 19세기 후반 이래 특히 실증주의가 표방하는 진리의 객관성에 대한 근본적인 회의가 대두하면서 '벌거벗은 진리'의 문제는 인간 행위와 사고의 근본적 동기를 해명하려는 시도로 옮아가는데, 여기서 니체와 프로이트가 결정적 역할을 한다. 니체와 프로이트는 '벌거벗은 진리/진실'의 요청을 가장 충실히 이행한 사상가라 할 수 있다. 니체는 종래의 진리 탐구가 추구한 모든 가치의 근본적인 전복을 시도했고, 프로이트는 무의식이라는 전인미답의 신천지를 개척했기 때문이다. 블루멘베르크가 니체와 프로이트를 『벌거벗은 진리』에서 가장 비중 있게 다루는 것도 그 때문이다. 그러나 뒤에서 살펴보겠지만 니체와 프로이트는 진실을 은폐하는 가식을 철저히 해부하면서도 벌거벗은 진리에의 요구 자체에 내재하는 또 다른 함정도 경계했다.

니체와 계몽의 변증법

인간의 벌거벗은 모습을 적나라하게 드러내는 것은 수치심을 유발한다. 에덴동산에서 아담과 이브가 치부를 무화과 잎사귀로 가리는 행위는 그러한 수치심을 극복하려는 인간적 노력의 원형적 상징이자 인간적 존엄을 추구하는 문명화 과정의 출발점이라 할 수 있다. 서구적 사유의 전통에서 그러한 인간 존엄의 추구는 형이상학의 전통과 닿아 있다. 따라서 인간의 적나라한 모습을 파헤치려는 시도는 궁극적으로 "형이상학적 욕구를 도끼로 뿌리째 잘라내는 결과"(이 책 57쪽)에 이른다. 역사적으로 그러한 형이상학 비판을 선도한 것은 18세기 계몽사상이다. 계몽사상은 인간 본연의 모습을 은폐하고 왜곡하는 일체의 편견을 타파하고자 했다. 그런데 니체는 형이상학의 전통과 종교적 세계관에 반기를 들었던 계몽 정신이 오히려 형이상학의 자리를 대체했다고 진단한다. 계몽 정신의 정수라 할 근대 과학은 사물을 감추는 모든 베일을 걷어내고 사물을 벌거벗은 모습 그대로 인식하고자 했다. 말하자면 '벌거벗은 진리'를 추구했다. 그렇지만 사물의 배후에 감추어진 본질 내지 실체를 추구하는 이러한 이원론적 발상은 경험 세계를 초월한 불변의 진리 내지 신성함을 추구하는 형이상학적 충동과 닮은 꼴이다. 그런 점에서 "과학이라 일컬어지는 모든 것은 과학의 외피를 쓴 종교"(KSA 2, 111)일 뿐이다. 블루멘베르크는 니체의 이러한 통찰을 역사적으로 일반화해서 "세속화의 논리에 따라 종교가 과학으로 둔갑해서 나타나는 것"(이 책 62쪽)이라 해석한다. 또한 블루멘베르크는 '벌거벗은 진리'라는 발상은 과학이 수사학으로 존재할 수 있다는 것을 보여준다고 말한다. 다시 말해 과학이 추구하는 '벌거벗은 진리'는 단지 근대 과학의 야심 찬 포부를 강조하는 과장 어법이 아니라 근대 과학의 핵심적 특성을 보여주는 수사학이라는 것이다.

20

이 주제에서 여전히 의미가 있는 것은 과학적 수사학이 존재할 수 있다는 통찰이다. 다시 말해 과학이 수사학으로서 — 근래에 융성한 학문 분야로서의 수사학이 아니라 — 존재할 수 있다는 통찰이다. 수사학으로서의 과학은 옛 신화에 나오는 신들이 수사학적 치장이 보이지 않게 새로운 방식으로 변신할 수 있도록 벌거벗은 진리라는 레퍼토리를 과학의 논리에 맞게 활용한다. 그러나 벌거벗은 프로테우스는 존재하지 않는다.(이 책 62~63쪽)

알다시피 옛 신화에 등장하는 신들은 대개 현실에서는 이룰 수 없는 인간적 소망이나 상상의 투사물이다. 그리스 신화에서 프로테우스는 인간을 비롯하여 온갖 동물과 식물, 심지어 바위 같은 무생물로도 몸을 바꿀 수 있는 변신의 귀재로 등장하며, 문학에서는 흔히 변화무쌍한 자연을 가리키는 은유로 사용된다. 특히 고대 그리스인들이 자연을 프로테우스에 견준 것은 자연의 변화무쌍한 다양성 자체를 존중하고 수용한 결과이다. 다시 말해 다채로운 자연현상들의 '배후'에 '벌거벗은 진리'(실체 또는 본질)가 따로 존재한다고 생각하지 않았다. 자연 속의 모든 것은 변신의 양태로 존재할 따름이다. 그런데 근대 과학은 감각적 지각의 가변성과 혼란을 말끔히 걷어내고 순수한 인식에 도달할 수 있다고 확신하기에 프로테우스(자연)의 현상적 외피를 벗기고 '벌거벗은 프로테우스'를 인식할 수 있다고 믿는다. 그러나 그런 발상은 신화에서도 불가지의 영역으로 남겨둔 것을 신화 속의 신화로 고안하는 셈이다. '벌거벗은 프로테우스'를 찾는 과학은 과학의 외피를 쓴 신화인 것이다. 과학이 다시 신화로 회귀하는 양상을 원래 신화의 논리대로 해석하면, 벌거벗은 프로테우스를 찾기 위해 사물의 외피를 벗기면 드러나는 것은 또 다른 외피일 뿐이다. 프로테우스는 끝없이 변신하면서 자신을 감추기 때문이다. 따라서 현상의 베일을 벗기려는 과학적 탐구는 끝없이 양파 껍질을 벗기는 행위의 반복으로 이어진다.

니체에 따르면 과학과 종교의 공통 기반은 '진리에 대한 과대평가'이다.(KSA 5, 402) 이것 역시 애초에 종교적 도그마의 절대적 권위를 비판한 과학이 종교의 자리를 대체한 형국이다. 『비극의 탄생』에서 니체는 과학의 절대적 권능에 대한 믿음을 "사유가 인과율의 척도에 따라 존재의 가장 깊은 심연에까지 파고들 수 있다는 확고한 믿음, 사유가 존재를 인식할 수 있을 뿐 아니라 바꿀 수 있다는 확고한 믿음"(KSA 1, 99)이라 일컫는다. 이 '숭고한 형이상학적 망상'이 '과학의 본능'이다. 그러나 이러한 과학적 충동은 종래의 모든 형이상학과 마찬가지로 존재의 심연으로 파고들수록 생생한 삶으로부터 멀어진다. 그런 면에서 과학이 추구하는 절대지는 종교적 금욕주의와 표리 관계에 있다. 더 이상 건강한 삶을 향유할 능력도 의지도 상실했기 때문에 삶의 저편으로 달아난다는 것이다.

사물의 보이지 않는 근저에 불변의 실체가 존재한다는 믿음은 중세 실재론자들의 생각을 답습하는 것이다. 현상계 너머의 실재를 믿는 실재론자들의 환상에 대한 니체의 비판을 블루멘베르크는 이렇게 설명한다.

실재론자들은 오직 자신들만이 현실을 베일을 벗긴 상태로 인식하며, 아마도 자신들이 보는 것이 현실의 최상의 부분일 거라고 주장했다. 니체는 그 실재론자들에게 말을 건다. 니체는 실재론자들을 겨냥하여 ─ '여신상'을 비꼬는 어투의 복수형으로 바꾸어서 ─ 그들이 '자이스Sais 의 사랑스러운 여신상女神像들'을 감싼 베일을 벗겼노라고 호언장담한 다고 비웃는다. 이로써 니체는 '현실'이라는 케케묵은 환상을 비웃는다. 현실이라는 것은 인간이 덧붙인 온갖 것들과 구별되지 않는다. 다름 아 닌 자연 역시 그러하다.(이 책 83쪽)

여기서 말하는 '여신상'은 쉴러Friedrich Schiller의 담시 「자이스의 베일에 가린 여신상」1795을 암시한다.(Schiller 1984a, 224 f.) 고대 전설에 따르면 자 이스는 고대 이집트의 지명으로 그곳의 성스러운 신전에는 하늘과 땅 사 이에서 태어난 여신 이시스Isis의 신상이 베일에 가린 채 모셔져 있는데, 그 베일은 인간이 감히 벗길 수 없다. 신전에는 이런 글귀가 새겨져 있다 고 한다. "나는 존재하고 있고 존재했고 장차 존재할 모든 것이니, 어떤 인간도 나를 가린 베일을 벗기지 못했노라."[4] 쉴러의 담시는 이 신성한 금 기를 어기면 받게 되는 대가가 어떤 것인지 생생히 보여준다. 시에서 '뜨 거운 지식욕에 불타는 한 청년'이 밤중에 몰래 신전에 잠입하여 베일을 벗겼다가 결국 삶의 모든 기쁨을 잃고 죽음을 맞는다. 고대 그리스 이래 이 모티프는 인간이 감히 범접할 수 없는 신성한 자연 또는 진리의 은유 로 곧잘 사용되었다. 위 인용문에서 니체가 그 여신상을 '비꼬는 어투의

---

4 Ich bin alles, was da ist, was da war, und was da sein wird, und meinen Schleier hat kein Sterblicher aufgedeckt.(Schiller 1984b, 508) 쉴러는 이 구절을 인용하면서 이 신상을 숭고미 의 상징으로 해석한다.

복수형'으로 바꾸었다는 말은 실재론자들이 확인했다는 실재(진리)가 단일한 실재(진리)가 아니라 임의로 지어낸 온갖 허구라고 비꼬는 것이다. 쉴러의 시를 좀 더 음미해보자. 여신상의 베일을 벗긴 청년은 어째서 삶의 기쁨을 잃고 죽는 것일까? 지식욕에 불타는 청년이 진실을 가리는 베일을 벗겼다면 그의 뜨거운 지식욕은 충족된 것이 아닌가? 실재에 대한 믿음도 주관적 환상에 지나지 않는다는 니체의 해석을 따르면 이 청년은 그토록 갈망하던 불변의 진리 내지 벌거벗은 진리가 허상에 불과하다는 걸 두 눈으로 확인하고 그 절망감을 견디지 못해 죽었다고 볼 수 있다.

다른 한편 시의 첫머리에서 청년은 신전의 사제에게 "모든 것을 갖지 못한다면/제가 무엇을 가진 것입니까?"라고 따져 묻는다. 청년의 뜨거운 지식욕은 모든 것을 가지겠다는 소유욕과 불가분의 관계에 있다. '과거에 존재했고 지금도 존재하고 앞으로 존재할 모든 것'을 소유하겠다는 것이다. 담시의 기본적 구성 원리인 극적 요소의 맥락에서 보면 청년의 죽음은 그런 끝없는 욕망과 만용에 대한 징벌이라 할 수도 있다. 이것은 고대 비극의 도식에만 해당하지 않는다. '지식이 곧 힘'이라는 것은 근대 과학의 핵심 슬로건이기 때문이다.

유한한 감각적 존재인 인간의 관점에서 보면 베일을 벗긴 후 청년의 눈앞에 드러난 것은 한낱 돌덩어리에 불과했을 것이다. 만고의 진리가 돌덩이에 불과하다는 절망감이 청년을 죽음으로 몰아갔을 법도 하다. 쉴러의 고전주의 미학의 관점에서 보면 여신상을 가리고 있는 베일은 아름다움의 미적 가상이라 할 수 있다. 베일을 벗기려는 청년의 충동은 미적 가상을 파괴하고 아름다움도 인식과 소유의 대상으로만 대하려는 몰취미의 소치이다. 미적 가상의 베일을 벗기는 행위는 청년의 열정이 아름다움으로 승화할 수 있는 가능성을 스스로 파괴하는 것이다.

블루멘베르크는 이 모든 사태에 대한 종합적 판단으로 "자이스의 여신상에서 베일을 벗겨내는 것은 니체가 보기에 벌거벗은 진리에 대한 사랑이 광기로 치달은 사태를 나타내는 은유이다."(이 책 85~86쪽)라고 해석한다. 이러한 '광기'는 아름다움을 파괴하는 '몰취미'이자 삶 자체를 파괴하는 '폭력'이며, 나아가서 진리 자체도 파괴한다. 『니체 대 바그너』 1888의 에필로그에서 니체는 이렇게 말한다.

> 우리의 미래에 관해 말해보자. 우리는 일찍이 이집트의 청년들이 갔던 길(자이스의 여신상에서 베일을 벗겨낸 청년을 가리킨다. — 인용자)을 답습하기는 어려울 것이다. 그들은 밤중에 신전을 어지럽혔고 조각 기둥을 끌어안고 정당한 이유로 감춰져 있던 모든 것의 베일을 벗기고 들춰내어 환한 빛에 노출하려 했다. 그건 아니다. 이 고약한 취향, 진리에의 의지, 어떤 대가를 치르더라도 진리를 손에 넣겠다는 의지에 우리는 넌더리가 났다. 그런 무모한 짓을 하기에 우리는 경험이 너무 풍부하고, 진지하고, 쾌활하고, 불에 데었고, 너무 심오하다(…). 우리는 진리에서 베일을 벗겨내도 여전히 진리로 남아 있을 거라고 믿지 않는다.(KSA 6, 438)
> 〔강조는 원문에 따름〕

어떤 대가를 치르더라도 진리를 손에 넣겠다는 의지에 넌더리가 났다는 말은 진리 자체에 대한 부정이라기보다는 진리를 대하는 태도의 반反

진리적 성격과 자기 파괴적 불모성을 가리킨다. 쉴러 시의 다양한 함의에서 보았듯이 진리를 벌거벗은 상태로 드러내어 장악하겠다는 만용은 진리에 역행하는 태도이며, 충만한 삶에서 멀어지는 불모성을 자초한다. 여신상의 베일을 벗긴 청년의 회한은 예컨대 모든 학문을 섭렵하고 당대 최고의 학자로 등극한 파우스트가 삶의 공허감을 견디지 못하고 괴로워하는 모습을 떠올리게 한다.

근대 과학에 대한 니체의 평가에서 가장 중요한 전제조건은 "우리는 우리가 훤히 꿰뚫어 보는 모든 것을 경멸한다."(이 책 72쪽)라는 것이다. 사물의 베일을 벗긴 적나라한 모습이 허상이거나 또 다른 베일로 가려져 있음을 알게 되었기 때문이다. 그리고 그 적나라한 모습도 또 다른 외피라는 사실을 애써 외면하고 그 모습이 궁극의 실체라고 여기는 자기기만을 통해서만 인식의 욕구는 충족되기 때문이다. 어느 경우든 '적나라한 진리'는 우리를 실망시킨다.

> 사물의 베일을 벗기는 인식은 우리를 사물의 깊은 곳으로 인도하지 않고 단지 또 다른 표면으로 인도할 뿐이다. 그런데 그 표면에서 더 넓은 세계로 나아갈 수 있는 길이 가로막혀 있기 때문에 우리는 그 표면이 궁극의 것이라고 간주한다. 벌거벗은 진리는 우리를 실망시킨다.(같은 곳)

니체는 과학적 인식 역시 나름의 믿음에 기반을 두는 하나의 세계해석일 뿐이라는 사실을 과학이 인정하지 않는 자기기만이 문제라고 본다. 과학은 사물을 감추는 외피를 벗겨내려 하지만 정작 과학 자체가 외피로 감취져 있는 형국이다. 과학이 자신을 감추는 그 외피는 진리 판단의 유일한 기준을 소유하고 있다는 자만이기도 하다. 반면에 예술은 사물을 감싸는 베일을 미적 가상으로 향유한다. 예술가와 '이론적 인간형'의 차이를 니체는 이렇게 설명한다.

> 말하자면 예술가는 사물의 외피를 벗기고 진실을 드러낼 때마다 벌거벗긴 후에도 그대로 남아 있는 외피를 언제나 매료된 눈길로 하염없이 바라본다. 반면에 이론적 인간형은 벗겨서 내던진 외피를 즐기고 만족감을 얻는다. 이론적 인간형이 추구하는 최고의 쾌감은 자신의 힘으로 외피를 벗기는 데 성공했다는 행복한 과정이다.(KSA 1, 97)

이론적 인간형은 사물의 외피를 벗기는 행위 자체에서 쾌감을 얻는다. 이것은 '벌거벗은 진리'를 추구하는 과학적 태도와 모순되는 것처럼 보인다. 그러나 이미 살펴본 대로 '벌거벗은 진리'가 주관적 환상이자 또 다른 외피임을 상기하면 그것은 모순이 아니라 동일한 사태의 양면이다. 여기서 니체는 똑같이 '외피'라는 말을 사용하고 있지만, 예술가가 즐기는 사물의 외피는 이론적 인식이 벗겨내는 외피와는 전혀 다른 예술적 가상이다. 물론 이 예술적 가상도 영구불변의 것이 아니라 역사적인 것이다. 쉴러의 담시가 환기하는 예술적 가상은 '과거와 현재와 미래에 존재하는 모든 것' 즉 영원한 진리를 부정적인 방식으로 — 베일에 가려진 '숨은 여신'으로 — 일깨우는 매개체가 된다. 그러한 예술적 가상은 진·선·미의 합일을 추구한 고전적 미의 이상으로 수렴된다. 그러나 니체 당대의 자연주의 예술은 고전미의 예술적 가상을 남김없이 해체하고 추악한 현실을 날것으로 드러내고자 한다. 공쿠르Goncourt 형제와 졸라Émile Zola의 자연주의에 대해 니체는 이렇게 평가한다. "그들이 그리는 사물은 추하다. 그런데 그들이 추한 사물을 보여주는 까닭은 바로 추한 것에서 쾌감을 느끼기 때문이다."(KSA 13, 500) 자연주의 작가들이 추한 현실에서도 쾌감을 느끼는 것은 물론 도착적 탐미주의가 아니라 가차 없는 현실 해부와 비판정신의 열정에서 비롯된 것이다. 그런데 '힘에의 의지'를 새로운 삶의 철학으로 구상하던 후기 니체는 자연주의 예술의 그런 강렬한 에토스를 예술이 삶의 고통을 견디는 힘의 증좌로 해석한다. 이에 대해 블루멘베르크는 추악한 현실에도 불구하고 삶을 긍정할 수 있는 계기를 제공하는 예술이 "형이상학이 종언을 고한 시점에 최후의 형이상학적 실재가 되었다."(이 책 69쪽)라고 평가한다. 그렇다고 예술이 다시 종래의 종교적 형이상학으로 회귀했다는 뜻은 물론 아니다. 니체가 비판하는 전통적 형이상학은 삶을 황폐화하는 금욕주의에 바탕을 두었던 반면에 자연주의 예술에서 유추하는 '예술의 형이상학'은 추악한 삶을 쇄신하려는 강력한 의지의 표현이기 때문이다.

과학(학문)과 예술에 관한 니체의 논의를 종합해 보면, 과학은 '벌거벗은 진리'를 추구하려는 광기로 인해 삶을 황폐하게 만드는 반면에 예술은 가상의 베일을 향유하면서 삶을 긍정하고 생성의 힘을 추구한다. 『즐거운 학문』1882에서 니체는 삶을 여성에 비유한다. '여성적 삶'Vita femina의 궁극적인 아름다움은 베일에 가려 있으며 그럴 때만 무궁무진한 매력을 발산한다.

황금으로 짠, 아름다운 가능성들의 베일이 삶 위에 놓여 있다. 그 가능성들은 뭔가를 약속하고, 저항하고, 수치심을 느끼고, 조롱하고, 연민을 느끼고, 유혹적이다. 그렇다, 삶 자체가 여성이다!(KSA 3, 569)

블루멘베르크는 원래 진리라는 것도 삶 자체의 이러한 매력을 해명하는 수단의 하나에 불과한데도 과학이 '아름다운 가능성들의 베일'을 벗겨내려고 고집함으로써 결국 삶의 무한한 매력에 부응하지 못한다고 해석한다. 삶의 생동하는 매력은 그런 과학에 의해 장악되지 않는다. "과학은 그것이 성공하고 진보하는 정도에 비례하여 이전까지 비밀의 베일에 싸여 있던 것의 매력을 파괴한다. 그 비밀은 과학에 정복당하기를 거부함으로써만 위대한 과학적 탐구를 이끌어낼 수 있었다."(이 책 89쪽) 과학(학문)에 대한 블루멘베르크의 이러한 평가는 그의 은유 이론과 일맥상통하는 것으로 보인다. 완벽한 개념적 정합성만을 진리의 유일한 척도로 앞세우는 개념적 사고는 개념으로 재단될 수 없고 은유로 표현될 수밖에 없는 삶 자체의 풍요를 외면하는 폐쇄성을 면할 수 없기 때문이다.

프로이트와 꿈의 해석 가능성

무의식에 대한 거부감

프로이트의 정신분석, 특히 꿈 해석은 진실을 베일로 가리는 작업과 다시 그 베일을 벗겨내는 작업이 교차하는 전형적인 표본이라 할 수 있다.

프로이트의 꿈 이론에서 중심이 되는 것은 우리가 기억해 내는 '명시적인 꿈 내용'manifester Trauminhalt과 본래의 '잠재적 꿈 사고'latente Traumgedanken 사이의 긴장 관계이다. '잠재적 꿈 사고'는 의식의 검열에 의해 왜곡되고 억압된 무의식적 충동의 저장고라 할 수 있다. 우리가 꿈에서 깨어난 다음에 기억하고 인지하는 꿈의 내용 역시 본래의 '꿈 사고'가 왜곡과 억압에 의해 변형되고 축소된 결과물이다. 그래서 꿈의 내용은 우리의 깨어 있는 의식의 관점에서 보면 대개는 부조리해 보인다. 프로이트가 개척한 꿈의 해석은 왜곡의 흔적을 되짚어서 심리적 억압의 정체를 밝혀내고, 이를 통해 과도한 억압으로 인해 유발된 신경증을 치료하기 위한 것이다. 그런데 이처럼 마음의 치유를 목적으로 하는 프로이트의 정신분석은 그의 생시에 다양한 영역에서 엄청난 반감을 불러일으켰다. 프로이트 자신은 제1차 세계대전 직후 발표한 「정신분석의 어려움」이라는 글에서 정신분석이 사람들의 나르시시즘적 자존심을 건드렸기 때문이라고 그 이유를 해명한 바 있다.(Freud 1978, 8 ff.) 고매한 정신적 존재임을 자부하는 인간이 한낱 성적 욕망과 무의식적 충동에 휘둘리는 나약한 존재라는 것을 정신분석이 들춰냈기 때문이다. 이러한 사태를 프로이트는 '자아는 자기 집의 주인이 아니다.'라고 표현했다. 프로이트의 이러한 진단은 주어진 상황과 맥락에 따라 다양한 의미와 강도로 해석될 여지가 있다.[5]

---

5 프로이트는 인간의 나르시시즘적 자존심을 건드린 사건을 세 가지 꼽았다. 첫째, 코페르니쿠스의 천문학이 인간과 지구가 우주의 중심이 아니라는 것을 밝힌 것, 둘째, 다윈의 진화론으로 호모 사피엔스도 다른 동물과 별로 다르지 않다는 것을 밝힌 것, 셋째, 프로이트 자신의 정신분석이 인간 자아의 자존심을 무너뜨린 것.

블루멘베르크는 1930년 프로이트에게 괴테상을 수여하는 과정에서 불거진 문제를 비판적 시대 진단의 실마리로 삼고 있다. 당시 괴테상 심사위원회 내부에서는 프로이트에게 괴테상을 수여하는 것에 대해 찬반 의견이 비등했는데, 반대자들은 프로이트의 정신분석에 대한 당대의 거부감을 대변했다. 두 차례의 회의 끝에 표결을 거쳐 프로이트에게 괴테상을 수여하기로 힘들게 결정한 이후[6] 심사위원회 간사를 맡고 있던 알퐁스 파케Alpons Paquet는 프로이트에게 보낸 편지에서 이렇게 썼다.

궁극적으로 보면 선생님의 탐구 방식을 통해 촉진된 메피스토펠레스적 특성은 그것과 불가분의 동반자인 파우스트적 불굴의 정신과, 무의식 속에 잠재해 있는 예술적 창조력에 대한 외경심의 모든 베일을 가차 없이 찢어버리는 결과를 가져왔습니다.(이 책 102쪽에서 재인용)

블루멘베르크가 '폭탄 발언'이라 일컬은 이 대목의 폭발성은 프로이트의 정신분석이 메피스토펠레스적인 것을 촉진했다는 진술 자체보다는, 프로이트가 촉진한 메피스토펠레스적인 것이 모든 베일을 가차 없이 찢어버렸다는 진술에서 찾을 수 있다. 여기서 모든 베일을 찢어버렸다는 말은 그 어떤 가치의 성역도 여지없이 무너뜨렸다는 뜻이다. 그러면서도 메피스토펠레스적인 것이 파우스트적인 불굴의 정신과 불가분의 관계에

---

6 자세한 경위는 다음 참조. Thomas Anz, "Eine gerade Linie von Goethe zu Freud", Zum Streit um die Verleihung des Frankfurter Goethe-Preises im Jahre 1930, in: https://literaturkritik. de/id/9478

있다고 말하는 것은 메피스토펠레스의 파괴적 허무주의가 아무리 극악해도 결국 '파우스트적인 불굴의 정신'에 의해 제어되고 순치되기를 바라는 기대를 피력한 것이다. '무의식 속에 잠재해 있는 예술적 창조력에 대한 외경심'이라는 표현은 프로이트의 무의식 개념에 대한 절묘한 취사선택이다. 무의식에서 성적 욕망과 거친 충동(즉 메피스토펠레스적인 것)을 제거하고 예술적 창조력을 고무해야 한다는 뜻이기 때문이다. 메피스토펠레스적인 것이 파우스트적인 불굴의 정신에 의해 제어되어야 하듯이 프로이트의 무의식 또한 예술적 창조성으로 승화되어야 한다는 요구라 할 수 있다.

앞의 편지 구절은 시상 취지문에 그대로 들어갔는데, 편지글에서 '무의식'das Unbewußte이라 표현한 것은 시상 취지문에서 '잠재의식'Unterbewußtsein으로 바뀌었다. 프로이트가 싫어한 이러한 용어 수정에서도 그의 무의식 이론에 대한 거부감을 엿볼 수 있다. '무의식'이라고 하면 의식의 영역과는 단절된 낯선 미지의 영역을 가리키는 느낌을 주지만, '잠재의식'은 문자 그대로 '의식의 밑바닥(하층)'이라는 뜻이므로 의식이라는 '상부구조'보다 하위의 영역이라는 느낌을 주는 것이다. 이것은 사소한 예에 불과해 보이지만 블루멘베르크의 인간학에서 일찍이 인류가 신화적 공포를 극복했던 과정을 떠올리게 한다. 블루멘베르크에 따르면 원시 인류가 미지의 두려운 대상에 이름을 부여하거나 비유로 표현했던 것은 완전히 낯선 대상이 유발하는 극단적 공포를 인간이 파악할 수 있고 제어할 수 있는 두려움으로 완화하려는 생존 전략에서 비롯되었다. 그런 맥락에서 프로이트의 핵심 개념인 무의식을 잠재의식으로 바꾸는 행위도 무의식의 걷잡을 수 없는 충동을 제어 가능한 것으로 순치하려는 발상의 산물인 셈이다. 그런 이유에서 시상 취지문은 프로이트의 정신분석이 "시대에 뒤처진 표상들을 제거해서 정화하고 새롭게 확립된 가치들의 세계로 나아가야"(이 책 103쪽 재인용) 한다고 요구했다. 프로이트가 탐구하는 무의식이 메피스토펠레스라는 '시대에 뒤떨어진 표상'에서 벗어나 미래지향적인 가치관을 추구해야 한다는 것이다. 이러한 요구는 표현 자체만 보면 선의에서 우러나온 건설적인 제안처럼 읽히지만, 블루멘베르크는 이런 논지를 담고 있는 취지문을 가리켜 "이제 막 시작되는 1930년대의 자기 숭배의 기록 문서"(같은 곳)라고 평가한다. 여기서 '이제 막 시작되는 1930년대'는 바야흐로 히틀러가 득세하는 시대를 가리킨다. 그런 맥락에서 보면 프로이트의 무의식에 대한 거부감은 히틀러가 승승장구하는 시대정신과 표리 관계에 있다. 프로이트의 무의식을 메피스토펠레스적인 악의 본성과 동일시하는 한편 히틀러에 동조하는 시대정신을 그 악을 정화하고 새롭게 확립한 가치로 격상하는 것이다. 더구나 1933년 히틀러 집권 후 이른바 '타락한 예술'Entartete Kunst을 공개적으로 불태운 만행에 프로이트의 저서도 제물로 바쳐졌음을 상기할 필요가 있다. 분서焚書의 주동자들이 내세운 명분은 "영혼을 모조리 갉아먹는 충동적 삶에 대한 과대평가를 타도하고/인간 영혼의 고결함을 수호하자."Gegen seelenzerfasernde Überschätzung des Trieblebens/Für den Adel der menschlichen Seele.(Anz, 앞의 글에서 재인용)라는 슬로건이었다. 악마적인 무의식을 정화하여 미래지향적 가치를 추구하자는 논리와 일치하는 발상이다.

이처럼 무의식을 악마화하여 화형으로 단죄하는 공격성이야말로 '충동적 삶'의 적나라한 치부를 드러낸다. 무의식을 악마화하고 자신들과 무관한 타자라고 단죄했지만 정작 그들 자신의 악마적 공격성을 드러냈던 것이다. 프로이트를 단죄한 집단의 폭력적 공격성은 두 차례나 전쟁을 일으킨 호전적 군국주의와 동질의 것이다. 프로이트는 제1차 세계대전 기간 중에 쓴 「무상함」이라는 글에서 전쟁이 '유럽 문화를 떠받치는 얄팍한 기반인 승화Sublimierung의 파국'(이 책 111쪽 재인용)이라는 것을 역설했다. 유럽 문화가 원초적 공격 본능을 순치하고 승화시켜서 성취한 문화가 전쟁으로 순식간에 물거품이 되었다는 것이다. 프로이트는 전쟁을 일으킨 자들의 호전성을 이렇게 비판했다.

> 우리의 충동적인 욕망을 벌거벗은 모습으로 발가벗기고, 우리 안에 있는 사악한 욕망을 고삐 풀린 망아지처럼 풀어놓고 있다. 우리는 수백 년 동안 우리의 가장 고결한 사람들이 힘써온 교육을 통해 그 사악한 욕망을 제어했노라고 믿었건만 (…).(같은 곳에서 재인용)

블루멘베르크가 적절히 지적하듯이, 프로이트는 정신분석이 인간의 사악한 욕망을 적나라하게 드러낸다는 비난의 말을 호전적 군국주의자들에게 그대로 돌려주고 있다. 문명화 과정에서 제어되었던 공격성의 집단적 분출이 곧 전쟁의 폭력인 것이다. 『문명 속의 불안』1930에서 프로이트는 성적 욕망의 억압과는 다른 차원에서 적대적 공격 본능이 내면화되는 과정을 상세히 분석한다. 요컨대 밖으로 표출될 수 없는 공격 충동은 내면화되어 초자아의 감시와 통제 하에 놓이는데, 초자아의 통제가 강해지는 정도에 비례하여 억압된 공격 충동도 격해지는 부정적 상승 작용이 일어나며, 그 긴장이 일정한 한도를 넘어서면 결국 공격 충동은 다시 밖으로 분출될 수밖에 없다. 이 글에서 프로이트가 히틀러를 언급하지는 않지만, 히틀러의 득세는 호전적 선동가가 집단적 공격심리를 부추기는 초자아의 역할을 떠맡은 형국이다. 프로이트의 무의식에 대한 거부감과 폭력적 공격은 긴밀히 맞물려 있는 것이다.

프로이트의 정신분석에 대한 거부감으로 블루멘베르크가 또 하나 중요하게 언급하는 것은 오이디푸스 콤플렉스에 대한 거부감이다. 전쟁 중이었던 1916/17년 겨울학기의 강의록을 책으로 펴낸 『정신분석 입문』에서 프로이트는 폴란드 동부전선에서 복무 중인 군의관이 병사들 앞에서 프로이트의 정신분석에 관해 설명하다가 오이디푸스 콤플렉스를 다루려 하자 상관에 의해 제지당했다는 에피소드를 언급한다. 여기서 상관이 발언을 제지한 것은 오이디푸스 콤플렉스를 부도덕하고 사악한 욕망과 결부된 망측한 발상으로 비난하는 일반적인 편견 탓만은 아닐 것이다. 전시 상황의 군대라는 특수한 조직 내부에서 오이디푸스 콤플렉스는 훨씬 더 민감하게 작용했을 것이다. 오이디푸스 콤플렉스 서사를 일반화해서 가부장적 지배권을 둘러싼 권력투쟁의 이야기로 볼 수 있다면, 오이디푸스 콤플렉스가 이야기하는 기성 권력에 대한 도전은 수직적 위계질서로 조직된 군대 내에서는 절대로 용납될 수 없는 하극상의 도발이기 때문이다.

이상에서 살펴본 대로 무의식의 베일에 가려져 있는 근원적인 욕망과 충동을 드러내려는 프로이트의 정신분석은 다양한 형태의 저항에 직면했다. 그러한 저항은 베일에 가려져 있던 무의식을 적나라하게 노출시켰을 때의 충격이 심대했다는 것을 말해준다. 특히 무의식적 충동을 악마적 타자로 배척한 주체의 내부에 그런 무의식이 잠복할 수 있다는 사실로 인해 충격은 더욱 극대화되었을 것이다. 이들의 반응은 무의식과 의식의 단절이 생각보다 심대하다는 것을 말해준다. 무의식을 낯선 타자로 배척한 사람들은 마치 전대미문의 무의식 세계가 적나라하게 노출된 것처럼 반응했지만 무의식의 층위는 그렇게 쉽사리 스스로를 노출하지 않는다. 괴테상 수상 소감문에서 프로이트는 자신의 작업이 무의식을 가리는 모든 베일을 찢어버렸다는 말에 동의하지 않으며, 아직도 얼마나 많은 베일을 찢어야 할지 모르겠노라고 말했다. 그것은 단순한 겸손의 말이 아니다. 무의식을 감추는 베일은 한 꺼풀 벗겨낸다고 해서 바로 '벌거벗은 진리'를 드러내는 얄팍한 것이 아니라 수없이 겹겹이 에워싸고 있는 것이기 때문이다.

꿈의 해석 가능성

잠재적인 꿈 사고가 의식의 검열을 피해 은밀하게 욕망을 충족하는 무의식의 활동이라면 우리가 기억해 내는 꿈은 그 은밀한 작업을 감춘 베일을 벗겨내는 작업이다. 프로이트의 꿈 해석은 다양한 형태로 나타나는 그 베일의 은유를 해석하는 작업이라 할 수 있다. 그런 의미에서 블루멘베르크는 명시적으로 드러나는 꿈이 어떻게 만들어지는가에 대한 논의가 "인간 심리의 진실을 드러낼 수도 있고 은폐할 수도 있는 거대한 수사학을 설명할 수 있는 모델"(이 책 107쪽)이라고 말한다.

프로이트가 강조한 대로 꿈이 의식의 검열을 피하기 위해 선택하는 극단적 수단은 일체의 논리적 연관성을 허물어뜨리는 부조리함이다. 부조리함은 특히 민감한 잠재적 꿈 사고를 은폐하는 수단이 된다. "그런 이유에서 꿈은 가장 황당해 보일 때 가장 심오한 속뜻을 감추고 있다."(이 책 119쪽에서 재인용) 예컨대 프로이트는 가상의 '그림 수수께끼'를 꿈의 위장술로 보여준다. 집이 한 채 있고, 지붕 위에 보트가 있고, 커다란 알파벳 글자 하나가 있고, 머리가 잘려 나간 사람이 걸어가는 그림이다(프로이트 2014, 336). 이 그림은 그 어떤 경험적 개연성에도 부합하지 않는다. 보트가 지붕 위에 있을 수 없고, 머리가 잘려 나간 사람이 걸을 수 없다. 사람이 집보다 크다는 것도 말이 되지 않는다. 알파벳 철자는 이 비현실적 풍경과 어울리지 않을뿐더러, 이 장면을 문자적 의미로 변환하는 것 자체의 불가능을 암시하는 약호처럼 보인다. 이처럼 논리적 연관성과 시공간적 맥락이 결여되어 있는 꿈의 텍스트는 해석학의 기본 전제와 충돌한다. 해석학은 특정한 시공간의 경험에서 형성된 (저자와 독자의) 이해 지평을 전제하기 때문이다. 꿈의 장면이 사실주의적 개연성의 준칙이 붕괴된 이후의 문학, 특히 초현실주의 문학에서 주로 차용되는 것도 꿈의 그러한 특성이 반영된 결과라 하겠다.

그림 수수께끼의 사례에서 보듯이 꿈의 장면은 주로 문자보다는 시각적 형상으로 나타난다. 이것도 꿈의 장면이 문자언어의 엄밀성에서 벗어나 모호성을 증폭하는 요인이다. 프로이트는 꿈이 아무리 왜곡되고 축소되고 불가사의해 보여도 주로 시각적 이미지로 나타나는 만큼은 구체성을 띤다고 강조했다. 이것은 잠재적 꿈 사고가 명료한 의식의 통로를 거쳐 언어로 정제되기 이전의 상태를 보여주기 때문일 것이다. 이러한 시각적 이미지의 감각적 직접성은 그러나 논리적 연관성을 결여한 무작위적 배치이기 때문에 오히려 일정한 의미 부여를 교란할 뿐이다.

꿈이 의식의 검열을 따돌리는 '은밀한' 소망 충족이라는 말을 액면 그대로 받아들이면 꿈의 해석은 불가능해 보인다. 소망의 은밀한 충족은 꿈꾸는 사람 자신도 모르게 이루어질 때 가장 완벽하게 은폐되기 때문이다. 이것은 마치 몽유병자가 말짱한 정신으로 깨어난 상태에서는 몽유의 체험을 기억하지 못하는 것과 같다. 그렇지만 프로이트는 꿈의 위장 자체가 오히려 꿈의 해석을 위해 풍부한 실마리를 제공한다고 보았고, 방대한 사례 연구의 집적물인 그의 꿈 해석이 그것을 뒷받침한다. 블루멘베르크 역시 꿈의 위장이 꿈의 사고를 있는 그대로는 표현하지 못하기 때문에 위장하는 '은유적 수단'이라고 본다. "위장은 진실이 검열을 피해 위장하고 바보의 가면을 썼음에도 불구하고 마침내는 인식될 수 있는 곳으로 진실을 전달하려는 책략이다."(이 책 120쪽) 이것은 블루멘베르크의 은유 이론에 부합하는 해석이다. 그 자체로는 표현할 수 없는 어떤 사태, 명확한 개념으로는 정리할 수 없는 생각을 비유적으로 표현하는 것이 은유의 기본 원리이기 때문이다. 블루멘베르크는 꿈의 위장을 벌거벗은 상태를 감추는 '복장'에 견주어서 복장이 무엇을 감추고자 하는가를 역으로 추론할 수 있다고 말한다.

이처럼 꿈을 위장하려는 노력에 근거하여 꿈의 내용이 감춰지는 방식의 예민함을 추론하는 분석가의 방법론적 책략을 다시 은유적으로 표현하자면, 나중에 정신분석에서 작성한 상징 카탈로그에 나오는 옷을 입은 상태와 벌거벗은 상태의 관계라고 할 수 있다. 다시 말해 옷을 입은 상태의 기능 방식에 근거하여 벌거벗은 상태를 보호할 필요성을 추론할 수 있다. 예컨대 유니폼은 위장의 극단적 획일화를 통해 벌거벗은 몸의 극단적인 개인적 특성을 사라지게 하는 것이다.(이 책 121쪽)

이러한 추론 과정을 프로이트는 잠재적 꿈 사고의 '원본'Original을 명시적 꿈 내용으로 옮기는 '번역'에 견주었다. 이때 프로이트가 말하는 '번역'은 당연히 은유로 이해되어야 한다. 문학작품의 번역은 어떤 언어를 다른 언어로 번역하는 것이지만, 여기서 프로이트가 말하는 '원본'은 엄밀히 말해 아직 언어화되지 않은 무의식적 욕망 또는 심리적 에너지 상태이기 때문이다. 반면에 명시적 꿈 내용에 의거하여 해석된 꿈은 분석가의 입장에서 보면 신경증에 대한 진단을 지향하는 것이기에 적어도 증상의 진단에 필요한 만큼의 언어적 명료성을 획득한다. 이처럼 언어 이전의 상태를 언어로 옮기는 번역은 그것이 번역인 이상은 최대한 등가적 번역을 지향하지만 원칙적으로 등가성을 구현할 수 없다. 언어 이전과 언어 이후는 근본적으로 따지면 '태초에 말씀이 있었다'는 사건의 이전과 이후처럼 카오스적 혼돈과 코스모스적 질서의 근본적 차이를 함축하는 것이기 때문이다.[7] 개인적 경험의 차원에서 말하면, 누구나 자신이 미처 알지 못

---

7 데리다(Jacques Derrida)는 이처럼 언어 이전의 무의식이 의식 차원의 언어로 옮겨지는 과정에서 발생하는 차이를 자신의 차연(差延, différance) 개념으로 설명한다. "무의식의 흔적이 생성되면서, 즉 무의식이 의식으로 이동하면서 언어로 옮겨쓰기(Niederschrift) 과정에서 생기는 모든 차이는 유보된다는 뜻에서 역시 차연의 순간들로 해석될 수 있다."(데리다

하는 무의식의 지배를 받는 일은 드물지 않으며, 이런 경우 무의식과 의식 사이의 단절이 곧 언어 이전과 언어 사이의 단절에 해당될 것이다. 그렇긴 하지만 잠재적 꿈 사고가 의식의 검열을 피하면서 명시적 꿈 내용으로 변환되는 과정의 긴장에서 양자 사이의 긴밀한 접점이 형성된다. 블루멘베르크는 그 과정을 '위협적인 억압과 기형화의 위험이 도사리고 있는 위험 지대'라고 표현한다.

그런데 잠재적 꿈 사고를 명시적 꿈 내용으로 변환할 때 위장해야 할 필요성은 아직 완전히 해명되지 않았다. 명시적 꿈 내용은 분석가의 엄호하에 해석의 안전한 항구에 도달하기 전에 다시 위협적인 억압과 기형화의 위험이 도사리고 있는 일정한 구간을 통과해야 한다. 그 구간은 꿈꾸는 사람 자신이 모든 운명의 종착점에서 기억을 포기하는 순간에 도달할 때까지 자신의 꿈을 기억하고 있는 위험 지대이다.(이 책 120쪽)

의식의 억압과 검열이 완강할수록 위장의 필요성은 커지고 그만큼 더 많은 긴장이 요구될 것이다. 블루멘베르크가 말하는 위험은 그 긴장의 강도에 비례한다. 프로이트는 '꿈 공장'Traumfabrik에서 이루어지는 변환의 대표적인 규칙을 '전치'Verschiebung와 '압축'Verdichtung으로 설명한다. 그렇지만 전치와 압축도 어디까지나 전형적인 패턴이며, 예컨대 우리가 악몽이라 일컫는 꿈은 이러한 규칙성에 부합하지 않는 경우가 허다하다. 블

1996, 144)

루멘베르크가 '분석가의 엄호하에' 통과해야 하는 '위험 지대'를 설정하는 것은 그런 이유 때문이다. 또한 블루멘베르크는 프로이트가 꿈의 규칙성을 발견한 측면보다도 오히려 "꿈이 순순히 자신을 드러내지 않고 저항하는 특성을 발견한 것"(이 책 121쪽)이야말로 그가 이룩한 업적의 가장 중요한 자산이라고 평가한다. 실제로 프로이트는 모든 꿈에는 좀처럼 해석을 허용하지 않는 어두운 사각지대가 있다고 생각했다. "모든 꿈에는 적어도 한 군데는 규명 불가능한 지점이 있다. 그것은 미지의 것과 연관되어 있는 배꼽 같은 것이다."(프로이트 2014, 151, 각주 14) 이 배꼽의 은유는 흔히 "꿈 해석의 구조적 한계"(Gondek 2000, 245)라고 해석되지만 블루멘베르크는 '명시적 꿈과 잠재적 꿈을 연결하는 중심'이라고 해석한다. 『세계의 해독 가능성』에 수록된 프로이트에 관한 글 「꿈을 해독 가능하게 하기」Die Lesbarmachung der Träume에서 블루멘베르크는 이렇게 말한다.

'배꼽'이라는 은유는 다름 아닌 해명할 수 없는 부분이 명시적 꿈과 잠재적 꿈을 연결하는 중심이라고 여기는 상상적인 주장을 통해 이목을 끈다. 어쩌면 그것은 꿈의 작업으로 건드릴 수 없는 꿈 사고 자체, 위장되지 않았고 따라서 이해될 수 없는 꿈 사고 자체의 핵심, 꿈 '자체'An sich의 핵심일 것이다.(LW 369)

명시적 꿈과 잠재적 꿈을 연결하는 중심이 해명할 수 없는 지점이라는 주장은 꿈의 해석을 무위로 돌리는 형용모순처럼 들린다. 명시적 꿈과 잠재적 꿈을 연결하는 것이 곧 꿈의 해석인데 그 연결의 중심이 불가해한 부분이라는 말이기 때문이다. 그런 이유에서 블루멘베르크는 이해 불가능한 '배꼽'이라는 은유가 프로이트의 이론 체계와 충돌한다고 이의를 제기한다. 잠재적 꿈과 명시적 꿈이라는 이론적 가설은 양자의 연결통로를 통해 꿈의 의미를 해석하는 시스템인데, 양자의 연결이 불가능한 지점을 상정하는 것은 그 체계 내에서는 설명되지 않기 때문이다. 여기서 '배꼽'이라는 은유는 자아가 아직 세상의 빛을 보기 이전의 기억, 즉 탯줄로 모태와 연결되어 있던 상태를 떠올리게 한다. 프로이트는『정신분석 입문 강의』1917에서 '자궁 안에서 행복하게 고립해 있는 상태'를 '완벽한 나르시시즘'으로 설명한다. "잠자는 사람에게서는 리비도 배분의 원초적 상태가 ― 즉, 리비도와 자아의 관심사가 아직 자기충족적인 자아 안에서 구별되지 않고 합일된 완벽한 나르시시즘의 상태가 ― 회복된다."(Freud 2000, 327) 잠자는 상태를 단지 꿈을 꾸기 위한 환경이나 수단으로만 보지 않고 자궁 속에서 리비도와 자아가 분리되지 않은 상태의 완벽한 자족성에 견주는 이러한 유추 역시 분석적 논증이 아니라 분리 이전의 상태에 대한 상상적 은유이다.[8] 따라서 이런 상태는 '정신분석'의 언어

---

8 프로이트의 배꼽의 은유는 크리스테바(Julia Kristeva)가 말하는 '코라'(chora)를 떠올리게 한다. 크리스테바는 클라인(Melanie Klein)의 정신분석을 원용하여 유아기를 어머니와 아이의 공생관계로 설명한다. 이 시기에 유아는 자신을 독립된 주체로 인식하지 못하며, 따라서 주위 환경을 객관세계로 구조화해서 인식할 수 없다. 어머니와의 공생관계에서는 특히 자양분의 공급이 어머니와의 관계의 지속성을 담보한다. 유아는 자양분을 공급받지만, 지속적이고 신뢰할 만한 자양분 공급이 방해받거나 중단될 경우 저항과 좌절을 겪기도 한다. 크리스테바는 플라톤의 개념을 원용하여 이렇게 어머니와 공생관계를 유지하는 상태를 '코라'라 일컫는다. 원래 플라톤이 말한 코라는 남성과 여성이 분화되기 이전의 상태를 가리킨다. 고대 그리스어로 코라는 '비어 있는 공간'이라는 뜻이다. 크리스테바 2000, 25 이하 참조.

로 — 다시 말해 이성적 사유와 개념적 분석의 언어로 — 설명될 수 없는 것이 당연하다. 이러한 원초적 합일 상태를 블루멘베르크는 "어떤 신학자도 자신이 믿는 신의 지복至福을 이보다 더 정확히 묘사하지는 못할 것이다."(LW 357)라며 '신적인 지복'의 상태에 견준다.

프로이트는 신을 믿지 않았다. 만약 그가 신에게 자신을 의탁했다면 그 신은 아마 잠자는 신이었을 것이다. 잠은 현실에 의해 흐려지지 않고 방해받지 않고 교란당하지 않는 유일한 삶의 형식이기 때문이다. 따라서 잠을 방어하는 것은 삶의 본질에 속하는 무엇이며, 잠을 중단시키는 그 무엇에 버금가는 것 이상이다. 그렇지만 잠은 현실과 무관한 실존의 형식이기 때문에 잠 속에서 꿈은 소망 충족으로 펼쳐질 수 있다. 물론 꿈이 충족해야 하는 소망을 꿈은 깨어 있는 삶의 역사에서 — 깨어 있는 주체가 감히 소망이라고 고백할 수 없는 소망의 은밀한 기반에서 — 가져온다. 잠재적 꿈 사고와 그것을 감시하는 검열관 사이의 갈등은 바로 여기서 비롯된다.(같은 곳)

여기서 블루멘베르크가 '잠자는 신'이라는 신학적 사변을 빌려 다시 은유의 베일을 씌우는 동기는 복합적인 것으로 보인다. 우선 '배꼽'은 돌이킬 수 없이 잃어버린 행복한 자족감의 흔적이다. 그런 점에서 '배꼽'의 은유는 상실의 흔적을 잃어버린 낙원으로 표상하게 하는 의미의 증폭 효과를 가져온다. 동시에 이 상실의 흔적은 잃어버린 낙원을 되찾으려는 강렬한 소망을 일깨운다. 그리하여 상실의 고통과 회복에의 열망이 교차하

며 공존한다. 다른 한편 '잠자는 신'은 '침묵하는 신' 내지 '숨은 신'과 같
은 의미 계열에 속한다. 다시 말해 '잠자는 신'은 인간사의 불행과 고통에
초연하다. '잠은 현실과 무관한 실존의 형식'이고, 그래서 '잠 속에서 꿈
은 소망 충족으로 펼쳐질 수 있다.' 블루멘베르크는 이런 의미에서 소망
충족이 꿈 해석의 가장 중요한 기능이라고 본다. "명시적 꿈 내용에서 나
타나는 무의미함에 대한 불만을 도저히 견딜 수 없어서 의미를 찾으려는
여하한 노력도 정당화할 수 있다."(LW 358) 여기서 주목할 것은 '현실'의
무의미함에 대한 불만이 아니라 '명시적 꿈 내용'의 무의미함에 대한 불
만이 꿈의 해석을 정당화한다는 것이다. 바꾸어 말하면 '명시적 꿈 내용'
으로 환원되고 축소된 '잠재적 꿈 사고'는 무의미하며, 명시적 꿈과 잠재
적 꿈 사이의 등가성이 성립하지 않는 영역에서만 소망 충족은 이루어진
다는 것이다. 프로이트 자신도 '배꼽'이라는 은유로밖에 표현하지 못한
이 비언어적 영역을 블루멘베르크가 '꿈 자체'An sich der Träume라고 명명
한 것은 이런 이유에서다. 그것은 칸트Immanuel Kant가 말한 '물 자체'처럼
우리의 인식을 벗어나는 영역이다. 다시 '배꼽'의 비유로 말하면, 배꼽은
모태와 연결된 탯줄이 끊어진 흉터이기도 하다. 아무리 시간이 흘러 아물
어도 그 흔적이 지워지지 않는 흉터인 것이다.[9] 그 상흔은 그 어떤 베일로
도 감출 수 없으므로 '위장되지 않았고unverkleidet 따라서 이해될 수 없는'
그 무엇, 즉 '꿈 자체'를 무언의 언어로 일깨워준다.

---

9 데리다는 '배꼽'의 은유를 원초적 무의식과의 연결점인 동시에 단절을 나타내는 양가성으
로 설명한다.(Derrida 1998, 143)

프로이트는 『꿈의 해석』에서 이른바 '이르마Irma의 사례'로 알려진 첫 번째 사례 분석을 마친 후 꿈의 해석을 '상상적인 산책'에 견주면서 성공적인 사례 분석의 성취감을 이렇게 표현하고 있다.

> 산비탈 사이의 움푹 들어간 좁은 길을 지나서 갑자기 산마루에 다다르면 길이 여러 갈래로 나뉘면서 사방 멀리까지 전망이 탁 트인다. 그러면 잠시 걸음을 멈추고 먼저 어디로 갈 것인지 생각하게 된다. 첫 번째 꿈 해석을 마치고 난 우리의 상황이 이와 흡사하다. 우리는 예기치 않게 인식에 이르렀다.(프로이트 2014, 163)

부조리하고 혼란스러운 꿈속의 미로를 헤매다가 성공적인 꿈 해석에 도달하면 마치 산마루에 올라선 것처럼 시야가 트이고 사방을 조망할 수 있게 된다는 것이다. 프로이트의 이러한 비유는 해석학에서 말하는 '이해 지평' 개념을 떠올리게 한다. 가다머Hans-Georg Gadamer가 말하듯 해석자가 서 있는 "현재의 이해 지평은 끊임없이 형성되는 과정 속에 있다." (가다머 2012, 192) 그리고 과거의 텍스트에 대한 해석은 현재의 이해 지평과 텍스트가 생성된 당대의 이해 지평이 부단히 상호 침투하면서 일어나는 '지평 융합'을 통해 비로소 구현된다. 따라서 텍스트에 대한 해석은 원칙적으로 종결될 수 없다. 이와 비슷한 맥락에서 프로이트 역시 산마루에서 탁 트인 전망을 확보하는 것과 동시에 "그러나 이러한 인식을 반기려는 순간 수많은 문제들이 우리를 엄습한다."(프로이트, 같은 곳)라고 고백한다. 그러면서 프로이트가 예시하는 새로운 의문들은 그가 성공적인 해석을 통해 도달한 '해몽'에 못지않게 풀기 힘든 난제들처럼 보인다.[10] 그러나 프로이트는 그런 난제들을 잠시 옆으로 제쳐놓고 우선 꿈이 소원 성취라는 '하나의 길'만 따라가자고 제안한다. 이 '하나의 길'을 선택함으로써 프로이트는 다른 수많은 길들이 다시 미답의 영역으로 남게 된다는 것을 스스로 시인하는 셈이다. 더구나 프로이트가 '소원 성취'라고 소박하게 표현한 리비도의 해소는 예측 불허의 극단적인 모순된 양상으로 분출될 수 있다. 그것은 한 개인의 소박한 성적 욕구의 표현일 수도 있지만, 앞에서 살펴본 대로 프로이트 자신을 궁지로 몰아넣었던 집단적 광기로 분출될 수도 있는 것이다. 바로 그렇기 때문에 프로이트의 정신분석에서 전형적인 패턴으로 설정되어 해결된 문제들보다는 해석의 한계에 노출된 문제들이 오히려 꿈 해석의 지평을 확장할 수 있는 광대한 잠재 영역일 것이다.

맺는말

일찍이 데카르트는 우리가 지각하는 외부세계가 실재하는 것이 아니라 '악령'이 우리를 조종하여 마치 실제로 존재하는 것처럼 보이게 만드는 착각일 수도 있다고 가정했다. 엄밀한 이성적 인식이 이러한 착각의

---

10 "꿈 사고가 어떤 변화를 겪기에 눈을 뜰 때 우리의 기억에 남아 있는 것 같은 외현적 꿈이 형성되는 것일까? 이러한 변화는 어떤 경로를 통해 이루어지는 것일까? 꿈으로 엮이는 재료는 어디서 유래할까? 왜 꿈 사고들은 서로 모순되는 것일까?"(프로이트 2014, 164)

가능성을 완전히 배제해야 한다는 취지로 짐짓 이런 허구를 지어냈던 것이다. 이 허구적 상상은 당연히 그런 악령을 너끈히 퇴치할 수 있다는 이성적 인식 능력에 대한 확고한 믿음의 소산이다. 그리고 이 믿음은 근대세계를 추동해 온 인본주의 정신의 정수이자 근대 과학의 핵심이다. 그런데 정말 그런 믿음이 주효했다면 우리는 세상을 투명하게 인식했을 것이고 세상은 전에 없이 인간다운 삶의 터전으로 변모했을 것이다. 그러나 경험적 실감이 그런 소망과는 정반대라는 것을 가장 잘 보여주는 반증이 아마도 카프카Franz Kafka의 문학일 것이다. 블루멘베르크 역시 카프카 문학의 위상을 그렇게 진단한다. "카프카는 데카르트와 더불어 시작된 한 시대의 반대편 끝에 서 있다. 그 반대편 끝에 도사리고 있는 악령은 이제 더 이상 방법론의 극단적 가설이 아니라 삶 자체에 내재하는 악령이 되었다."(이 책 131~132쪽) 데카르트가 말한 악령이 이성적 인식에 대한 절대적 믿음이 지어낸 허구였다면 카프카의 문학에서 그 악령은 우리의 삶을 지배하는 실체적 힘으로 작용한다. 카프카가 묘사하는 세계가 속속들이 근대적 이성의 권능으로 구축된 세계라면 이제 더 이상 이성적 주체와 악령을 구별하는 것은 불가능해진 셈이다. 이러한 상황은 '벌거벗은 진리'에 객관세계에 대한 대상적 인식으로 접근하려는 발상 자체를 무효화하며, 이와 동시에 이성적 주체에 부여된 비판적 인식의 권능도 박탈된다. 그렇다면 이런 상황에서 진리에 대한 접근은 어떻게 가능할까?

블루멘베르크는 카프카의 여자 친구 밀레나Jesenská Milena의 말을 인용하여 "카프카는 옷을 입은 사람들 사이에서 홀로 벌거벗은 사람 같다." (이 책 129쪽 재인용)라는 진단에서 그 실마리를 찾는다. 허위가 지배하는 현실에서 그 어떤 보호막도 없이 자신의 맨몸을 드러내고, 그럼으로써 이 세계의 불안을 온몸으로 겪을 때만 그 불안을 진지하게 받아들일 수 있다는 것이다. 우리가 생존을 위해 자신을 감추는 '의상'은 세계의 허위 또는 두려움에 맞서기 위해 허위에 동참하거나 어떤 신념과 인식 체계로 자신을 무장하는 수단을 가리킨다. 그런 보호 수단은 또한 세계를 인지하고 인식하는 방편이기도 하다. 따라서 그런 일체의 보호 수단을 걷어낸 벌거벗은 상태는 통상적인 세계 인식의 수단마저 거부하므로 블루멘베르크가 말하는 은유의 영역에 해당한다. 그렇게 벌거벗은 몸으로 감지되는 카프카의 세계는 기성의 관념과 인식 체계로는 좀처럼 해명되지 않는 "절대적 형상 세계"absolute Bildwelten(Engel 2010, 412)로서, 그것은 블루멘베르크가 말하는 절대적 은유에 상응한다. 그렇게 구현되는 카프카 문학의 '진실성'Wahrhaftigkeit은 "기만이 횡행하는 세상에 저항하는 실존의 형식이다."(이 책 132쪽) 여기서 중요한 전제는 카프카 자신의 육체도 기만이 판치는 세계의 일부라는 것이다. 그래서 카프카는 자신의 육체를 견딜 수 없지만, 그 육체를 맨몸으로 드러내지 않고서는 세계를 온전히 감지할 수 없다. 카프카 문학의 진실함은 세계에 대한 비판적 거리를 두고 주체에 우월한 인식의 특권을 부여하는 입장을 포기할 때만 가능한 것이다.

나아가서 이것은 니체의 경우처럼 예술이 형이상학의 자리를 대신하는 이른바 '예술 종교'의 지위도 포기하는 것을 뜻한다. 카프카는 펠리체 바우어에게 보낸 편지에서 "나는 문학에 관심을 가진 것이 아니라 문학으로 이루어져 있습니다. 나는 다른 무엇도 아니며 그럴 수도 없습니다."(카프카 2002, 595: 1913년 8월 14일 편지)라고 말했다. 이어서 카프카는 『사탄의 종교사』라는 책에서 읽었다는 이야기를 소개한다.

어느 성직자의 목소리가 너무 아름답고 달콤하여 누구나 그 소리를 듣고 싶어 했습니다. 어느 날 이 사랑스러운 목소리를 들은 다른 성직자는 이것은 사람의 소리가 아니라 사탄의 소리라고 했습니다. 그러고는 모든 숭배자들 앞에서 사탄을 불러냈습니다. 그러자 성직자의 몸에서 사탄이 빠져나왔으며, 그 몸은 심한 악취를 풍기는 시체로 변했습니다.(사탄의 영혼을 대신하여 인간의 육체가 살아 숨 쉬었던 것입니다.)(같은 책, 595 이하)

이 이야기에 대해 카프카는 자신과 문학의 관계가 이와 흡사하지만 자신의 문학은 성직자의 목소리처럼 달콤하지는 않다고 덧붙인다. 이 이야기에서 카프카가 자신과 동일시하는 부분은 사탄의 영혼과 결합된 성직자의 육체처럼 자신이 세상에 맨몸으로 노출되어 있고 그럴 때만 '문학으로 이루어진' 자신이 존립할 수 있다는 것이다. 그러나 바로 그렇기 때문에 달콤한 목소리로 구원의 복음을 들려주길 바라는 독자들의 기대를 충족할 수 없다. '문학에 관심을 가진 것이 아니'라는 말은 독자들의 그런 기대에 부응할 수 없다는 뜻이다. 수치스러운 맨몸을 가려주는 베일의 가상으로 독자들에게 세상의 악을 초극하거나 망각하게 해주는 형이상학적 위안을 줄 수는 없다는 것이다.

이처럼 예술적 가상의 위안이 사라지면서 카프카의 '맨몸'은 가공할 세계에 무방비로 노출되며 여기서 카프카적 불안이 발원한다. 블루멘베르크는 우리가 흔히 실존적 불안으로 이해하는 카프카적 불안을 독특하게 해석하는데, 그것은 허위로 가득한 이 세계가 최악의 세계는 아닐 수도 있다는 불안이다. 기만이 사라지고 세계가 있는 그대로 모습을 드러낼 때 과연 그 세계의 실상을 우리가 감당할 수 있을까? 우리가 세상을 그럭저럭 견딜 수 있는 것은 차라리 세상이 기만으로 가득하기 때문이 아닐까? 이런 의문을 동반하는 불안이다. 그런 사태를 카프카의 아포리즘은 이렇게 표현한다. "언젠가 기만이 근절된다면 너는 세상을 차마 눈 뜨고 보지 못할 것이며, 그럼에도 세상을 보게 된다면 소금 기둥이 되고 말 것이다."(이 책 132쪽 재인용) 차마 눈 뜨고 보지 못한다는 것은 달리 말하면 언어로 형용할 수 없고 감히 인간의 사고가 미치지 못한다는 뜻이다. 이 형용할 수 없는 불안을 이해하기 위한 하나의 방편으로 '소금 기둥'이 언급되는 성경적 맥락과 카프카의 맥락을 비교해 보자. 성경에서 롯의 아내는 타락이 극에 달해 멸망하도록 천벌을 받은 도시 소돔을 떠나면서 뒤돌아보지 말라는 금계를 어기고 뒤를 돌아보았다가 소금 기둥이 되고 만다. (창세기 19장 16절) 타락한 세상에 대한 미련을 끊지 못한 여인에 대한 이 형벌은 너무나 가혹해 보인다. 그러나 모든 묵시론적 서사가 그러하듯 이 경우에도 성경의 전편에 깔려 있는 구원의 약속은 가혹함을 누그러뜨리고 이 이야기를 극단적 예외 상황으로 읽도록 유도한다. 이와 달리 카프카에게 기만의 베일로 가려져 있는 현실은 극단적 예외 상황이 아니라 구원의 가능성이 차단된 보편적 인간 조건이다. 카프카가 말하는 '소금 기둥'은 더 이상 경고와 구원의 서사를 함축하는 알레고리가 아니라 언어로 형용할 수 없는 사태 자체의 비유일 뿐이다. 기만의 베일이 걷히고 '벌거

벗은 진리'로 드러난 현실을 차마 눈 뜨고 볼 수는 없지만 그럼에도 가시
적 경험으로 표현한 '절대적 형상 세계'가 예컨대 「변신」에서 해충으로
변한 그레고르 잠자의 변신일 것이다. 카프카 문학의 이러한 '절대적 형
상' 내지 '절대적 은유'가 표현하는 벌거벗은 진리는 현실적 경험의 재현
이나 모상模像, Abbild이라기보다는 언어적 구성물 자체이다. 언어로 재현
할 수 없는 사태의 언어적 구성물이라는 이러한 역설은 '벌거벗은 진리'
가 먼저 존재하고 그것이 언어로 표현되는 것이 아니라 벌거벗은 진리 자
체가 언어적 구성물임을 시사한다. 그런 의미에서 블루멘베르크는 "생각
은 언어를 통해 비로소 옷을 입는 것이 아니라 어떤 경우에도 이미 언어
적으로 옷을 입은 상태이다."(이 책 333쪽)라고 말한다. 다시 말해 사유는
언어에 선행하는 것이 아니라 오로지 언어를 통해서만 생성되고 전개되
는 언어적 사건이다. 『벌거벗은 진리』는 미완의 저작이어서 블루멘베르
크의 최종적인 생각을 뭐라 단언하긴 어렵지만, 그의 은유 이론 맥락에서
보면 '벌거벗은 진리'는 개념으로 정형화될 수 없고 언어적 재현을 거부
하면서도 언어적 구성물의 방식으로만 존재하는 진실/진리에의 접근 방
식을 가리키는 것으로 보인다.

참고 문헌

가다머, 한스게오르크: 『진리와 방법 2』, 임홍배 옮김, 문학동네, 2012.
데리다, 자크: 『해체』, 김보현 옮김, 문예출판사, 1996.
카프카, 프란츠: 『카프카의 편지: 펠리체 바우어에게』, 변난수·권세훈 옮김, 솔, 2002.
크리스테바, 줄리아: 『시적 언어의 혁명』, 김인환 옮김, 동문선, 2000.

프로이트, 지그문트: 『꿈의 해석』, 김인순 옮김, 열린책들, 2014.

Blumenberg, Hans: *Die nackte Wahrheit*, Frankfurt a. M., 2019(=NW)

_____: *Paradigmen zu einer Metaphorologie*, Frankfurt a. M., 초판 1960, 개정판 1998.(=PM)

_____: *Die Lesbarkeit der Welt*, Frankfurt a. M., 1979(=LW)

_____: *Thesen zu einer Metaphorologie*(1959), Archiv für Begriffsgeschichte 53, 2011, 186~
189.(=Th)

Campe, Rüdiger: Implikation. Eine Rekonstruktion von Blumenbergs Verfahren, in: Hannes
Bahjor/Eva Geulen(Hg.): *Blumenbergs Verfahren*. Neue Zugänge zum Werk, Göttingen, 2022,
17~46.

Derrida, Jacque: *Vergessen wir nicht — die Psychoanalyse!*, Frankfurt a. M., 1998.

Engel, Manfred: Kafka lesen — Verstehensprobleme und Forschungs-paradigmen, in: Manfred
Engel/Bernd Auerochs(Hg.): *Kafka-Handbuch*, Stuttgart, 2010, 411~427.

Freud, Sigmund: *Gesammelte Werke*. Bd. XII. Werke aus den Jahren *1917~1920*, Frankfurt a. M.,
1978.

_____: *Vorlesungen zur Einführung in die Psychoanalyse*, Frankfurt a. M., 2000.

Gondek, Hans-Dieter: Der Freudsche Traum und seine französische Deutung: Foucault, Lacan,
Derrida als Leser der *Traumdeutung*, in: Lydia Marinelli/Andreas Mayer(Hg.): *Die Lesbarkeit
der Träume*, Frankfurt a. M., 2000, 189~250.

Nietzsche, Friedrich: *Werke. Kritische Studienausgabe*, München, 1999.(=KSA)

Schiller, Friedrich: *Sämtliche Werke*, Bd. 1, München, 1984.

_____: *Sämtliche Werke*, Bd. 5, München, 1984.

한스 블루멘베르크 연보

1920 북독일 항구도시 뤼베크에서 미술 출판사를 운영하는 아버지와 유대계 어머니 사
      이에서 태어남

1939 파데보른 신학대학 입학

1942 학업을 중단하고 귀향한 후 유대인 강제 노동에 차출되었다가 건강상 이유로 풀려
      나 의료기기 회사에서 일함

1945 유대인 강제수용소에 구금되었다가 풀려남

1947 킬 대학에서 『중세 스콜라 철학의 존재론의 근원 문제에 대한 연구』(*Beiträge zum
      Problem der Ursprünglichkeit der mittelalterlich-scholastischen Ontologie*)로 박사 학위
      취득

1950 킬 대학에서 『존재론적 거리: 후설 현상학의 위기에 관한 연구』(*Die ontologische
      Distanz: Eine Untersuchung über die Krisis der Phänomenologie Husserls*)로 교수 자격
      취득

1958 함부르크 대학 전임강사

1960 기센 대학 정교수, 마인츠 학술원 회원
      『은유학을 위한 패러다임들』(*Paradigmen zu einer Metaphorologie*)

1963 가다머, 야우스 등과 함께 '시학과 해석학' 연구회 창립 멤버로 참여함

1965 보훔 대학 정교수
      『코페르니쿠스적 전회』(*Die kopernikanische Wende*)

1966 『근대의 정당성』(*Die Legitimität der Neuzeit*)

1974 하이델베르크 대학이 수여하는 쿠노-피셔(Kuno-Fischer)상 수상

1979	뮌스터 대학 정교수
	『신화 만들기』(*Arbeit am Mythos*)
	『세계의 해독 가능성』(*Die Lesbarkeit der Welt*)
	『난파선과 구경꾼』(*Schiffbruch mit Zuschauer*)
1980	프로이트상 수상
1986	『삶의 시간과 세계의 시간』(*Lebenszeit und Weltzeit*)
1989	『동굴의 출구들』(*Höhlenausgänge*)
1996	별세
1998	『이야기로 풀어쓴 개념들』(*Begriffe in Geschichten*)
1999	『괴테를 예로 들어』(*Goethe zum Beispiel*)
2006	『인간에 관한 서술』(*Beschreibung des Menschen*)
2007	『비개념성의 이론』(*Theorie der Unbegrifflichkeit*)
2019	『벌거벗은 진리』(*Die nackte Wahrheit*)

니체

사태의 참된 실상을 확인하고자 할 때 —— 확인한다기보다는 차라리 묘사한다고 해야겠지만 —— 대상을 벌거벗은 상태로 드러내는 방식은 고정된 형식이 아니라 대개는 역사적으로 변화하는 가변적인 형식이다.

이 문제에 대한 해명의 실마리를 제공할 수 있는 역사적 과정 중 하나는 심리적인 노출이 물리적인 노출을 압도하는 경우다. 타자를 벌거벗기는 대신 자기 자신을 벌거벗기는 것도 하나의 방법이다. 이것을 분명히 깨닫기 위해서는 그런 행동을 감행하고 묘사할 때 얼마나 대담한 태도를 보이는지 주목할 필요가 있다.

니체가 보기에 프랑스의 도덕철학Moralistik은 전례 없이 단호한 심리적 폭로를 주도했다. 니체는 라로슈푸코François de la Rochefoucauld•를 가리켜

• 프랑스의 고위 귀족 집안 출신으로 파란만장한 정쟁에 휩쓸렸다가 은거한 도덕철학자. 인간에 대한 신랄하고 예리한 통찰을 담은 『잠언집』이 유명하다.

"인간의 영혼을 시험하는 달인"이라 일컬었는데, 라로슈푸코가 무모할 정도로 인간 마음의 깊은 밑바닥까지도 거리낌 없이 꿰뚫어 보았다는 인상을 받은 듯하다. 이 인물을 마주하면서 니체는 이렇게 강도 높은 심리적 관찰이 과연 인간의 삶을 더 수월하게 해주는 수단이 될 수 있을까, 또는 "인간의 마음을 즐겁게 해주는 극히 풍성하고도 무해한 소재"가 될 수 있을까 하는 의문과 회의를 품었다.[1] 그런 사태에 맞서서 인간의 행위를 해부하는 것에 대한 거부감을 주장할 권리, "벌거벗은 영혼에 대해 일종의 수치심을 느낄" 권리를 생각해 볼 수 있을 것이다.[2] 인간에 대한 모든 선의의 믿음—도덕철학에 맞서 싸운 루소가 그런 소신을 몸소 실천했는데—을 경멸적으로 거부하면서 인간 본성에 대한 어느 정도 건전한 불신이 형성되는 것을 일반적으로나 특수하게나 선호해야 한다고 믿지 않는 한, 그것은 존중을 요구한다.

플루타르코스 영웅전에 나오는 영웅 숭배는 다분히 심리적 오류에 치우친 것이고, 그런 태도는 진리에 부합하지는 않아도 인간 사회를 잘 굴러가게 하는 데 기여한다. 플루타르코스 영웅전은 (그 주인공들의) 기만에 가까운 자기방어를 간과하는데, 이런 심리적 기만을 지켜보는 구경꾼은 예술작품 감상자와 그다지 다르지 않다. 예술작품 감상자는 순전한 진실에 맞서서 아름다운 거짓을 옹호할 권리가 있다고 생각한다. 인간의 마음을 시험하는 프랑스의 달인들 같은 사람들이 보기에 미덕이란 정열이 꾸

---

1 KSA 2, 57.
2 KSA 2, 58.

며낸 기만적 허상일 뿐이며, 사람들은 원래 마음속으로 바라는 바를 그런 허상의 이름으로 버젓이 행할 수 있다고 생각한다. 그런 달인들은 과녁의 정곡만— 다시 말해 "인간 본성의 정곡"만[3] — 꿰뚫는 사격 대회를 한껏 즐긴다.

사람들은 이 모든 것에 완강한 거부감을 느낀다. 자기 자신에 대한 심리적 해부의 곤혹스러움을 남의 일 구경하듯 감내해야 하는 것이 어쩔 수 없이 인간에게 부과된 몫이다. 니체는 이미 예의 그 구경꾼의 법적 지위를 너무 잘 알고 있었기에 그의 독자에게 신중한 태도를 잊지 말라고 경고한다. 니체에 따르면 인간 본성의 정곡을 꿰뚫고 해부하는 것은 인간의 본성이며, 그것은 결국 형이상학적 욕구를 도끼로 뿌리째 잘라내는 결과에 이른다.

> … 과학의 정신이 아니라 인간애의 정신을 따르는 구경꾼은 아마도 인간을 왜소하게 만들고 인간에 대한 불신을 키우는 감각을 인간의 마음속에 심어놓는 기술을 결국 싫어하게 될 것이다.[4]

도덕철학과 심리학으로 인간 마음의 밑바닥을 파헤치는 길의 위험성을 니체는 너무나 적확한 문장으로 표현했는데, 인간학에 관심을 가진 철학이라면 입장이 어떠하든 간에 다음 문장을 참조할 만하다.

---

3 KSA 2, 58.
4 KSA 2, 59.

이런 식으로 사람들은 인간이 순서대로 처음에는 자기 행위의 결과에 대해, 그다음에는 행위에 대해, 그다음에는 행위의 동기에 대해, 그리고 마침내는 자신의 본성에 대해 책임지게 만든다.[5]

인간 심리의 가차 없는 폭로에 대해 니체가 취하는 이중적 태도가 한 세기 이상이 지난 지금 시점에 어떤 의미를 갖는지 생각해 보려면 프로이트를 참조하는 것이 효과적이다. 이 대목에서 프로이트가 니체를 읽었다는 사실은 무시해도 좋다. 프로이트의 독서는 혹시라도 자신이 한 생각을 니체가 먼저 했는가를 확인하는 데 초점을 맞춘 것이었고, 과연 프로이트가 어디에서 어디까지 읽었는지는 분명치 않다. 중요한 것은 그 문제가 아니라 니체와 프로이트의 정당성을 비교해 보는 일이다.

니체의 입장에서 보면 심리학적인 접근 방식의 동기가 과연 진리의 관심 또는 진리에 대한 관심 때문인지 밝혀내기란 무척 어려운 일이다. 그가 보기에 심리학적 접근이 엄격한 인식을 회피하는 것은 형이상학의 해체를 막기 위한 시도라는 혐의를 살 만하다.* 전체적으로 볼 때 형이상학은 단지 신의 비호 하에 세계 내에서 인간의 특별한 지위를 수호하는 기능을 가질 뿐이다. 인간을 가차 없이 왜소화, 탈루소화하는 것 말고는 그러한 형이상학의 성역에 대적할 다른 방법이 없다.** 이러한 불신과 혐의

---

5 KSA 2, 63.
* 만약 심리학이 인간의 마음까지도 엄밀한 과학으로 해부한다면 인간 영혼의 형이상학적 신비가 사라질 것이므로 이를 저어하여 심리학이 과학적 엄밀성을 회피한다는 뜻.
** 루소가 그 어떤 차별도 없는 자연 상태의 인간에게 신성한 존엄을 부여했다면 니체는 루소가

로 인해 인간에 대한 비우호적 태도가 그다지 정당화되지는 않았다.

　프로이트는 전혀 다르다. 그는 정신 치료라는 거대한 방패로 자신의 이론적 호기심을 보호했다.* 물론 타고난 이론가인 프로이트가 오랜 세월 인간 심리를 탐구하면서 정신 치료 자체의 에로틱한 매력에 빠져든 점을 못마땅히 여기는 사람의 의심스러운 눈초리로 보면 그 방패가 종종 뚫리기는 했다. 그렇지만 이 방패의 보호 장치는 워낙 효과적이어서 프로이트의 진술은 니체의 글에서는 유례가 없을 정도로 강한 추정적인 진술에 의해 보호를 받기 때문에 전혀 치부를 드러내지 않는 듯한 부드러운 인상을 준다. 그렇지만 이런 식으로 치료 기능은 이루 비할 데 없이 인간을 발가 벗기는 이론적 수단이 되었고, 인간이 세계 내에서 특권적 지위를 유지하려는 모든 의지를 속수무책으로 꺾어버렸으며, 인간의 특권적 지위와 결부된 형이상학도 파괴하는 결과를 가져왔다.

　옷을 입는 것과 같은 방식의 치장, 은폐, 위장이라는 은유의 기본 가설이 그런 감춤을 벗기는 해체적 접근 방식으로 나아갈 수 있는 세 가지 주요 영역을 구분해 볼 수 있다. 그렇게 함으로써 대상에 대한 접근과 통찰과 파악의 장애물을 제거할 수 있고, 또한 그렇게 외피를 벗겨내고 남는 대상을 있는 그대로 드러내고 위장을 제거하여 올바르게 파악함으로써 마침내 진실로 나아갈 수 있게 된다. 여기서 언제나 진실이라는 것은 이전까지 진실을 피하고 방해했던 것의 부정이 된다.

생각한 그런 자연 상태도 인간의 타고난 특권을 옹호하는 형이상학이라고 비판했다는 뜻.
● 정신 치료라는 사명감을 방패로 앞세워 인간 심리를 해부하는 이론적 호기심을 견지했다는 뜻.

그 세 가지 영역이란 다음과 같다. 첫째, 진리가 요구하는 표현 형식으로서의 수사학, 비진리가 사용하는 은폐 형식인 수사학에 대한 비판을 말한다. 둘째, 모든 종류의 편견을 제거하기 위해 가장 넓은 의미에서 계몽이 필요하다. 인간의 정신은 호의적인 신들의 비호하에 세계 내에서 인간의 지위에 관해 기분 좋게 유리한 견해를 조성하려고 온갖 편견을 만들어낸다. 그런 편견은 사람들의 마음을 지배하기 위해 개인이나 제도 장치의 주도하에 도입되고 관철될 수 있었다. 셋째, 도덕철학과 심리학은 인간 행위와 인간 상황의 실질적 동기가 외관상의 품위와 시민적 명망을 지키기 위한 것임을 폭로한다.

계몽의 업적에 관해 말하자면, 어떤 의미에서는 계몽주의자라 일컬어도 좋을 니체는 18세기 계몽주의 시대의 성과와 계몽의 방법론에 대해 유보적인 평가를 했다. 니체에 따르면 계몽사상은 종교의 의미를 올바르게 평가하지 못했고, 그 점은 의심할 여지가 없다. 계몽주의와 정반대로 종교를 '세계에 대한 가장 심오한 이해'라고 생각한 낭만주의 역시 사태를 제대로 보지 못했다. 낭만주의에 따르면 근대 과학은 종교의 심오한 세계 이해에 숨겨져 있는 깊은 인식에서 그 종교적 도그마의 외피를 벗겨내기만 하면 신화에서 벗어난 형태로 '진리'를 소유할 수 있다.[6] 요컨대 종교는 과학적 진리를 담은 알레고리이고 이런 생각은 아주 오랜 지혜에서 유래한다는 것이다. 낭만주의는 근대 과학이 그런 오랜 지혜로 돌아가야만 하고 돌아갈 수 있다고 생각한다. 그러기 위해서는 근대 과학이 대

---

6 KSA 2, 109.

다수 사람들이 접근할 수 있는 이해 형식으로 포장된 진리의 규범을 따라야 하는데, 그것은 물론 계몽주의에 대한 비판에서 관철될 수 있는 사고 방식은 아니다. 그러니까 역사적으로 진리의 소유 문제가 아니라 진리를 어떻게 전달하고 받아들일 만한 것으로 포장하는가 하는 문제를 중시하는 것은 온당치 않으며, 오로지 그런 문제의 차원에서만 근대 과학과 오랜 지혜의 차이가 편견의 형태로 존속해 왔다는 것이다.

니체는 특히 쇼펜하우어Arthur Schopenhauer가 이런 견해의 대변자라고 보았다. 그런 점에서 쇼펜하우어는 "한결같이 낭만주의를 숭배하고 계몽주의 정신을 배격했던" 스승들의 너무나 순종적인 제자였다.[7] 종교가 세계에 대한 근원적이고 심오한 지혜를 포장한 형식이라고 보는 철학적 종교 해석은 결코 종교의 독창적인 자기 해석이 아니라 종교가 이미 스스로에 대해 의문을 품은 시대의 자기 변호일 뿐이다. 따라서 종교를 다른 방식으로는 이해할 수 없는 진리의 알레고리라고 보는 것은 '신학자들의 궤변'에 지나지 않는다.[8]

과학을 통해 접근할 수 있는 동일한 진리에 도달하기 위해 시대적 제약에 의해 포장된 숨겨진 의미를 들춰내는 일은 가능하지 않다. 종교와 진짜 과학을 동일한 차원에서 서로 연결해 주는 관계는 존재하지 않는다. 둘은 친구 사이도 아니고 적대 관계도 아니다. "종교와 과학은 제각기 다른 별에서 산다." "종교라는 혜성의 꼬리로 하여금 마지막으로 희미한 어

---

7 같은 곳.
8 같은 곳.

둠 속을 빛나게 했던" 특정한 철학이 불러일으킨 상반된 인상은 그들이 과학이라 규정한 모든 것을 수상쩍어 보이게 한다. 그들의 주장에 따르면 "과학이라 일컬어지는 모든 것 역시 과학으로 포장된 종교일 뿐이다."[9] 바로 이 대목에서 자연발생적으로 또는 인위적으로 형성된 편견을 단호히 몰아내고 그 대신에 그렇게 비워놓은 자리에 새로운 인식을 수립해야 한다는 계몽주의의 요구가 정반대의 동일한 요구로 제기되고 있음을 인식할 필요가 있다. 계몽의 바탕 위에 형성된 철학들은 미학적인 수사학 대신에 이론적인 수사학을 구사함으로써 종교라는 역사적 형성물의 인위적 대체물을 만들어냈다.

니체에 따르면 사실상 여전히 신화에 머물고 있고 신화의 반복일 뿐인 것이 과학의 표현 방식으로 서술되고 있으며, 이전에는 과학의 언어로 표현되지 못한 신화를 정당화하고 있다. 세속화의 논리에 따라 종교가 과학으로 둔갑해서 나타나는 것은 니체가 보기에 그 추동력을 따져보면 과학의 유행에 맞게 치장해서 여전히 예전과 동일한 독자층에 접근하기 위한 수사학적 책략일 뿐이다.

이런 논의는 한물간 주제로 보일지 모르겠다. 그렇지만 이 주제에서 여전히 의미가 있는 것은 과학적 수사학이 존재할 수 있다는 통찰이다. 다시 말해 과학이 수사학으로서 — 근래에 융성한 학문 분야로서의 수사학이 아니라 — 존재할 수 있다는 통찰이다. 수사학으로서의 과학은 옛 신화에 나오는 신들이 수사학적 치장이 보이지 않게 새로운 방식으로 변신

---

9 같은 곳.

할 수 있도록 벌거벗은 진리라는 레퍼토리를 과학의 논리에 맞게 활용한다. 벌거벗은 프로테우스는 존재하지 않는다.*

니체가 염두에 두고 있는 폭로 심리학은 라로슈푸코의 도덕철학의 연장선상에 있다. 그런 심리학은 ── 그것이 인간에 대한 인식의 기술로서 경험적으로는 어떻게 나타나든 간에 ── 인간의 자기 보존이라는 이성 개념으로부터 연역적으로 도출된 것이다. 인간의 자기 보존 논리를 생각할 수 있는 극한으로 가정해 보면, 예컨대 신神도 자신에게 유리할 때만 선한 존재가 된다. 이런 논리가 무도한 신성모독이라고 생각하는 사람은 바로 이런 논리가 신의 완벽한 자족성과 충만함이라는 신학적 수식어의 의미와 정확히 일치한다는 사실을 깨달아야 한다. 도덕철학이 겨냥한 것도 바로 이것이다. 다시 말해 도덕철학은 신학에서 절대자에 관해 외경심을 가지고 진솔하게 말한 내용이 결국 모든 인간 태도의 배후에 숨어 있는 진정한 속뜻임을 들춰냈을 뿐이다. 그것은 신학과 도덕철학에서 똑같이 연역 방식을 규제하는 동일한 이성 개념이다. 다만 그렇게 연역한 진술 내용에 대한 평가가 신학과 도덕철학에서 서로 다를 뿐이다. 니체가 도덕철학자Moralist들의 모든 성찰을 집약한 슬로건으로 수용하는 명제, 즉 라로슈푸코의 "우리의 도덕은 흔히 위장된 악에 지나지 않는다."라는

• 그리스 신화에서 프로테우스는 인간을 비롯하여 온갖 동물과 식물, 심지어 무생물로도 변신할 수 있는 변신의 귀재로 등장한다. 그래서 문학에서 프로테우스는 흔히 변화무쌍한 자연을 가리키는 은유로 사용된다. 여기서 블루멘베르크가 '벌거벗은 프로테우스'는 존재하지 않는다고 한 것은, 자연이 항상 온갖 다양한 현상으로만 그 모습을 드러내듯이 진리 역시 다양한 치장을 한 모습으로 인지된다는 뜻이다.

명제는 원래 아우구스티누스의 말을 살짝 변형한 것이다. 따라서 원래 아우구스티누스가 기독교적 겸양의 미덕을 가리키는 맥락에서 사용한 말을 라로슈푸코가 세속적으로 표현한 것이라 해석할 법도 하다. 그러나 미세한 차이로 인해 그런 추론은 가로막힌다. 왜냐하면 아우구스티누스는 겸손한 자기 고백의 맥락에서 이 말을 사용한 것이 아니라 이교도에 대한 혐오감을 에둘러서 이렇게 표현했기 때문이다. 이 교부철학자는 이교도들이 생각하는 도덕은 위장된 악덕이라고 말했던 것이다. 진리는 일단 세계의 자연적 상태라고 생각해야 할 것이다. 진리는 그것이 형성되기 이전에 이미 인식되었다는 뜻이다. 다시 말해 진리는 인식될 수 있었다. 그것은 존재론적 진리라 일컬어졌다. 진리는 인식 가능한 것이기 때문에 계속 인식될 수 있었다. 이것은 논리적 진리라 일컬어졌다. 그렇지만 이러한 논리적 진리가 책략과 음모, 실험 도구와 방법, 노동과 인명의 희생과 더불어 시작한 한 시대를 대표하는 진리 개념이 되기는 어려웠다. 이 시대는 그런 방식으로 자연에서 약간의 인식을 탈취했지만, 이러한 인식은 모조리 그다음 단계의 인식에 대한 요구를 수반한다는 사실을 어렴풋이 깨닫기 시작했다. 이제 진리는 더 이상 세계의 자연 상태를 인식하는 문제가 아니라, 완전히 정반대의 과제가 되었다. 다시 말해 오로지 비자연 상태와 관련된 문제가 되었다. 일반적으로 자연에서 타당한 것은 인간에게도 타당하다. 인간은 자연 전체와 인간의 관계를 보여주는 가장 교활한 대변자이다. 좀처럼 자신을 드러내지 않고 게으른 자연을 그 숨겨진 배후까지 낱낱이 파헤치려는 책략은 이제 더 이상 인간의 의지에서 나오는 게 아니라, 인간에게 드러나지 않는 바로 그것으로부터 나온다.* 심지어 인간 자신도 부지불식간 자신의 책략에 끌려갈 뿐이다. 의식은 인간 마음의 겉표 면에 불과하다는—더구나 산만한 표면에 불과하다는—인식은 프로이트가 처음 통찰한 것이 아니다. 그런 인식이 다소나마 감사할 가치가 있다 해도 먼저 프로이트에게 감사할 일은 아니다.

치장을 벗겨낸 벌거벗은 진리에 관한 니체의 진술이 갖는 파급력은 처음에는 엄청나 보인다. 그렇지만 그 파급력은 이미 18세기 계몽 시대가 벌거벗은 진리에 대해 품었던 기대가 인간 이성의 강력함에 대한 의구심 또는 자신감으로서 동반했던 문제, 즉 과연 벌거벗은 진리를 감당할 수 있을까 하는 문제로 축소된다. 과연 진리를 감당할 수 있는가? 혹은 달리 말하면, 우리 인간이 무엇을 견뎌낼 수 있는가를 경험하도록 진리가 존재하는 것일까? 이런 생각을 처음 표명한 것은 베버Max Weber였다. 니체는 이 주제를 대체로 미학적인 차원에서 파악했다. 진리는 추악하다. 그런즉 예술이 존재한다면 도대체 왜 진리를 감내해야 한단 말인가? 물론 예술이 예술적 향유를 위해 진리의 추악함에 눈감게 하는 기능을 떠맡는다면, 예술은 거짓을 통해 진리의 부정적 가치에 종속되는 것이다.

니체는 쇼펜하우어의 윤리학이 정언명령의 형식을 결여하고 있다는 비난에 대해 언급한 짧은 글에서 이렇게 말한다. "'공공의 안녕'은 진리의 관심사가 아니다. 왜냐하면 진리는 설령 추악하고 비윤리적이어도 언표되어야 하기 때문이다."[10] 진리가 추악하고 비윤리적일 수 있다는 것, 이

• 자연을 남김없이 파헤치고 정복하려는 인간 의지는 결코 인간에게 온전히 제 모습을 드러내지 않는 자연의 신비를 모조리 파헤치려는 맹목성 내지 맹목적 무의식에 종속되어 있다는 뜻.

목을 끄는 진리는 쾌감을 주지 못하고 윤리적 공감을 얻지 못한다는 것이 니체의 논의에서는 의문의 여지 없이 전제되어 있다. 이것은 단지 학습된 염세주의일까? 아니면 청년 고전학자 니체가 1868년에 박사 학위 논문을 쓸 당시의 경험과 관련이 있을까? 1867년 초에 쓴 어느 편지에서 니체는 자신의 전공 분야에서는 "고대 그리스 문화에 대한 명확한 전체적인 조망"을 찾아볼 수 없다고 불만을 토로했다. 이 편지에서 니체는 이미 오래전에 연구 성과로 인정받았어야 할 노력의 결과를 즐길 권리를 스스럼없이 표현하고 있다. "내가 묻고 싶은 것은, 도대체 언제나 우리가 고대 그리스 연구를 순수하게 즐길 수 있을까 하는 것일세. 유감스럽게도 우리는 걸핏하면 고대 그리스 문화에 대해 말만 늘어놓을 뿐이지. (…) 우리가 고대 그리스 문화를 연구하는 방식은 끔찍하다네."[11] 니체의 책상에 설령 100권의 책이 놓여 있다 한들 그 책들은 고대 그리스 연구의 즐거움을 방해하는 사람들이 대표자로 군림하는 전공 분야의 표본적 산물이라는 것이다. 고대 그리스 연구의 대상은 전적으로 미학적으로 파악할 수 있고 은유적으로 상상할 수 있는 대상이기 때문에 당연히 즐거움을 선사해야 한다. 그런데 그렇게 하지 못하는 까닭은 그들이 말하자면 "감상해야 할 그림 앞으로 너무 바짝 다가가서 기름얼룩 따위나 조사하려고 하기 때문이다. 그림 전체의 위대하고 대범한 필치를 경탄하고 즐기는 것이 더 소중한 가치가 있는 일이거늘, 즐기지 못하고 그러고 있는 것이다."[12] 니체

---

10 WW I, 405.((Ueber Ethik) 1868년 초)(BAW 5, 177)

11 an Carl von Gersdorff, 1867.4.6. KSA Briefe 2, 209 f.

는 학문을 직업으로 선택한 평생 계획에 걸었던 기대를 이렇게 표명했다.

니체가 20년 후인 1887년에 서술한 ─ 기존 니체 연구에서 '힘에의 의지' 구상으로 분류해 온 ─ 기록은 앞의 인용문에 담긴 생각과 일치한다. 일찍이 쇼펜하우어의 염세주의에 관한 글의 동기가 되었던 생각은 20년이 흐르는 사이에 인간을 검증하는 척도로 강인함을 설정하기에 이르렀다. 인간은 특히 예술에서 강인한 존재임을 입증한다. "두렵고 수상쩍은 대상을 표현한다는 것 자체가 이미 예술가의 힘과 위엄을 보여주는 예술가적 본능이다. 예술가는 그런 대상을 두려워하지 않는다(…)." 공쿠르와 졸라의 새로운 사실주의에 대한 비판적 주장을 니체는 자신의 테제를 입증하기 위해 끌어들인다. "그들이 그리는 사물은 추하다. 그런데 그들이 추한 사물을 보여주는 까닭은 바로 추한 것에서 쾌감을 느끼기 때문이다(…)."[13] 청년 니체가 진·선·미의 통일을 추구하는 선험철학에 거부감을 느꼈다고 보는 견해에 어떤 사람은 의구심을 가질지도 모르겠다. 그렇지만 니체의 후기 철학에서 인간이 과연 진리를 감당할 수 있는가 하는 문제는 철학이 추한 것을 회피하지 않는다는 사실, 그리고 인간이 진리의 추한 실상을 어떻게 감당하는가를 입증하는 본보기인 예술에 철학이 호소한다는 사실을 보여주는 준거가 된다. "철학자에게 '선한 것과 아름다운 것은 하나'라고 말하는 것은 아무런 가치도 없다. 게다가 여기에 '참된 것'까지 추가해서 '참된 것과 선한 것과 아름다운 것은 하나'라고 말하는

---

12 같은 책, 209 이하.
13 KSA 13, 241.

사람은 매를 맞아도 싸다. 진리는 추하다. 우리가 예술을 가진 이유는 진리로 인해 파멸하지 않기 위해서다."[14]

이로써 니체는 철학이 갈 수 있는 하나의 길을 끝까지 간 셈이다. 이것은 니체만이 갔던 길은 아니다. 과거에 마치 봄철 나들이 복장처럼 진리를 치장했던 장식물이 '예술'이라는 이름으로 독립했고, 진리를 대체하는 선택지로 설정됨으로써 예술의 자율성을 극명히 입증하고 있다. 그런데 이것은 이제 진리가 추함에도 불구하고 은폐될 필요가 없게 되었다는 사실을 뜻한다. 뭔가 다른 일이 벌어졌다. 사물을 보는 시각의 변화, 관점의 변화가 일어난 것이다. 진리가 간과되는 까닭은 저녁 시간을 가득 채워 공연되는 그 무엇이 이목을 끌기 시작했기 때문이다. 그것은 바로 종합예술작품, 즉 오페라이다.* 물론 오페라를 즐기는 관객은 아직 초인 Übermensch이 아니다. 그렇지만 오페라 관객이 현실을 무시하고 오페라를 즐기는 관객이 될 수 있다는 사실은 그가 또한 초인이 될 수도 있다는 ── 유일한 증거는 아닐지라도 ── 가장 강력한 증거이다.

그런 한에는 예술작품에서 인류의 최종적 상태를 미리 체험한다고 보는 모든 미학 이론은 니체에게서 비롯된 것이다. 비록 그런 미학 이론이 리얼리즘에 충실하려는 의무를 소홀히 하지 않기 위해 어느 날 갑자기 벌거벗은 진리가 아름답다고 능치려 해도 말이다.

진리가 추함에도 불구하고 삶을 긍정할 만한 계기를 제공하는 예술은

---

14 KSA 13, 500.
• 오페라를 종합예술작품이라 명명한 것은 바그너(Richard Wagner)이다.

자율적인 예술로서, 형이상학이 종언을 고한 시점에 최후의 형이상학적 실재가 되었다. 예술은 이제 감당하기 힘든 것을 베일로 가리지 않는다. 그런 점에서 예술은 아직 존재하지 않는 어떤 것을 미리 선취한다. 그렇지만 지금 존재하는 것은 지금 상태와는 다른 타자에 도달하기 위한 조건으로서 반드시 존재해야만 한다. 니체의 문화 이론은 그의 문화 비판을 견딜 만한 것으로 만들어준다. 그의 문화 비판은 이미 그런 문화 이론을 내다보면서 구상되었다 해도 과언이 아니다. 다양한 형태의 베일로 가리는 것이 곧 모든 문화의 기본 바탕이다. 최후의 끔찍한 사태를 아직 감당할 능력이 없는 인간이 잠정적인 과도기의 형식으로 취하는 문화는 당연히 그런 베일을 필요로 한다.

인공물의 세계는 그 인공물을 고안할 때 애초부터 배후에 감춰진 맹점을 드러나지 않게 하며 이런 연유에서 "진지한 문제를 가지고 유희를 벌인다".[15] 인간이 자기 자신의 위협을 막고 자신을 보호하기 위해 만든 장치를 곧 문화라고 보는 인식은 근대의 국가 이론과 자기 보존이라는 이성 개념을 차용한 발상이다. 승화Sublimierung라는 발상의 근원도 동일하다. 섬세화라는 용어는 단지 위장이라는 은유를 피하기 위해 사용하는 것이다. 이것을 니체는 이렇게 표현한다. "수많은 사물들이 베일로 은폐되는 것과 더불어 모든 종류의 문화가 시작된다."[16]

이처럼 인간을 그 자신의 위협으로부터 보호하는 장치 자체도 보호를

---

15 철학자에 관한 글의 예비 작업 III. 1873년 여름. WW VI, 91. (비도덕적 의미에서의 진리와 거짓: KSA 1, 886)
16 KSA 7, 435.

필요로 한다. 이 보호 장치를 위협하는 적은 진리이며, 당연히 그런 보호 장치 자체에 관한 진리가 무엇보다 위협적이다. 이러한 진리는 인식에 의해, 과학에 의해 생산된다. 그리고 여기서 제기되는 모든 문제 중 가장 곤혹스러운 문제는 과연 진리를 위해 인간을 희생시켜도 좋은가 하는 문제이다. 비진리가 없으면 사회도 문화도 존립할 수 없다. 사회와 문화를 지키기 위해서는 "금지된 진리라는 개념"을 수용해야 한다.[17] 니체는 금지된 진리를 설명하기 위해 — 다시 말해 보호 장치를 보호하는 것이 관건이라는 점을 분명히 드러내기 위해 — 다시 위장이라는 은유를 사용한다. 문화의 수호를 보증해 주는 — 다시 말해 "다름 아닌 행복을 지켜주는 거짓을 은폐하고 위장하는"[18] — 장치를 침해하는 진리는 금지된다. 문화적 위장은 다시 위장을 필요로 한다. 위장이 빤히 노출되면 폭로의 제물이 되기 때문이다. 그렇게 보면 문화라는 것은 양파 껍질을 벗기는 시스템과 유사하다.

그런데 니체의 딜레마는 이런 맥락에서 그가 말하는 모든 것이 언제나 그가 말하는 대상에 그대로 적용된다는 점이다. 이런 딜레마로 인해 니체는 그가 그 안에서 살아갈 필요가 없는 미지의 세계를 위해 그가 사는 세계의 존립에 대해 전혀 신경을 쓰지 않는 무관심한 태도를 취한다.

진리 추구는 파괴적 여정을 거치며, 훗날 프로이트가 죽음충동이라 일컫는 것에 비견될 수 있다. "진리는 죽음을 가져온다. 더구나 진리 스스로

---

17 KSA 7, 623.
18 같은 곳.

70

를 죽인다.(진리의 바탕이 오류라는 것을 진리가 깨닫는 한에는 그렇다.)"[19] 인식은 인식 자체를 작동하게 하는 전제 조건을 파괴한다. 그런 한에서 인식은 언제나 자기 성찰적reflexiv이다. 자기 보존과 진리 추구 사이의 갈등은 분명히 비극적이라 할 수 있다. 이미 『비극의 탄생』에서 니체는 자기 보존의 전제 조건 중 하나인 행위 가능성을 염두에 두고 있었다. 그래서 니체는 이렇게 말한다. "인식은 행위를 죽인다. 행위를 할 수 있으려면 환상을 통해 실상을 베일로 가려야만 한다(…)."[20]

환상을 통해 실상을 베일로 가리는 일은 니체가 '디오니소스적'이라 명명한 염세주의의 연장선상에서 전적으로 진행된다. 다시 말해 인식이란 사물이 나와 무관하고 변화 가능성이 없다는 것을, 그럼에도 이 세계에 대해 뭔가를 행해야 한다는 자가발전의 우스꽝스러움 내지 치욕을 행위를 통해 파악한다는 것을 뜻한다. 이런 점에서 디오니소스적 인간은 햄릿과 닮은 데가 있다. "두 사람 모두 일찍이 사물의 본질을 여실히 들여다보고 말았다. 이들은 인식을 했고, 그래서 행위를 한다는 것에 구역질이 났다."[21] 비극의 핵심은 비극에 내포된 심오한 통찰 자체가 그 통찰의 결과를 놓고 볼 때 비극적이라는 사실이다. 다시 말해 인간에 대해 말할 수 있는 가장 잔인한 진술이 바킬리데스Bacchylides*의 말을 인용한 인식으로 비극에서 표현되는데, 그것은 인간이 차라리 태어나지 않는 것이 더 나았을 것이라는 말이다. 이런 말을 표명할 수 있다는 사실은 사태의 실상을

---

19 같은 곳.
20 KSA 1, 57.(『비극의 탄생』 §7)
21 같은 곳.

폭로할 때의 비극적 갈등을 비로소 열어준다. 다시 말해 존재에 대해 체념하고 삶을 포기하는 잘못된 방향으로 가는 길이 열리는 것이다. 그것은 아직 여기서는 언급되지 않은 다른 가능성에 대한 사유를 포기하는 길이기도 하다. 그 가능성이란 곧 초인에 대한 사유의 가능성이다. 초인은 비극의 핵심에 대한 해답이다. 인간에 관한 진리를 견디는 유형의 사람뿐 아니라 그런 진리에 초연한 사람도 해답을 찾은 것이다. 이 경우에도 그런 초연함은 무엇보다 예술을 통해 가능하다.

이로써 엄밀한 의미에서 그리고 근대적 의미에서 인식을 위해, 다시 말해 과학을 위해 반복해서 적용할 수 있는 도식이 주어진 셈이다. 어쩌면 과학적 인식에 대한 니체의 평가에서 가장 중요한 전제 조건은 그 평가의 배후에 놓여 있는 공리公理, 즉 우리는 우리가 훤히 꿰뚫어 보는 것을 경멸한다는 공리일 것이다. 사물의 베일을 벗기는 인식은 우리를 사물의 깊은 곳으로 인도하지 않고 단지 또 다른 표면으로 인도할 뿐이다. 그런데 그 표면에서 더 넓은 세계로 나아갈 수 있는 길이 가로막혀 있기 때문에 우리는 그 표면이 궁극의 것이라고 간주한다. 벌거벗은 진리는 우리를 실망시킨다. 그것은 벌거벗은 상태이기 때문에 아직 감출 수 있는 것에 대한 변명이나 유보적 판단을 허용하지 않는다. 목표에 도달한 과학적 설명은 언제나 은유적 상황을 통해 규정된다. 다시 말해 "우리는 설명될 수 있는 모든 것을 경멸한다. 그 어떤 어리석음이 급습을 당해서 그것을 설명하는 사람 앞에 벌거벗은 채 서 있었다."[22] 비유하자면 아르테미스의 처지가

• 고대 그리스의 시인.

된 것인데, 과연 아르테미스 여신은 사냥꾼 악타이온을 어떻게 처벌할 것
인가?*

이것은 벌거벗은 진리와 관련된 또 다른 측면으로 진리 소유의 무가
치함이라는 문제와 긴밀한 관련이 있다. 진리 소유의 무가치함은 무엇보
다 권태라는 말로 집약된다. 다시 벌거벗긴다는 은유를 사용하여 니체
는 이렇게 말한다. "부질없는 가림막과 마지막 베일까지도 꿰뚫어 본다는
것 — 그것은 엄청난 피로감을 유발하고, 모든 창조자의 종말을 뜻할 것
이다."[23] 진리와 예술의 적대 관계는 사물의 실상을 꿰뚫어 보려는 이론
적 욕구가 충족될 수 있다는 잘못된 생각 때문에 생겨난다. 사물의 실상
을 들여다보고 맥이 빠지면 당연히 경멸하게 된다.

진리에 대한 사랑 같은 것은 존재하지 않는다. 진리에 대한 사랑이 뜻
하는 것, 그리고 기대하는 것은 단지 세계에 대한 환상적 태도, 즉 은유로
표현되기도 하고 예술로 표현되기도 하는 환상적 태도를 대체하는 그 무
엇일 뿐이고, 그 대체물은 삶을 힘들게 할 뿐이다. "차가운 눈길로 사물을
바라보고, 그 결과 사물이 그 어떤 치장이나 색깔도 없이 벌거벗은 채로
드러나는 것 — 바로 이것이 '진리에 대한 사랑'이라 일컬어지는데, 그것
은 단지 거짓말도 할 줄 모르는 한심한 무능력일 뿐이다."[24]

---

22 WW XIV, 7.(Einzelbemerkungen 1882~1884)(KSA 10, 415)
•   그리스 신화에서 악타이온은 아르테미스 여신이 목욕하는 모습을 본 죄로 여신의 저주를
    받아 사슴으로 변해서 자신의 사냥개에게 물려 죽는다.
23 같은 책, 15; KSA 10, 420.
24 같은 책, 12; KSA 10, 82.

청년 학도 니체는 무엇보다 학문에 대한 거리낌 없는 생각을 즐겼고, 일찍이 학문이 태동했던 고대 그리스에 줄곧 관심을 기울였다. 1867년에 그는 그런 생각을 "학문은 어쩐지 죽은 느낌을 준다."[25]라고 표현했다. 그가 건강한 민족이라 천명한 고대 그리스인들은 학문을 "아주 조금만" 알았을 뿐이다. "민족의 지도자"는 대중에게 학문의 논리를 주입해서는 안 된다는 것을 알아야 한다. 그런 대중 교육 방식을 니체는 대중의 욕구를 직관으로 뭉개버리는 것이라 일컬었다. 그러지 말고 대중의 욕구를 교화해서 대중 스스로 욕구 충족을 모색하도록 맡겨두어야 한다. 물론 그런 교화는 적절한 수준에서만 가능하다. 예컨대 브랜디를 좋아하는 술꾼에겐 맥주 맛도 알려주면서 정치에 대한 감각도 길러주어야 한다. 종교적 욕구를 윤리적 욕구로 전환하거나 정치적 욕구를 자선의 욕구로 전환하는 등 모든 교화에서 핵심 원칙은 천천히 교화해야 한다는 것이다. 이 모든 교화에서 학문의 논리보다는 수사학의 화법이 효과적이다. 어떻든 학문을 위해서는 학문을 치장하는 "'너무 거창한' 외투는 벗어버리는 것이 좋다".[26] 이 대목에서 니체는 벌거벗음의 은유를 처음으로 신중하게 사용하고 있다. 여기서 벌거벗기는 과정도 천천히 해야 한다.

니체는 벌거벗음의 은유를 계속 발전시키면서 놀라울 정도로 일관성을 유지하는데, 여기서 눈에 띄는 특징은 벌거벗은 상태에 대한 관심이 사물에서 벗겨낸 외피에 대한 관심으로 옮아가고 있다는 점이다. 학문이

---

25 WW I, 283; BAW 3, 321.
26 같은 책, 282; 320.

없는 세계, 이론 '이전의' 세계가 어떤 것이고 어떤 것일 수 있는지 이해하려면 소크라테스의 그늘에서 벗어나 세계를 사고해야 한다. 그것은 치장할 권리를 가진 세계, 신화적으로 말하면 변신할 권리가 있는 세계이다. 그런 점에서 고대 그리스인들은 온갖 부류의 실재론자들과는 정반대이다. 실재론자들은 사물을 어떤 베일로 감싸든 간에 그런 치장을 단지 벌거벗기기를 촉구하는 도발로만 이해하고, 사물을 감싼 모든 표면적인 것을 단지 내면으로 진입하기 위한 통로 정도로만 이해하며, 전면에 보이는 모든 것을 단지 배후에 감춰진 것을 찾기 위한 길잡이 정도로만 이해한다. 그것은 확실히 우리 자신의 모습이기도 하다. 니체에 따르면 소크라테스 이전 시대 그리스인들은 자연 전체를 인간이든 신이든 간에 인간을 닮은 형상의 치장, 가면, 변신이라 여겼다. 그런데 인간 자신이 그런 위장의 핵심이고, 위장을 통해 무한히 다양한 형태로 자신을 표현하고 드러낸다면, 모든 것은 변신이라는 명제에서 온갖 방식으로 즐기는 벌거벗김을 도발할 동기는 사라진다. "고대 그리스인들은 그들의 신화에서 자연 전체를 그리스인들 자신의 모습으로 바꾸어놓았다. (…) 진리와 현상의 대립은 그들에겐 깊은 곳에 감춰져 있었다. 모든 것이 변신이었다."[27] 그런데 소크라테스가 나타나서 그의 영향이 마치 해 질 녘에 점점 길어지는 그림자처럼 후세와 아득한 미래에까지 그늘을 드리웠다. 이제 소크라테스의 영향에 맞서서 예술을 새롭게 창조해야만 한다. "형이상학적이고 가장 넓고 가장 깊은 의미에서의 예술"을 창조해야 한다.[28]

---

27 WW IV, 253, 주석 1; KSA 7, 456.(『플라톤 이전 시대의 철학자들』 강의록)

소크라테스가 비극을 몰락시킨 역사적 장본인이라는 점을 시기를 추정할 수 있는 당대에서 확인하려면, 소크라테스보다 조금 앞서 비극 몰락의 장본인으로 지목되었던 탈레스가 이론의 원조라는 관점은 철회되어야 한다. 소크라테스와 마찬가지로 플라톤의 스승인 탈레스는 글을 남기지 않았고, 플라톤주의의 원조로 간주되어 왔다. 소크라테스는 "이론적 인간형"이었고, 그런 점에서 "그의 이전에는 존재하지 않았던 인간형"이었다.[29] 이론이 비극과 치명적인 경쟁 관계라는 사실, 더 일반화하면 학문이 예술과 경쟁 관계라는 사실은 양쪽이 제공하는 것이 동일한 부류의 것이라는 데 깊은 근거가 있다. 다시 말해 양쪽 모두 현존 세계에서 무한한 즐거움을 얻게 해준다. 적대 관계에 있는 양쪽 영역의 작업 방식과 체험을 위해 벌거벗음의 은유는 유사한 것 속에서 차이를 발견하는 데 유용하게 활용된다.

말하자면 예술가는 사물의 외피를 벗기고 진실을 드러낼 때마다 벌거벗긴 후에도 그대로 남아 있는 외피를 언제나 매료된 눈길로 하염없이 바라본다. 반면에 이론적 인간형은 벗겨져 내던져진 외피를 즐기고 만족감을 얻는다. 이론적 인간형이 추구하는 최고의 쾌감은 자신의 힘으로 외피를 벗기는 데 성공했다는 행복한 과정이다.[30]

---

28 WW III, 100; KSA 1, 97.(『비극의 탄생』 §15)
29 같은 책, 101; KSA 1, 97.
30 같은 책, 같은 곳.

소크라테스의 후예인 이론적 인간은 벌거벗은 상태를 보기 위해서가 아니라 외피 자체를 노리고 외피를 벗긴다. 이론적 인간은 그 외피가 곧 그가 확보한 현실의 표본이라 생각한다. 그렇지만 그것은 다음 사실을 망각한 착각이다. "학문이 단 하나의 벌거벗은 여신에만 관심을 기울이고 다른 무엇에도 관심이 없다면 학문이라는 것은 존속할 수 없을 것이다."[31]

이것은 이미 오래전부터 실체를 포기할 때만 학문이 가능하다는 추상적인 말로 표현돼 왔다. 그 말은 세계를 지켜보는 신神의 시선에 동참해야 한다는 요구를 포기한다는 뜻이다. 오로지 신의 시선만이 벌거벗은 진리가 결코 넘어설 수 없는 그 무엇을 뜻한다는 것을 상기시켜 준다. 이론가든 예술가든 사물을 벌거벗기는 마지막 단계에는 관심이 없다. 이 점은 양쪽 모두에 공통된 것이다. 이론가와 예술가가 서로 다른 점은 이론가의 금욕주의, 체념이다. 그런 금욕주의를 니체는 『비극의 탄생』에서 "수직으로 땅굴을 파려는 사람"에 견준다.

그런 사람은 누구나 안다. 아무리 평생 동안 엄청나게 애를 써도 그 끝없는 깊이 중에 아주 얕은 구덩이만 파낼 수 있다는 것을. 그리고 그나마 파낸 구덩이마저도 자기가 뻔히 보는 앞에서 이웃 사람이 쏟아부은 흙더미에 다시 파묻히고 만다는 것을. 그러니 세 번째 사람은 자신의 힘으로 땅을 파려고 시도한다면 새로운 장소를 고르는 것이 좋겠다고 생각할 것이다.[32]

---

31 같은 책, 102.

벌거벗김의 은유와 구덩이 파기의 비유는 서로 절묘하게 대비된다. 벌거벗기는 작업은 언제나 부분일 뿐이고 벌거벗긴 후에는 그다음의 전체와 마주하게 된다. 그다음의 전체가 다시 그다음 다음 전체의 외피라 할지라도 그렇다. 반면에 땅굴을 파는 일은 전체를 파야 한다는 추상적인 계획에 비하면 순전히 아무것도 아닌 결과에 이를 뿐이다.

니체는 헤겔Friedrich Hegel이 예나 대학에서 박사 학위 논문으로 제출했던 「행성의 궤도에 대하여」De Orbitis Planetarum, 1801를 읽었다는 흔적을 보여준다. 그 논문에서 헤겔은 이렇게 말한다.

수학적으로 작업하는 천문학에서 뉴턴의 공적이 가장 크다는 것을 인정한다 해도 우리는 수학적 계산을 치장하는 물리적 의상을 수학적 계산에서 제거해야 하며, 그 물리적 의상에서 무엇이 진리인가를 탐구하는 일은 철학의 몫으로 맡겨야 한다.[33]

헤겔은 원래 이 논문을 라틴어로 썼는데, 이처럼 은유적으로 독일어로 번역하는 것은 물론 온당하지 않다. 헤겔은 '수학적 계산을 적용하는 물리적 형태'에 관해 말한다. 그렇지만 수학적 계산은 물리적 형태로부터 분리될 수 있고, 물리적 형태에서 무엇이 참인가는 철학이 탐구해야 한다는 것이다. 그런데 '의상'이라는 비유에서 의상이라는 외피를 벗겨낸 후

---

32 같은 곳.
33 *Hegel: Sämtliche Werke*, hrsg. v. Lasson, Leipzig 1927, Bd. 1, 378 f.(Gesammelte Werke V, 246)

에도 그 외피 안에 무엇이 들어 있는가를 탐구해야지 의상 그 자체에서 무엇이 참인가를 탐구할 일은 아니라고 헤겔은 말한다.[34]

학문과 금욕적 이상을 대립 관계로 보는 것은 — 이것은 기독교적 금욕의 전제 조건을 논박하기 위한 종교 비판에 가담하는 형태로 나타나는 데 — 피상적일 뿐이다. 실제로 학문과 금욕주의는 진리에 대한 과대평가라는 동일한 기반 위에 있다. 진리에 대한 과대평가는 학문과 금욕주의를 동맹 관계로 결속시켜 준다. 따라서 금욕적 이상에 대한 학문의 반론은 금욕적 이상 자체를 겨냥한 것이 아니라 그 이상의 "외양, 치장, 가면극"을 겨냥한 것이다.[35] 그러므로 역으로 생각하면 오직 학문과 금욕주의 양쪽 모두에 대한 반론이 존재할 뿐이다.

이렇게 말하면 역사적 경험에 어긋나는 것처럼 보일지 모르지만, 수백 년 동안 종교 비판의 부담을 떠맡아온 학문은 이제 일찍이 학문이 비판했던 종교와 마찬가지로 비판의 대상이 되지 않을 수 없다. 왜냐하면 학문의 종교 비판은 오직 겉으로 드러나는 징후만을 겨냥했기 때문이다. 학문은 금욕주의와 동일한 궁극적 전제 조건을 공유하고 있었기 때문에 사태의 핵심에 접근할 수 없었다. 그러다가 마침내 금욕주의의 내부로 치고 들어갈 에너지와 권리를 제공할 수 있는 판단의 여지가 생겨났다. 그 결과는 거의 필연적인 것이다. 다시 말해 세계에 대한 믿음을 옹호하는 학문은 더 이상 존립할 수 없기 때문에 예술이 그 역할을 떠맡아야 한다. 이

---

34 『철학 개념사 사전』은 마치 원문이 독일어인 것처럼 인용하고 있다. *Das Historische Wörterbuch der Philosophie I*, Darmstadt 1971, S. 590~93.

35 WW XV, 438; KSA 5, 402.(『도덕의 계보』 III, 25)

방법 말고는 다른 길이 없기 때문이다. "거짓이 신성시되고 속임수를 노리는 의지가 떳떳한 양심으로 통하는 예술이야말로 학문보다 금욕적 이상에 훨씬 근본적으로 대립한다."[36] 플라톤은 호메로스를 비판했을 때 바로 이 점을 알고 있었다. 그래서 플라톤은 지금까지 유럽 역사상 최대의 예술 적대자로 꼽히는 것이다.

니체의 이런 통찰은 유럽 계몽주의에 대해 제시할 수 있는 가장 중요하고 놀라운 방향 전환이다. 이제부터 그 방향 전환을 주도하는 것은 학문이 아니라 예술이다. 그렇게 된 가장 중요한 이유 내지 유일한 이유는 예술이 떳떳한 양심을 확보했기 때문이다. 역사적 계몽주의가 좌절한 것은 상당 부분 그런 양심의 결여 때문이었다.

학문과 예술의 차이가 무엇인지 은유를 통해 생생히 보여줄 수 있다. 학문은 치장과 가면을 비판하면서도 정작 그 자체가 외피로 감춰져 있었다. 어쩌면 학문은 역할 바꾸기 놀이를 해본 경험이 없기 때문일까? 만약 그렇다고 가정해 보면, 예술이 다시 힘을 얻는 것은 그런 술수를 부리는 능력이야말로 예술이 태곳적부터 터득해 온 기술이기 때문이다. 예술은 현혹을 추구하는 의지를 떳떳한 양심과 결합시킬 줄 안다. 그런 현혹 욕구를 능히 감당하려면 떳떳한 양심이 요구된다. 이 경우에도 다시 니체가 나서서 지하에서 혹은 배후에서 기독교 실재론이 그 오랜 원수인 ─ 신과 그 적대자, 구세주와 유혹자가 궁극적으로 동일한 수단으로 움직이게 하는 ─ 영지주의靈知主義의 그리스도 가현설假現說, Doketismus*과 결탁

---

36 WW 15, 439; KSA 5, 402.

하여 양자가 서로를 제압하게 만든다. 이로써 치장과 가면극이라는 은유의 사용이 친숙해질 수 있는 마지막 근거도 확보된 셈이다. 기독교가 정말 무엇을 혐오하는지 예민하게 알아채는 니체의 자신감은 — 이단에 대한 부정을 통해 형성된 — 기독교 실재론이 무엇을 구축했는지 너무 잘 알기 때문이다.

모든 종류의 가현설은 신성의 매개자Soter가 우주 속으로 흘러들어 왔다고 상상했다. 이와 유사하게 니체는 위장이라는 은유를 사용하여 세상을 부정하는 금욕주의의 세계 속으로 그 반대 유형이 — 세상을 등진 모습으로 위장하여 — 침입했다고 상상한다.

명상Contemplation은 위장한 모습으로, 이중적인 외모를 하고서, 사악한 가슴과 흔히 겁먹은 머리 모양으로 처음 세상에 나타났다. 그것은 의문의 여지가 없다. (…) 철학적 정신은 처음에는 언제나 전에 확인했던 명상적 인간형으로 위장하고 변장해야만 했다. 어느 정도라도 철학적 정신으로 인정받으려면 사제, 마법사, 예언자, 요컨대 종교적 인간으로 위장해야 했다. 그런 이유에서 금욕적 이상이 오래도록 철학자의 출현 형식으로, 실존의 전제 조건으로 이용되었다.[37]

• Illusionismus라고도 한다. 그리스어로 '…처럼 보이다'라는 뜻인 '도케오'(δοκέω)가 어원으로, 예수의 몸은 환상일 뿐이라는 영지주의 교리이다. 하느님의 아들인 예수 그리스도는 진짜 인간의 몸을 가지지 않았다고 예수의 인간성을 부정한다. 따라서 예수가 십자가에 달리고 고난받은 것도 환상일 뿐이며, 예수가 죽고 부활하는 것은 중요하지 않다고 주장했다.

37 XV, 392 f.; KSA 5, 359.(『도덕의 계보』 III, 10)

이로써 철학의 모든 역사는 깜짝 놀랄 의혹을 받게 된다. 즉 결국은 드러나게 될 철학의 의도를 숨기는 어떤 것을 짐짓 그럴싸하게 꾸며내어 보여준 것이 아닌가 하는 의혹이다. "그런 한에는 금욕주의로 포장하고 위장하지 않으면, 금욕주의로 자신을 속이지 않으면 이미 오래전에 철학은 가능하지도 않았을 것이다."[38]

이런 발언의 배후에는 가현설에서 주장하는 예수의 암시적 은유가 있음을 알 수 있다. 가현설에 따르면 예수는 인간의 운명을 감내하는 것을 신빙성 있게 보이기 위하여 자신이 신의 아들임을 망각했음이 틀림없다. 철학의 사정도 그와 다르지 않다. 철학은 모든 형태의 계몽이 도래하기 이전에 존속했던 사제의 기만의 역사를 반복하지 않고, 철학이 보여주어야 하는 것을 믿기 위해 열심히 노력하며, 언젠가는 자신이 방금 보여주었던 것을 반박할 수 있다. 철학은 자신을 감추는 은폐된 진리이다. 이 은폐된 진리는 육신으로 변하면서 역사에 맞서서 자신을 수호해야만 한다. 밤마다 별이 반짝이는 하늘 아래 배회하면서 그런 식으로 별자리 이론을 규명했던 탈레스 역시 그러했다. 그는 오로지 밤의 보호를 받을 때만 자신을 인식할 수 있다고 생각했는데, 그것은 자기가 보이지 않는다고 믿었기 때문이다. 그러자 트라키아의 하녀가 탈레스를 비웃었다. 이 에피소드는 철학의 역사가 시작되었던 시기에 부주의가 얼마나 치명적일 수 있는가를 보여주는 하나의 본보기다.

예술이 가현설의 오랜 책략과 가깝다는 사실은 — 또는 예술이 대변하

---

38 같은 곳.

82

는 문제를 수사학적으로 치장한다는 점에서 서로 가깝다는 사실은 ── 예술에 대한 이해의 모형 가운데 단지 하나의 모형을 보여줄 뿐이다. 예술에 대한 이해는 종교와 학문의 금욕주의를 배격함으로써 커다란 잠재적 가능성들을 확보한다. 예술 이해의 또 다른 측면은, 애초부터 거짓으로 표현된 것 말고는 다른 아무것도 존재하지 않는다는 사실이 밝혀지자마자 예술의 속임수가 기만적인 속성을 상실하게 된다는 것이다. 진리는 거짓이다. 진리가 그런 것이 아니라면 다른 무엇도 아니다. 물론 '아무것도 아닌 것'das Nichtige은 여기서 제외된다.

니체의 『즐거운 학문』 제2권은 '실재론자들에게'라는 제목을 붙인 글로 시작한다. 실재론자들은 오직 자신들만이 현실을 베일을 벗긴 상태로 인식하며, 아마도 자신들이 보는 것이 현실의 최상의 부분일 거라고 주장했다. 니체는 그 실재론자들에게 말을 건다. 니체는 실재론자들을 겨냥하여 ── '여신상'을 비꼬는 어투의 복수형으로 바꾸어서 ── 그들이 '자이스의 사랑스러운 여신상女神像들'*을 감싼 베일을 벗겼노라고 호언장담한다고 비웃는다. 이로써 니체는 '현실'이라는 케케묵은 환상을 비웃는다. 현실이라는 것은 인간이 덧붙인 온갖 것들과 구별되지 않는다. 다름 아닌 자연 역시 그러하다. "저기에 산이 있다! 저기에 구름이 있다! 그런데 도대체 이들의 무엇이 '현실적'이란 말인가?"[39] 우리를 위해 존재하는 현실은 없다. 그리고 억지로 현실을 쥐어짜내어 각성된 인식을 얻어낼 수

• 쉴러의 담시 「자이스의 베일에 가린 여신상」(1795)을 암시한다.(23쪽의 '자이스' 관련 설명 참조)
39 WW XII, 91; KSA 3, 421.(『즐거운 학문』 II §57)

도 없다. 그것은 인식 기관의 인식론적 결함 때문이 아니라 역사의 퇴적
층이 본래 그러하기 때문이다.

진리가 처한 이런 상황을 규정하는 것은 사물의 이름이 우리를 위해 존
재하는 것으로 되었다는 사실이다. 그래서 우리는 사물 자체가 무엇인가
하는 문제보다 사물의 이름에 이루 말할 수 없이 더 큰 관심을 쏟는다.

> 어떤 사물의 평판, 이름, 외양, 효용, 통상적인 양과 무게 — 이 모든
> 것은 그 근원을 따지면 대개는 오류이고 자의적인 기준이지만 그것을
> 사물에 옷처럼 덮어씌우는데, 그런 옷은 사물의 본질이나 피부에도 전
> 혀 어울리지 않는다. 그런데도 그런 옷을 믿고 대대로 물려줌으로써 점
> 차 사물에 달라붙고 파고들어서 사물의 몸 자체가 되어버렸다. 그리하
> 여 처음에 걸친 외피가 결국에는 거의 언제나 본질이 되고 본질의 효과
> 를 발휘한다.[40]

가현설은 구세주의 책략이라는 본래의 기능을 이미 망각했고 역사 자
체가 되어버렸다. 그 책략의 후계자들이 주장하는 실재론은 그런 책략에
맞서서 아무런 힘도 발휘할 수 없다. 역사는 냉정한 각성을 제공하지 않
는다. 역사는 '예술가'가 마주하고 있는 종합예술작품이며, 예술가 자신
은 역사라는 종합예술작품에 에워싸인 암시(최면)에 이미 오래전에 말려
들었다.

---

40 같은 책, 92; 같은 책, 422. §58.

사물에 입힌 옷이 사물의 몸속으로 파고들었다는 첨예한 은유는 유기체와 그것을 에워싼 외피 사이의 섬뜩한 신진대사의 은유를 통해 과연 어째서 벌거벗은 상태라는 것이 존재하지 않는지를, 그리고 어째서 벌거벗은 진리라는 것이 단지 계속 이어지는 속임수에 말려들 뿐인지를 최종적인 단계로 ── 다시 말해 역사의 차원을 벗어난 생성으로 ── 설명해 준다.

이처럼 가현설의 도식과 역사를 동일시하는 발상은 인간학적인 측면도 내포한다. 다시 말해 인간은 자신을 위장할 수 있고, 게다가 '예술'로서, 연극적 유희로서 위장할 수 있다는 것이다. 니체는『즐거운 학문』의 마지막 권에서 연극배우의 문제가 오래전부터 그를 불안하게 했다고 말한다. 연극배우는 "거짓을 보여주는데도 떳떳한 양심으로" 그렇게 하기 때문이다. 게다가 "위장에서 느끼는 쾌감이 힘으로" 작용하며, "어떤 역할을 맡고 가면을 쓰기를 진심으로 원하고, 가상에 완전히 몰입한다." 니체의 설명 또한 동시대의 인간학 논의에 보조를 맞춘 것이다. 왜냐하면 니체는 위장을 즐기는 연극배우라는 현상이 "온갖 부류의 적응 능력의 과잉"에서 비롯되는 것이라 보기 때문이다. 그런 과도한 적응 능력은 애초에 아주 제한된 쓰임새를 갖는 기능에서 완전히 벗어난 것이다. 그리하여 차츰 "외투를 완전히 바람이 부는 대로 걸치고 결국은 자신이 거의 외투가 되는" 지경의 능력이 생겨났다.[41] 그것은 위장을 완전히 뼛속까지 체화하는 완벽한 예술을 구사할 수 있는 능력이다.

자이스의 여신상에서 베일을 벗겨내는 것은 니체가 보기에 벌거벗은

---

41 같은 책, 296 f.: 같은 책, 608.(『즐거운 학문』 V(1886) §361)

진리에 대한 사랑이 광기로 치달은 사태를 나타내는 은유이다. 이러한 광기에서 드러나는 것은 부도덕이라기보다는 오히려 몰취미이다. 어떻든 이런 폭력에는 미래가 없다. 왜냐하면 미래라는 것은 어떤 미래든 간에 우리가 이미 가진 역사보다 더 많은 것을 가질 테고, 우리가 이미 가진 역사도 내팽개칠 수는 없기 때문이다.

우리의 미래에 관해 말해보자. 우리는 일찍이 이집트의 청년들(자이스의 여신상에서 베일을 벗겨낸 청년을 가리킴 — 옮긴이)이 갔던 길을 답습하기는 어려울 것이다. 그들은 밤중에 신전을 어지럽혔고, 조각 기둥을 끌어안고 정당한 이유로 감춰져 있던 모든 것의 베일을 벗기고 들춰내어 환한 빛에 노출시키려 했다. 그건 아니다. 이 고약한 취향, 진리에의 의지, 어떤 대가를 치르더라도 진리를 손에 넣겠다는 의지에 우리는 넌더리가 났다. 그런 무모한 짓을 하기에는 우리는 경험이 풍부하고, 너무 진지하고, 너무 쾌활하고, 너무 불에 데었고, 너무 심오하다(…). 우리는 진리가 베일을 벗겨내도 여전히 진리로 남아 있을 거라고 믿지 않는다.[42]

'에필로그'로 쓴 이 글은 1886년에 나온『즐거운 학문』의 신판 서문에 이미 들어가 있고, 고대 그리스인들에 대해 다시금 경탄하는 말도 여기에 들어 있다. 고대 그리스인들은 피상적이었는데, 그들은 '깊이'가 있었기 때문이다! 그리고 이 글에 이미 은유의 베일을 벗길 때 나타나는 니체

---

42 XVII, 299; KSA 6, 438.(『니체 대 바그너』 에필로그, 1888)

특유의 수치심이라는 개념이 엿보인다. "오늘날에는 모든 것을 벌거벗은 상태로 보지 않고, 모든 일에 참견하지 않고, 모든 것을 이해하고 '알려고' 하지 않는 것이 적절한 처신으로 통한다."[43] 여기에 덧붙여서 니체는 '철학자를 위한 윙크'라는 제목으로 어린 소녀 이야기를 한다. 소녀는 하느님은 어디에나 계신다고 하는데 그 말이 맞느냐고 엄마에게 묻는다. 엄마가 그렇다고 대답하자 소녀는 그건 점잖지 않다고 응수한다. "그러니 우리는 수치심을 존중해야 한다. 자연은 수치심을 알기에 수수께끼와 다채로운 불확실성 뒤에 자신을 감추는 것이다."

니체의 사고에서 이런 요소는 언제나 수치심이 여성적인 미덕이라는 생각과 연결되어 있다. 이것은 진리를 여성적인 행위라고 보는 오랜 알레고리와 관련이 있다. "아마 진리는 자신의 밑바닥을 드러내 보이지 않으려는 이유가 있는 여성이 아닐까? 어쩌면 진리의 이름은 그리스어로 말하자면 바우보Baubo가 아닐까?"[44] 그리스 신화에서 바우보는 최초의 인간 부부 중 아내, 즉 기독교 신화의 이브를 가리킨다. 딸을 빼앗기고 슬픔에 잠긴 데메테르 여신이 바우보를 찾아간다.

진리에 관한 이러한 진술이 『즐거운 학문』── 곧 살펴볼 제5권보다 4년 앞서 쓴 ── 제4권에 나오는 더 일반적인 용어인 '여성적 삶'Vita femina의 특수한 형태라는 사실을 확인하면 풍부한 사고의 실마리를 찾을 수 있다. 이 용어로 니체는 궁극적인 아름다움은 베일로 가려져 있다는 것, 그

---

43 XII, 8; XXI, 162; KSA 3, 352.
44 XXI, 162 f.; KSA 3, 352.

리고 그 아름다움을 볼 수 있는 특별한 은총의 기회는 아주 희귀하다고 논하고 있다. 그런 최고의 아름다움이 드러나려면 하늘을 뒤덮은 구름이 걷혀야 한다. 뿐만 아니라 관찰자도 자신의 영혼을 완전히 가린 베일을 끌어 내려야 한다. 이 모든 것이 딱 맞아떨어지는 경우는 너무나 희귀하고, 그래서 그만큼 강렬한 효과가 생겨난다. "그런데 우리에게 드러나는 것, 그것은 우리에게 딱 한 번 드러난다!" 결국 이런 희귀한 기회의 순간은 삶 자체의 "가장 강력한 매력"에 다름 아닐 것이다. 황금으로 짠, 아름다운 "가능성들의 베일이 삶 위에 놓여 있다. 그 가능성들은 뭔가를 약속하고, 저항하고, 수치심을 느끼고, 조롱하고, 연민을 느끼고, 유혹적이다. 그렇다, 삶 자체가 여성이다!"[45] 진리라는 것은 이처럼 '여성적 삶'이 매 순간 삶에서 도망치는 자들을 향해 애교를 부리는 수단들 중 하나에 불과할 것이다. 여성적 삶은 그런 자들에게 굴복하지 않으면서 그들을 마법으로 사로잡는다. 그렇다면 '학문'이라는 것이 사물의 베일을 벗기려고 고집하는 집중적인 형식으로서, 궁극적으로 삶의 마법과는 합치되지 않는다는 사실을 이해할 수 있을 것이다. 여기서 니체는 "정당한 여성들"이 느끼고 맛보았을 법한 것의 정확한 상을 그리고 있다. 그런 모든 여성들에게 "학문은 수치심을 자극하는 것이었다. 그 여성들은 학문이 자신들의 피부 아래까지, 더 나쁜 것은 옷과 화장 아래까지 들여다보려 한다는 기분이 들 것이다."[46]

---

45 XII, 252; 3, 569.(『즐거운 학문』 IV, § 339)
46 XV, 98; 5, 95.(『선악의 피안』 § 127)

중세에는 이론적 호기심에 대해 오직 하느님만이 알 수 있는 진리를 무엄하게 들여다보려 한다고 폄하했는데, 니체는 '여성적 삶'이라는 성적인 은유로 유사한 생각을 펼치고 있다. 삶이라는 것은 과학을 통해 '진리'로 드러나면 우리를 사로잡는 힘을 상실할 것이다. 과학은 그것이 성공하고 진보하는 정도에 비례하여 이전까지 비밀의 베일에 싸여 있던 것의 매력을 파괴한다. 그 비밀은 과학에 정복당하기를 거부함으로써만 위대한 과학적 탐구를 이끌어낼 수 있었다. 과학은 유럽 문화와 인간학의 맥락 안에 존재한다.

니체에 따르면 유럽인은 "의복이라 일컬어지는 가면극 없이는 살아갈 수 없다."[47] 유럽인들에게 — 유럽 여성들뿐 아니라 남성들에게도 — 벌거벗은 인간이란 일반적으로 수치스러운 모습을 뜻한다. 하지만 그 이유는 "우리 안에 있는 저열하고 거친 야수성"의 사악함과 저속함을 감춰야 하기 때문이 아니다. 니체의 생각은 오히려 그 반대다. 즉 우리는 다름 아닌 "고분고분한 동물의 수치스러운 모습을 보이기 싫어서 도덕의 의상으로 위장할 필요를 느낀다."라는 것이다. 여기서 벌거벗은 모습을 보이기 싫어하는 이유에 대한 인간학적 진술은 즐거운 담소 모임에서 선보이는 사고실험처럼 제시된다. 모임을 주재하는 마술사가 꾸민 흥계에 참석자들은 마치 옷이 벗겨지는 듯한 기분이 들면서 흥겨움과 식욕이 싹 달아나는 느낌을 받을 것이다. 어떻든 그의 진술은 은연중에 은유로 바뀌고 있다. 다시 말해 실제 의상뿐 아니라 규제와 제도적 장치로서 인간의 행동

---

47 XII, 275; 3, 588.(『즐거운 학문』§352)

양식을 제약하는 도덕이 벌거벗은 상태를 베일로 감추는 것이다. 여기서 벌거벗은 상태의 본질은 야수적 본능의 거친 원시성과 사악함에 있는 것이 아니라 본래의 동물성을 얌전하게 길들여서 왜곡한 데 있다. 그런 식으로 본래의 동물성은 순치되고, 생존 투쟁의 수단에 의해 박탈되는 것이다.

우리는 우리가 될 수 있는 존재가 아닌 상태를 꺼린다. 우리는 이런 사실을 뻔한 위장을 통해 감춘다. 그런 위장은 마치 우리가 꿈에 그리던 모습을 우리 자신에게 부여하는 듯한 인상을 준다. 위장은 쇠퇴하고 몰락한 모습에 문화적으로 앞서가고 자신을 가꾸고 소망을 성취하는 듯한 느낌을 부여한다. 우리는 가만 내버려 두어도 저절로 아름다워질 거라고 확신하면서 우리 자신을 방치할 만큼 사악하지는 않다. "유럽인은 도덕의 의상으로 자신을 위장한다. 유럽인은 아프고 병약하고 불구인 동물로 전락했기 때문이다. 그러니 '얌전하게' 길들여질 수밖에 없다."[48] 유럽인은 무리 속에서만 생존할 수 있는 동물이고, 온통 불안과 권태에 사로잡혀 있다. 그러나 만약 그들이 포식동물의 무서운 모습을 하고 있다면 '도덕적 위장'은 전혀 필요 없을 것이다. 니체보다 반세기 후에 나온 현대 인간학의 용어를 빌리자면, 도덕은 '모자라는 존재'Mängelwesen •가 자신의 약점을 치장하는 것이다.

1886년에 나온 『즐거운 학문』 제2판 서문에서 니체는 역시 1886년에 '두려움을 모르는 우리'라는 제목으로 새로 추가된 이 책 제5권의 기본

---

48 같은 책, 275 이하.
• 아르놀트 겔렌(Arnold Gehlen, 1904~1976)이 인간 존재의 원천적 결함을 일컬어 사용한 용어.

생각을 보충하면서 더 일반화했다. 우리는 육체가 쇠약해져서 미학적인 또는 종교적인 유형의 종말론적 상황을 가정하고 행복을 은둔이나 초월이라는 부정적 개념으로 파악하는 윤리학을 고안해 낸 것이 아닌가? 그렇게 해서 훗날 '보상'이라 일컫는 것을 얻어내려는 것이 아닌가?

객관적인 것, 이념적인 것, 순수하게 정신적인 것이라는 외투를 입고 생리적인 욕구를 무의식적으로 위장하는 일은 끔찍할 정도로 극심해졌다. 그리하여 나는 종종 나 자신에게 묻곤 한다. 전체적으로 보면 지금까지 철학이 수행한 것은 육체에 대한 단 하나의 해석 내지 육체에 대한 단 하나의 오해가 아니었던가?[49]

니체는 자신의 최종적인 판단이 어떻게 결판날지 단호한 입장을 취한 적이 없다. 도덕으로, 심지어 철학으로 표현되는 아름다운 가상은 길들여진 애완동물이 본래의 동물성을 상실한 수치스럽고 쇠퇴한 모습을 드러내지 않고 자신을 감추기 위한 수법이다. 반면에 예술로 표현되는 아름다움의 가상은 벌거벗은 진리를 도외시하고 삶과 세계를 즐기며 긍정하기 위한 기교이다. 거짓이 예술로서 정당화되며, 궁극적으로는 예술의 총체성과 밀도를 통해 정당화된다. 다른 한편 거짓의 예술은 궁색한 임시변통에 그칠 수도 있다. 그런 점에서 니체는 수사학에 대해 이중적 태도를 취한다.

---

49 XII, 4; 5, 348.

1874년 초 키케로Marcus Tullius Cicero에 관해 쓴 글에서 니체는 예술과 수사학의 관계를 두고 한편으로는 양자가 근본적으로 판이하다고 말하고, 다른 한편으로는 수사학이 예술의 완성을 위해 필요하다고 말한다. "모든 예술은 수사학의 단계를 거친다."[50] 예술은 인간 정서에 호소하고 많은 대중을 고려해야 하는 한에는 수사학의 단계를 거쳐야 한다. 니체에 따르면 키케로는 예술적 결함이 도덕적 결함에 기인한다고 설명했다. 그러나 그런 주장은 키케로의 이론적 회의懷疑가 — 더구나 키케로는 완고한 플라톤 학파의 강단 철학자이다. — 그의 스토아주의 윤리학과 합치될 수 없다는 점을 인식하지 못하게 한다. 키케로의 스토아주의 윤리학이 내세우는 엄격주의는 수사학이라는 수단을 신성시해 주는 유일한 목적이기 때문이다. 이 경우 수사학은 이론적 회의와 도덕적 엄격주의 양자 모두를 수사학을 통해 은폐하고 감춰야 한다는 것을 뜻한다. 그래서 키케로는 수사학적 장식을 통해 은폐하는 스타일의 창시자인 것이다.

키케로는 지상의 왕국을 장식술로 표현하는 사람이다. (…) 그의 정치적 행위는 장식술이다. 그는 학문이든 예술이든 모든 것을 그것의 장식 능력에 따라 활용한다. 그는 '열정 그 자체'의 발명가, 아름다운 열정의 발명가이다. 그에게 문화라는 것은 위장하는 장식술이다.[51]

---

50 VII, 385; 7, 757.
51 같은 책, 386; 758.

그런데 키케로가 그런 수사학적 장식술로 과연 무엇을 감추는지는 니체의 글에서 분명치 않다. 이것은 무엇을 감춰야 하는지가 본래 분명치 않다는 뜻은 아니다. 이 문제에 대한 하나의 대답은 주관성과 객관성의 관계에 대한 해명의 형태로 가능하다. 부정직함은 스스로가 객관적이라고 자임하는 예술에서 가장 빈번히 나타난다. "어떤 사람이 예술가로서 정말로 자신의 주관성을 드러내는 경우는 아주 드물다. 대부분의 예술가는 편안한 관습적 표현과 스타일로 자신의 주관성을 감춘다."[52] 그런데 이것은 수사학에 간단히 적용될 수 없다. 수사학은 효과를 노리고, 다른 모든 것을 이 목적에 종속시켜 정당화하므로, 효과를 노리려는 의지를 군이 감추지 않기 때문이다. "그래서 수사학은 예술보다 더 정직하다. 속임수가 목적이라는 것을 인정하기 때문이다."[53]

그런데 여기서 니체는 '수사학'이라는 말의 이중적 의미에 말려든 것은 아닌가? 달변에 관한 '가르침'으로서의 수사학은 오로지 진리의 확산을 위해 봉사하노라고 확신한다 하더라도 속임수를 목표로 추구한다는 점을 인정해야 하고, 그런 의미에서 정직해야 한다. 왜냐하면 수사학은 진리의 수용이 진리의 질적 가치와 일치한다고 확신할 수 없기 때문이다. 다른 한편 학습하고 가르칠 수 있는 달변의 기술을 '실행'하는 차원의 수사학은 속임수가 목표라고 정직하게 인정할 수 없다. 왜냐하면 이런 의미에서의 수사학은 그렇게 인정해 버리면 본래의 목표를 달성할 수 없기 때

---

52 같은 책, 385.
53 같은 곳.

문이다. 그래서 예술에서는 평계로 내세우는 것이 수사학에서는 타당하다. "수사학은 애초부터 주관성을 표현하려 하지 않고, 예컨대 강력한 정치가 등과 같은 주체의 특정한 이상을 국민이 생각하는 수준에 맞추어 표현한다."[54]

쇼펜하우어는 수사학의 또 다른 대가이다. 혹은 대가로 인정받게 될 거라는 표현이 더 적절할지 모르겠다. 니체가 보기에 쇼펜하우어는 조숙한 천재여서 너무 일찍 자신의 길을 정한 나머지 더 발전하면 자기 자신과 모순에 빠지지 않을까 두려워했다. 쇼펜하우어는 인간의 의지가 본래 수행해야 할 일을 수행하지 않는다는 걸 깨달았다. 왜냐하면 인간 의지는 자신이 무엇을 원하는지 '알지' 못하기 때문이다. 그래서 인간 의지는 '표상'으로서의 세계를 만들어낼 수 없다. 한낱 생존 의지는 뜬구름 잡는 의지일 뿐이다. 이것은 빈말이 아닌 실상이다.

바로 이 대목에서 수사학의 필요성이 생겨난다. 최초의 발명이 아무것도 아니라는 더 나은 인식에 맞서서 자신을 변호해야 할 필요성이 생기는 것이다. 니체가 속임수와 자기기만의 권리를 쇼펜하우어에게는 인정하지 않는 이유가 무엇인지는 파악하기 어렵다. 쇼펜하우어는 진리가 결여한 상태에서 삶을 옹호할 수 있는 유일한 형식이 곧 그런 속임수의 권리라고 보는데 말이다. 쇼펜하우어는 베일을 벗기는 작업을 했다. 물론 그가 베일이라는 말을 사용할 때 그가 말하는 '진리' 개념은 대개는 단지 '개연성'Wahrscheinlichkeit이라는 뜻에 가깝다. 이로써 쇼펜하우어의 진리

---

54 같은 책, 385 이하.

개념은 근대 초기 진리 문제의 뿌리로 소급된다. 일찍이 데카르트는 진리의 가능성에 대한 간접 증명에서 신의 섭리의 신빙성veracitas이라는 우회로를 경유하여 진리 문제를 해명했다. 쇼펜하우어는 "어떤 대가를 치르더라도 기어코 인식하기를 원하는 철학자가 아니라 어떤 대가를 치르더라도 노래 부르기를 원하는"[55] 철학자에 속한다.

그런데 쇼펜하우어는 무엇을 인식할 수 있었고, 인식했어야만 하는가? 교조적 회의주의자가 생각하는 진리란 — 그는 플라톤 학파를 계승했고 플라톤 학파가 생각한 진리의 절대적 초월을 끝까지 사유한 철학자이다. — 우리는 진리를 갖고 있지 않고 가질 수 없다는 것인가? 하지만 플라톤 학파의 회의주의에 맞선 고대의 반대자들이 그러했듯이 니체 역시 쇼펜하우어의 그런 회의주의가 하나의 진리는 갖고 싶어 한다고 간주한다. 현대의 상황은 근본적으로 다르다. "지금 우리가 철학에 대해 취하는 태도에서 새로운 점은 그 어떤 시대도 갖지 못했던 하나의 확신, 즉 우리는 진리를 갖고 있지 않다는 확신이다."[56] 그렇다면 니체가 쇼펜하우어는 "인식을 위해 고통을 감내할 만큼 인식을 위한 열정이 크지 않으며, 아성을 쌓아 자신을 방어하고 있다."[57]라고 비판하는 까닭은 무엇인가? 그렇다면 수사학이 은폐해야 하는 것은 무엇인가?

니체 해석에서 직면하는 어려움은 그 해석이 특정한 측면의 제약을 받고 있다는 사실에 근거해서만 해결될 수 있다. 한편으로는 하나의 현상

---

55 XI, 7; 9, 92.
56 같은 책, 3; 92.
57 같은 책, 6; 295.

으로서 수사학에 접근하고, 그것이 무엇을 감추고 또 감출 수 있는가 하는 기능의 측면에서 분석적으로 인식해야 한다. 예컨대 쇼펜하우어에 대한 니체의 태도를 그런 측면에서 이해해야 한다. 다른 한편으로는 스스로 수사학을 사용하는 것을 허용해야 한다. 다시 말해 비난에 구애받지 말고 수사학의 사용을 용인해야 한다. 수사학을 구사하면 언제나 약점의 징표로 여겨져서 비평가들의 비난을 받게 마련이다. 스스로 수사학을 사용하려다 보면 그 수사학의 배후에 숨겨진 주관성에 관해 질문하지 않게 된다. 그런 경우에는 단지 수사학을 통해 도출하고자 하는 효과에 관해서만 질문하게 된다. "아, 진리의 말로 효과를 거두기란 불가능하다. 그래서 수사학이 필요하다. 다시 말해 특정한 말과 동기에만 마음이 움직이는 습관이 지배하기 때문에 진리의 치장이 요구된다."[58]

마지막으로 니체는 진리를 치장하는 의상의 직물이 어디서 나오는가 하는 문제에 답변한다. 그는 이 모든 은유를 철학의 역사에서 가장 큰 영향력을 행사한 비유, 즉 플라톤의 동굴의 비유와 관련시킨다. 이 동굴 안에는 이데아의 그림자 따위는 없고, 오직 인간의 소망이 만들어낸 허상들로 위장한 허깨비들만 존재한다. 여기서 말하는 소망이란 진리가 사람들에게 받아들일 만한 것이 되려면 진리가 어떤 모습이어야 하는가라는 뜻이다. 그러기 위해서 진리는 일종의 의인적擬人的 형상Anthropomorphismus이 되어야 한다. 왜냐하면 사람들이 사고의 구성물과 교류하는 방식은 인간들과 교류하는 방식과 똑같다는 것이 니체의 확고한 소신이기 때문이다.

---

58 같은 책, 17; 160 이하.

이러한 성향 때문에 그때그때의 인식이 자아das Ich의 소망에 봉사하는 것으로 수명을 다하지 않을까 하는 두려움이 생겨난다. 니체가 "사랑스럽고도 가증스러운 모든 자아!"라고 했던 자아의 소망은 곧 무의식적 욕망 Es, 대상들의 욕망, 세계의 욕망이다. 그것은 모든 소망에 부응하는 사고의 산물에 지나지 않는다. "그대들은 인식의 동굴 안에서 그대들 자신이 만들어낸 허깨비를 다시 볼까 두렵지 않은가? 진리는 그대들 앞에서 허깨비로 위장하지 않았는가?"[59]

---

59 X, 329; KSA 3, 308.(『아침놀』 V, § 539)

2

프로이트

오늘날에는 이른바 '폭로'가 폭넓은 지성인 계층의 전문적인 호사가 되어서 그 누구라도 사소한 행동 하나하나에서까지 자신의 속셈과 밑바닥에 감춘 생각에 대한 남들의 추측을 피할 수 없게 되었다. 이런 시대에는 은유학적 분석도 관심 영역을 옮겨 가게 된다. 이제 은유학적 분석은 완강하게 자신을 감춰온 것의 발생 기원에 관심을 기울인다. 그런 대상의 폭로는 실제로 성공할 수 있고 성공했다는 믿음을 심어주는데, 적어도 폭로의 주체를 만족시킨다. 진리의 베일을 벗긴다는 은유가 진리를 베일로 감춘다는 은유에 상응하는 정당성을 갖는다는 것은 분명하다. 그렇지만 진리를 베일로 감추는 과정에 굳이 깊은 관심을 기울일 필요가 있을까 하는 의구심도 존중할 필요가 있다. 베일로 감춘다는 것은 있는 그대로의 원초적 상태를 견디기 힘들고 조금도 견뎌낼 용의가 없는 어떤 문제를 포장하는 이차적 과정이 아닐까 하는 생각이 들기 때문이다.

베일로 감추는 모든 기술의 고전적인 원조는 수사학이었다. 또한 수사

99

학의 특수한 형태인 신적인 계시는 인간의 이해력과 수용 태세에 근접한 언어로 표현되지 않는 한, 신적인 것에 대한 기대 때문에 인간이 받아들이기를 주저했던 것이다. 하지만 이런 생각의 근본 바탕을 살펴보면 위장은 진리에 봉사한다. 더 효과적으로 수용될 수 있게 위장하는 것이기 때문이다. 너무 완강하게 감춘다고 판단되고 그래서 마지못해 받아들이던 것이, 인간은 아직 진리를 받아들일 자격이 없다거나 진리를 받아들이기에는 타락했다고 가정하면 오히려 인간이 진리로 인해 겪는 어려움에 대한 배려로 여겨질 수도 있는 것이다.

아마도 오늘날 베일로 감추는 것과 베일을 벗기는 것 사이의 무게 균형은 프로이트의 작업을 통해 결정적으로 판가름 난다고 해도 과언이 아닐 것이다. 이것은 굳이 그의 이론적 입장, 또는 그에게서 파생한 입장이나 그에 반대하는 입장을 따져보지 않더라도 쉽게 수긍될 터이다. 프로이트 이론의 기본 가설은 우리 세기의 자기 이해에 너무 깊숙이 파고들었고, 우리 세기가 품은 불신의 밑바닥까지 파고들었다. 그렇기 때문에 주어진 모든 것은 베일에 감춰진 것이라는 전반적인 의심의 연원 또는 그런 의심을 더욱 증폭시킨 원인이 정신분석 탓이라고 굳이 입증할 필요도 없어 보인다. 왜냐하면 정신분석은 자기 자신을 자신의 다른 자아가 — 당연히 다른 모든 사람도 — 보지 못하게 은폐하는 가장 교활한 메커니즘을 통해 그러한 은폐의 베일을 벗기는 적절한 기술을 구사하는 방법이라 정의할 수 있기 때문이다.

프로이트는 1930년 프랑크푸르트시가 수여하는 괴테Goethe상을 수상했다. 당시 이 상의 심사위원회 간사 알퐁스 파케는 7월 26일에 프로이트에게 편지로 수상 소식을 알렸다. 이 편지에서 그는 프로이트에게 수상 소감문에서 괴테에 대한 태도를 어떻게 설명할 것인지 생각해 달라고 상기시켰다. 아마도 프로이트의 청소년 시절에 괴테 작품집마다 수록되어 있던 「자연」이라는 글을 처음 읽었을 때의 인상을 언급하면 어떻겠냐고 제안했던 것으로 추정된다. 물론 이 글은 훗날 다른 사람의 글로 밝혀졌지만 말이다.* 하지만 괴테에 대한 프로이트의 관계를 해명하는 데 필요한 프로이트의 전기적인 자기 이해와 관련하여 그 글은 아무런 의미가 없다. 프로이트는 단지 일찍부터 '괴테의 강연 원고'[1]를 통해 학문적 열정을 북돋우는 자극을 받았다는 사실을 새롭게 끌어올 수 있었다. 그런데 파케가 프로이트의 학문적 이력이 어떻게 괴테와 관련되는지 언급한 대목은 괴테상 시상 취지문에 여과 없이 삽입되었다. 그 대목을 보면 "프로이트의 영혼 탐구는 괴테의 「자연」이라는 강연 원고에서 처음으로 자극을 받았다."[2]라고 되어 있다. 여기서 「자연」이 괴테의 글이 아니라는 사실은 사소한 오류에 불과하다. 더 심각한 문제는, 프로이트가 괴테의 글을 읽고서 법학 대신에 자연 탐구와 자연과학 공부를 하겠다고 결심했던 것이지, 동시대인들이 그럴싸하게 지어낸 용어인 '영혼 탐구'를 처음부터 결심했던 것은 아니라는 사실이다.

• 「자연」은 스위스의 목사이자 문필가인 게오르크 크리스토프 토블러(Georg Christoph Tobler, 1757~1812)가 쓴 것이다.

1 파케가 프로이트에게 보낸 편지, 1930년 7월 26일. Freud, WW XIV, 546, 주석 1 참조.

2 Wolfgang Schivelbusch, *Intelllektuellendämmerung. Zur Lage der Frankfurter Intelligenz in den zwanziger Jahren*, Frankfurt a. M. 1982, 92.

그런데 괴테상 심사위원회 간사는 당연히 아득한 옛날 얘기로 괴테에 대한 프로이트의 관계를 설명하는 정도로는 만족하지 않았다. 프로이트가 '파우스트적인 것'에 대해 어떤 태도를 취했는지도 밝혀내야만 했고, 밝혀낼 수 있었다. 그것은 프로이트에게 괴테상을 수여하는 것에 강하게 반대하는 진영에 동조하는 의미도 없지 않았다. 프로이트가 '메피스토펠레스적인 것'과 암묵적인 계약을 맺지 않았는가 하는 문제도 적어도 한 번쯤 생각해 보자는 뜻이었다. 파케는 프로이트에게 보낸 편지에서 이렇게 썼다.

궁극적으로 보면 선생님의 탐구 방식을 통해 촉진된 메피스토펠레스적 특성은 그것과 불가분의 동반자인 파우스트적 불굴의 정신과, 무의식 속에 잠재해 있는 예술적 창조력에 대한 외경심의 모든 베일을 가차 없이 찢어버리는 결과를 가져왔습니다.[3]

편지의 핵심인 이 폭탄 발언도 '선생님'이라는 호칭을 프로이트로 바꾸어서 시상 취지문에 삽입되었다. '무의식'이라는 용어도 '잠재의식'이라는 용어로 바꾸었는데 — 이런 용어 교체는 프로이트를 늘 짜증나게 했다. — 이것도 프로이트의 고유한 어법에 짐짓 거리를 두려는 의도임이 분명했다. 물론 프로이트의 수상에 반대하는 진영은 이 정도로는 만족하지 않는데, 그 반대 진영에는 저명한 괴테 연구자이자 바이마르 괴

---

3 파케가 프로이트에게 보낸 같은 편지. WW XIV, 546.

테박물관 소장인 한스 발Hans Wahl이 바이마르의 대표자 자격으로 합류해 있었다. 그리하여 원래 프로이트가 받아야 하지만 그의 딸 안나 프로이트Anna Freud가 대신 받은 시상 취지문의 마지막 문장은 무례한 저의를 드러냈다. 거기에는 괴테상 수상의 영예를 통해 '프로이트의 표상 세계에 대한 폭넓은 평가'가 이루어질 바란다는 문구가 들어 있다. 여기서 '폭넓은 평가'란 문자 그대로 프로이트의 표상 세계가 프로이트 자신의 생각과는 다른 맥락에서 평가되어야 한다는 뜻이다. 다시 말해 "시대에 뒤처진 표상들을* 제거해서 정화하고 새롭게 확립된 가치들의 세계로 나아가야"4 한다는 것이다. 이 대목에서 동시대인들의 그런 기대가 너무 자명한 것처럼 강조되어서 프로이트를 폄하하는 어투를 무심코 흘려들을 정도이다. 그 폄하의 핵심은, 현재의 모든 것은 장차 도래할 위대한 미지의 가치들과 연결될 때만 의미가 있다는 것이다. 그런 점에서 이 시상 취지문은 이제 막 시작되는 1930년대의(히틀러의 집권과 지배를 가리킨다. ― 옮긴이) 자기 숭배의 기록 문서라 할 만하다. 물론 파케에게 그 책임을 물을 수는 없다. 왜냐하면 그가 쓴 취지문 결말의 초안은 최종 문안과는 상당히 다르기 때문이다. 그는 프로이트의 입장에 거리를 두고 모호하게 표현하려고 애를 썼다. 그는 취지문 결말을 이렇게 쓰자고 제안했던 것이다.

이 수상의 영예는 프로이트 이래 논의되기 시작한 세세한 의학적 연

---

* 프로이트의 '무의식' 이론을 전근대의 악마와 연결된 메피스토펠레스적인 것과 결부시키는 발상을 가리킨다.

4 Schivelbusch, *Intellektuellendämmerung*, 92.

구 결과와는 아무런 상관이 없습니다. 오히려 이 수상은 대립으로 요동치는 우리 시대의 첨예한 문제들에서도 괴테적 본질의 가장 생생한 측면들이 계속 영향력을 발휘하고 있다는 사실을 기리는 것입니다.[5]

이런 문구는 괴테에 대한 상투적인 어법이긴 하지만, 프로이트의 입장에서 보면 그에게 거부감을 가진 진영 내부자의 노골적인 '저항'이라 할 법도 했다.

프로이트가 자신의 업적을 공인받은 사례들에 대해 취한 태도는 이중적이다. 한편으로 그는 노벨상이 자신을 제치고 하필이면 그에게 반대 입장을 취했던 바그너야우레크Julius Wagner-Jauregg*에게 수여된 것에 대해서는 그냥 참고 넘어갔다. 다른 한편 그는 자신의 업적을 인정받는 것에 대해서도 매우 미심쩍어했다. 왜냐하면 그런 인정 속에는 그의 신조에 대한 온갖 형태의 저항이 담겨 있었고, 따라서 오히려 그의 신조를 강화하는 데 기여했기 때문이다. 그렇긴 하지만 프로이트는 파케가 괴테상 수상 소식을 알려온 편지에서 자신의 업적을 평가하는 내용에 대해 답하기를 "제 작업에 대해 은밀한 개인적인 생각을 이토록 명확하게 표현한 경우는 이전에는 없었던 일입니다."[6]라고 했는데, 이것은 단지 정중함의 과장된 표현만은 아니었을 것이다. 프로이트는 파케에게 도대체 어디서 그런 것까지(프로이트가 괴테의 「자연」을 읽고 '영혼 탐구'의 자극을 받았다는 파케의 말

---

5 같은 곳.
* 오스트리아의 정신의학자.
6 프로이트가 파케에게 보낸 편지, 1930년 8월 5일. XIV, 546.

을 가리킨다. — 옮긴이) 알게 되었는지 묻고 싶다고 했다. 물론 프로이트 자신은 한 해 전에 파케가 프로이트에게 괴테상을 주는 것에 대해 강경하게 반대했다는 사실을 알 리가 없었다. 심사위원회의 위원장인 프랑크푸르트 시장 란트만Ludwig Landman에게 1929년 6월 26일자로 보낸 편지에서 파케는 프로이트에게 괴테상을 주는 것에 대해 "엄청난 거부감"을 느낀다고 썼다.[7] 프로이트는 올림푸스 전당에 어울리는 사람이 아니라 지하의 저승에나 떨어질 사람이라고도 했다.[8] 심사위원회에서 되블린Alfred Döblin이 줄곧 프로이트를 옹호해서 파케의 생각을 바꾸었는지, 아니면 《프랑크푸르터 차이퉁》Frankfurter Zeitung의 발행인 지몬Heinrich Simon이 영향력을 행사했는지 여부는 남아 있는 기록 문서만 가지고는 분명히 밝혀낼 수 없다. 어떻든 파케는 저술가 프로이트가 선호하는 길을 '지하의 저승'이라는 핵심어로 콕 찍었다. 그는 이렇게 썼다.

프로이트는 문학적인 상상력이 있는 듯합니다. 감히 지하의 저승 세계로 가는 문을 열었고, 저승사자들에게 형태와 이름을 부여했으니 말입니다. 제가 보기에 이런 명명은 인류를, 언어를 더 풍요롭게 했습니다.[9]

이 중요한 통찰은 유감스럽게도 시상 취지문에는 들어가지 않았다. 파우스트와 메피스토의 관련성을 잡탕으로 버무려놓은 것보다는 이 인용

---

7 Schivelbusch, 같은 책, 77.
8 같은 책, 85.
9 같은 곳.

문이 훨씬 근사한데도 말이다. 미지의 섬뜩한 영역에도 이름을 부여할 필요가 있다는 생각 역시 우리가 다루는 은유의 폭넓은 맥락에 어울리는데, 명명되지 않은 것을 견디기 힘들어하는 태도 역시 그런 맥락에서 적재적소에 기술될 수 있기 때문이다.

프로이트가 직접 읽지는 못한 수상 소감문에서 그는 자신의 작업이 파우스트식으로 모든 베일을 찢어버렸다는 말에 동의하지 않았다. 아직도 얼마나 많은 베일을 더 찢어야 할지 모르겠다고 했다. 괴테가 인간의 심리를 파악하는 데 기여한 업적에 대해 프로이트는 꿈이 수행하는 왜곡이라는 현상이 제한적이라는 점을 강조했다. 꿈의 왜곡은 자아가 자아의 간섭에서 빠져나가는 가장 교활한 베일 씌우기 책략이다. 프로이트는 괴테에 대한 태도와 관련하여 자신의 작업은 위대한 파우스트적 제스처보다 낮은 단계에 있다고 겸손하게 말했다. 여기서도 다시 괴테와 프로이트의 은유 사용의 공통점이 발견된다. 괴테가 소설『친화력』에서 남녀 간 사랑에 '친화력'이라는 화학 용어를 사용했다면, 프로이트는 정신분석 작업 방식에서 인간의 정신에 과학적 '분석'을 적용했다. "정신분석이라는 명칭 자체가 괴테와의 친화성을 증언하는" 것이다.[10]

나아가서 프로이트는 괴테에게서 배울 점 역시 베일로 가리는 기술이며, 그것은 나중에 베일을 벗기기 위한 선행 형식이라고 했다. 괴테는 시인으로서 위대한 고백자일 뿐 아니라, 그의 풍부한 자서전 서술에도 불구하고 — 아니, 어쩌면 바로 자서전『시와 진실』을 통해 — "신중하게 자

신을 베일로 감추기도"했다는 것이다.[11] 프로이트는 이 말을 수상 소감문 마지막에 배치했는데, 이로써 자신이 괴테와 얼마나 가까운지 자각하고 있음을 분명히 밝힌 셈이다. 괴테가 자서전에서 자신의 개인사와 그 배후의 역사를 얼마나 신중히 베일로 가렸는지, 그의 자서전은 세계문학의 위대한 고백록들에 뒤지지 않는다는 사실을 우리는 익히 알고 있다.

미지의 세계에 이름을 부여했다는 최고의 영예를 안은 프로이트는 시인의 자유이자 시인에게 어울리는 작업인 꿈을 즐기는 차원에서 벗어나 꿈이 자아의 밑바닥에서 심층적 사고를 통해 수행하는 왜곡에 대해 냉정하게 인식하는 데까지는 나아가지 못했을 수도 있다. 1930년 프로이트가 수상 소감문에서 이렇게 괴테와의 차이를 언급하는 대목을 주목해 보면, 1900년에 나온 『꿈의 해석』이 30년이 지난 후에 심지어 저자 자신에게도 그 의의와 영향력이 대수롭지 않게 평가되었노라고 오판하는 사태를 막을 수 있다. 명시적으로 드러나는 꿈 내용이 어떻게 만들어지는가 하는 논의는 여전히 인간 심리의 '진실'을 드러낼 수도 있고 은폐할 수도 있는 거대한 수사학을 설명할 수 있는 모델이 된다.

기독교 전통의 게임 규칙에 따르면 신은 오로지 인간의 모습으로 그리고 인간의 언어로만 인간에게 뭔가를 전달할 수 있었다. 그 뭔가는 인간이 자신의 소명을 그르치지 않기 위해 그 의도를 무조건 알아내야만 하는 것이었다. 그 말씀은 진리라기보다는 인간이 충족해야 하는 조건일 것이다. 명시적인 꿈 내용은 왜곡의 결과물이다. 무의식은 그 왜곡을 이용

---

11 같은 책, 550.

하여 장애물을 제거하고 몰래 검열을 통과하여 의식 속으로 들어온다. 그리고 의식은 역으로 그런 왜곡을 풀어낼 열쇠를 갖기만 하면 치유 효과를 얻을 수 있다. 그런 진실이 과연 그것을 얻기 위해 치러야 할 비용을 지불할 만한 가치가 있는가 하는 의문은, 진리를 위해서는 어떤 대가도 불사하고 또 진리와 더불어 자유도 추구하는 전통에서는 그 정당성을 상실한다.

이런 주장에 대한 반론은, 여기서 유럽 사고 전통의 가장 오래된 명령을 다시 근본적인 차원에서 — 처음으로는 아니지만 — 따르고 있다는 점을 상기하면 그 근거를 상실한다. 그 명령은 바로 '너 자신을 알라!'는 것이다. '자기 자신을 안다는 것이 좋은 일인가?'라는 식의 반대 질문은 이 막강한 요구 앞에서 무기력해진다. 최초의 프로이트 전기 집필자인 비텔스Fritz Wittels는 — 프로이트는 그를 좋아하지 않았는데, 그는 프로이트를 배반했다가 나중에 회개하고 돌아온 제자였다. — 베일로 감싸고 베일을 벗기는 은유로 이 문제를 언급했다. "힘들지 않게 태평하게 사는 자는 그 누구도 꿈의 베일에 싸인 실상을 들여다보려 하지 말라!"[12]

『꿈의 해석』이 나온 지 사반세기가 지난 이 무렵에는 이미 정신분석과 임상 치료가 널리 확산되고 있었다. 정신 치료 의사였던 이 전기 작가는 꿈의 해석이 말하자면 사회에서 작동하는 게임으로서 예측 불허의 결과를 가져왔고 앞으로도 그럴 수 있다는 것을 잘 알고 있었다. 그는 정신분석이 삶의 맥락에서 유리된 반토막의 분석이어서 "외과 의사가 도중에

---

12 Fritz Wittels, *Sigmund Freud*, Leipzig 1924, 57.

중단한 수술만큼이나 위험"하다고 했다.[13] 그것은 프로이트 학파의 정신분석가들 중에 자살한 사람들이 나온 것을 봐도 알 수 있다고 했다. 비텔스는 그들의 이름을 하나씩 열거하면서, 그들은 다른 사람들의 꿈속에서 그들 자신의 무의식을 마치 일그러진 거울처럼 보았다고 말한다.

그런데 비텔스는 무의식에서 무책임하게 진행되는 사태에 대해 도덕적 책임을 끌어내는 데 꿈의 해석이 엄청난 성과를 낼 수 있다고 과대평가 내지 과장하고 있다. 무의식에서 벌어지는 일은 마치 무의식 상태의 살인자들이 벌이는 전쟁처럼 무책임한 것이다. 그런데 과연 그런 자들의 꿈을 해석하겠다고 그들을 설득할 수 있을까? 아니면, 어쩌면 바로 그런 자들의 경우 무의식의 은폐술을 모르는 사람들에게서보다 은폐의 기술이 훨씬 더 잘 작동하는 것은 아닐까?

비텔스는 프로이트의 꿈 해석을 이렇게 도덕화함으로써만 정당화할 수 있다고 믿었다. 프로이트에게 꿈의 해석은 전체적으로 보면 이론적 강령이고 그 정당성은 오로지 진리의 척도를 통해서만 확보된다. 비텔스는 이렇게 말한다. "사람들은 해석되기 위해 꿈꾸는 것이 아니라, 해석되지 않기 위해 꿈꾼다."[14] 그러나 이런 식으로 꿈을 방치하기 위해 덮어두는 장치의 규정은 깨지게 마련이고, 그것은 진리의 척도에 어긋난다. 물론 그런 장치의 자기 보존 가치가 진리의 척도에 반항할 수도 있다. 꿈꾸는 사람이 자기 자신에 대해 너무 소상히 알게 되어 위험에 처하는 경우라면

---

13 같은 곳.
14 같은 책, 67.

말이다. 그런 경우 꿈꾸는 사람은 자기 검열이 해제된 상태로 자신의 모습을 보기 때문에 자기 자신의 본능적 충동에 맞서 자신을 보호할 방도가 없는 것이다.

꿈이 은밀한 소망 충족이라면 그런 소망 충족은 소망하는 사람 자신도 모르게 감춰질 때만, 그리고 소망하는 사람 자신이 소망의 충족 여부를 알 필요도 없을 때만 가능하다. 그런 사람은 소망이 충족될 때의 위험을 감수하지 않고 소망을 충족하는 것이다. 그것은 마치 몽유병자가 자신이 꿈을 꾸면서 돌아다닌다는 진실에 대해 몽유 상태가 아니고서는 달리 알 방법이 없는 것과 마찬가지다. 그런데 소망의 충족과 은폐라는 맥락에서 이런 논리가 작동한다는 이유로 비텔스는 스승 프로이트를 비판한다. "한 가지 측면에서 프로이트는 잘못된 길을 갔다. 그는 모든 꿈이 소망 충족이라고 가르쳤던 것이다."[15] 그러나 그런 주장을 논박하는 다른 테제가 있다. 그 테제를 보면 모든 꿈이 소망 충족이라는 진리가 과연 개인에게 적용될 수 있을지 의문이 증폭된다. "거의 모든 꿈은 죽음이 어디에 있는가를 묻는 요지경 거울상이다."[16]

---

15 같은 책, 71.

16 프로이트 자신이 달가워하지 않았던 전기 작가 비텔스가 1923년에 출간한 프로이트 전기는 1924년에 이미 영역본이 나왔는데, 그는 1933년에 이 전기의 개정판을 발표하였다 (Bittels, Revision of a Biography, in: The Psychoanalitic Review XX, 1933, 361~74). 그에 따르면 프로이트는 이 전기가 출간된 이후 그 비판적 내용에도 불구하고 그를 다시 프로이트 학파에 수용하였고, 그가 쓴 전기가 프로이트의 인격과 학설에 얼마나 부합하는지 아니면 어긋나는지 여부를 입증할 기회를 주었다고 한다. 그런데 비텔스가 자신의 전기 서술 방법의 타당성에 대해 철회한 견해 중 결정적인 것은 정신분석을 당사자의 동의 없이 어떤 인물에게 적용했다는 내용이었다. 이러한 진술은 정신분석 전기 작가가 다루는 인물의 사전

프로이트는 제1차 세계대전 기간 중에 죽음에 관해 '무상함'Vergäng- lichkeit이라는 제목으로 짧은 글을 쓴 적이 있다. 이 글에서 전쟁은 유럽 문화를 떠받치는 얄팍한 기반인 승화의 파국으로 간주된다. 전쟁이 훑고 가는 풍경의 아름다움만이 파괴된 것이 아니다. 또한 전쟁이 건드린 예술작품만 파괴된 것이 아니다. 전쟁은 유럽 문화의 업적에 대한 자부심까지도 파괴했다. 사상가와 예술가에 대한 존경심도 파괴했고, 민족적 인종적 대립을 극복할 수 있다는 희망도 파괴했다. 뿐만 아니라 무엇보다 "우리 학문의 숭고한 비당파성"마저도 더럽혔다.[17] 이것은 학자들이 제각기 지지 정파를 옹호하고 학문 자체가 당파적 이해관계에 봉사한 것을 가리킨다.

프로이트는 더 일반화해서 지금의 전쟁이 "우리의 충동적인 욕망을 벌거벗은 모습으로 발가벗기고, 우리 안에 있는 사악한 욕망을 고삐 풀린 망아지처럼 풀어놓고 있다. 우리는 수백 년 동안 우리의 가장 고결한 사람들이 힘써온 교육을 통해 그 사악한 욕망을 제어했노라고 믿었건만 (⋯)."[18]이라고 말한다. 여기서 프로이트가 '우리'라는 표현을 쓰고 '벌거

동의를 받아야 한다는 것을 간접적으로 인정하는 것이다. "그런데 그것은 생존하는 인물 또는 심지어 작고한 인물이라 할지라도 유족이 아직 살아 있는 사람의 삶을 허락 없이 벌거 벗기는 것이며, 허락 없이 그들의 무의식을 가린 베일을 벗겨내는 것이다."(363) 그런 점에서 비텔스가 쓴 전기가 프로이트에 대한 정신분석 진단이라면 — 특히 프로이트의 자기과시를 여호와 콤플렉스라고 진단한 대목에서 가장 집중적으로 나타나는데 — 그런 진단은 용인될 수 없다는 것이다. 그렇다고 해서 정신분석가가 동시대인에 대해 진술한 내용이 당사자의 동의가 없다면 무조건 용인될 수 없다는 말인가? 그렇다면 프로이트 자신이 저서에서 대중에 공개한 자료들, 예컨대 『꿈의 해석』에 삽입한 자기분석까지도 모두 사전 동의를 받아야 하는 것일까? 문제는 자기 노출에 대해 사람들이 어떤 반응을 보이는가 하는 것이다. 자발적으로 벌거벗은 사람들을 바라보는 것은 무방한가?

17 Freud, Vergänglichkeit, in: WW X, 360 f.

벗은 모습으로 발가벗긴다'라고 중첩어를 사용하는 것은 우연이 아니다. 이 글에서 놀라운 점은 프로이트가 정신분석에 대한 동시대인들의 비난의 말을 ― 인간의 충동적 욕망을 발가벗기고 인간의 이미지를 더럽힌다고 쏟아내는 비난을 ― 모두가 함께 자행하고 있는 작태를 비판하는 데 그대로 사용하고 있다는 점이다.

「무상함」이라는 글이 정신분석에 대한 비난을 뒤집어서 표현하고 있다는 사실은 이 글과 아주 밀접한 관계에 있는 『정신분석 입문』에서도 확인할 수 있다. 프로이트는 전쟁 중인 1916/17년 겨울 학기에 강의한 내용을 이 책으로 펴냈다. 프로이트는 이 책에서 정신분석이 성공을 거두고 있음에도 불구하고 정신분석에 대한 거부감을 표명하는 최근의 사례로 폴란드 전선에서 종군하는 어느 군의관의 전언을 언급하고 있다. 그 군의관은 이따금 정신분석에 성공해서 동료들의 관심을 끌었고, 그런 연유로 정신분석 이론에 관한 지식을 좀 전수해 달라는 부탁을 받았다. 그래서 학습이 순조롭게 진행되었는데, 오이디푸스 콤플렉스에서 난관에 부닥쳤다. 상관 중 한 명이 일어나더니 강의를 그만하라고 제지했다는 것이다. 이 사례에서 보듯이 성공적인 정신분석가는 전쟁과는 또 다른 차원의 전선과 대치해야만 한다. 이 사례에 대해 프로이트는 이렇게 말한다. "하지만 내 생각에 독일이 승리하기 위해 학문을 그런 식으로 '조직화'해야 한다면 고약한 일이고, 독일의 학문은 이런 조직화를 잘 견디지 못할 것이다."[19]

---

18 같은 곳.

프로이트는 의과대학 학생들에게 오이디푸스 콤플렉스에 관해 설명하는 서두에서 이 에피소드를 소개하고 있다. 그는 이런 사례를 학생들중 대다수가 겪어보길 바라는 하나의 가능한 경험과 연결한다. 그 경험이란 소포클레스의 비극『오이디푸스 왕』의 극적 효과를 자기 자신의 경우에 대입해서 경험해 보라는 말이다. 그 비극에서는 과거의 잘못된 행위가잘못을 저지른 장본인 자신을 통해 서서히 베일이 벗겨진다. 그렇게 서서히 베일이 벗겨지는 과정은 "정신분석 과정과 어느 정도 유사하다."라고프로이트는 말한다. 프로이트는 이 비극의 베일이 벗겨지는 이야기에서특히 꿈의 역할에 주목한다. 또한 그가 소개한 군의관 이야기와 관련하여소포클레스의 비극은 관객들에게 그런 격앙된 반응을 불러일으키지 않는다는 특이한 사실도 주목한다.

프로이트는 소포클레스가 경건한 도덕을 설파하기 때문에 그럴 거라는 추측을 거부한다. 비극의 효과와 관련해서 작가의 도덕관념은 아무런상관이 없다는 것이다. 관객이 오이디푸스 신화의 감춰진 의미와 내용에어떤 반응을 보이는가 하면, 마치 관객 자신이 자기분석을 통해 자기 안에 있는 오이디푸스 콤플렉스를 인식한 것처럼 반응하고, 또한 신의 의지와 신탁이 관객 자신의 무의식의 고상한 위장을 들춰내는 것처럼 반응한다는 것이다. 관객 또는 청중이 비극 안에서 벌어지는 사건에 격분하지않는 것은 그 자신의 희미한 기억 속에서 죄의식을 느끼기 때문이다. 물론 실제로 아버지를 죽이고 실제로 어머니와 결혼하는 것은 아니지만, 그

---

19 XI, 342.

런 소망과 관련된 죄의식은 느낀다는 것이다.

인간이 자신의 사악한 충동을 무의식 속으로 몰아냈고 그런 충동에
책임을 느끼지 않는다고 말한다 하더라도, 그 자신도 이유를 알 수 없는
죄의식의 형태로 그런 책임을 느끼게 된다.[20]

소포클레스의 비극은 정신분석의 창시자인 프로이트 말고는 누구도
성공한 적이 없는 자기분석의 원형을 떠올리게 한다. 정신분석의 자기분
석 역시 언제나 소포클레스가 보여주는 비극적 결말의 위험을 내포한다.
정신분석 치료 과정을 서서히 진행함으로써 베일이 벗겨질 때의 두려움
을 완화해야 한다. 비극 작품 역시 그런 두려움을 여과 없이 보여주는 것
같지만 완화한다. 벌거벗은 진실을 감당할 수 있게 만들려면 그 진실을
예술로 변환하거나 장기적인 분석 과정을 거치면서 약물 처방처럼 보여
줘야 한다. 그래서 장기적인 분석은 원하는 대로 단축되기 어렵다.
　벌거벗은 진실이라는 은유가 항상 똑같은 중요성을 갖지는 않는다. 벌
거벗음의 문화적 가치는 가변적이며, 이 은유의 강도는 문화적 가치에
좌우된다. 특히 벌거벗은 상태를 만들어내는 베일 벗기기와 벌거벗기기
의 강도가 그러하다. 이와 관련하여 프로이트가 자기분석을 하던 시절
에 친구 플리스Wilhelm Fließ에게 보낸 보고 내용이 유익한 참조가 되는데,
1897년 10월 3일에 보낸 편지에서 프로이트는 이렇게 쓰고 있다.

20　XI, 343 f.

나는 전반적인 문제의 해명을 위해 자기분석이 불가결하다고 생각하는데, 나흘 전부터 나의 자기분석은 꿈으로 옮아갔고 매우 소중한 실마리와 준거를 제공했다네. 개별적인 문제들에 관해서는 해답을 얻었다는 느낌이 드네.[21]

이 자기분석의 결과 중 하나는 프로이트가 전혀 기억하지 못하지만 꼭 필요하다고 생각한 어떤 장면의 해명이다. 그래서 그는 이것을 자기분석을 위해 얻은 유일한 기회로 포착했다. 그 설명에 따르면 두 살부터 두 살 반 사이에 "엄마에 대한 리비도가 눈떴다"고 한다. 그 계기는 엄마와 함께 라이프치히에서 빈으로 가는 여행이었는데, 그 여행 중에 "열차 안에서 함께 밤을 보내면서 틀림없이 엄마의 벌거벗은 모습을 볼 기회가 있었을" 거라고 했다.[22]

여기서 프로이트가 '틀림없이 (…) 기회가 있었을' 거라고 단정적 추정으로 표현하듯이, 이 체험은 오이디푸스 콤플렉스가 프로이트 학파의 이론과 임상 분석의 중심이 될 뿐 아니라 실험 십자가experimentum crucis• 가 되게 하는 모든 것을 하나의 범례로 미리 보여주는 구성물이다. 훗날의 독자들이 보면 전문가 티를 내면서 라틴어 용어를 사용하는 것이 우스꽝스러워 보일지도 모르겠다. 이런 용어는 감추거나 적어도 거리를 둬야

---

21 Freud, *Briefe an Wilhelm Fließ*, Frankfurt a. M. 1986, Nr. 141, 288.

22 같은 곳.

• 과학에서 특정 가설이나 이론이 현재 과학계에서 널리 수용되고 있는 다른 모든 가설이나 이론보다 우월한지 여부를 결정적으로 가를 수 있는 실험.

할 대상을 속속들이 꿰뚫어 보도록 돌출시키기 때문이다. 여기서 실험이
라는 말과 십자가라는 말이 뜻하는 바는 결코 합치될 수 없다. 프로이트
가 떠올린 장면이 실제로 존재했다는 생각은 확고하고, 그 장면이 유년기
로 투사한 환상이라고 가정하는 다른 설명은 그 장면에 대한 분석에서 배
제된다.[23]

이 이야기와 비교하면 『꿈의 해석』에 나오는 '벌거벗은 모습을 보는
꿈'은 순진해 보인다. 그 꿈의 의의는 그것이 '전형적인 꿈'의 유형에 속
한다는 것이다. 다시 말해 그 꿈의 재료는 상징적 특성을 지니고 따라서
누구에게나 적용되는 대표성을 갖는다. 이런 꿈들은 개인적인 삶의 맥락
속에 편입시킬 필요가 없고, 따로 사전적 개념에 따라 해석될 수 있다. 꿈

---

23 프로이트가 공식 전기 서술자로 지명한 존스(Ernest Jones)는 1957년에 다른 전기 작가가
   이 문제에 관해 정확하게 서술하지 않았다고 이의를 제기했다. 존스는 1956년에 프로이
   트에 관한 책을 출간한 마르쿠제(Ludwig Marcuse)에게 프로이트가 어머니의 벌거벗은 모
   습을 본 것은 두 살부터 두 살 반 사이가 아니라 정확히 세 살 반이었을 때라고 정정했다.
   (Harald von Hofe (Hg.), *Briefe von und an Ludwig Marcuse*, Zürich 1975, 145) 이에 마르쿠
   제는 개정판을 낼 때 이 오류를 삭제하겠노라고 답변했다.(같은 책, 148) 그런데 이 실랑이
   는 왜 이런 수정을 해야만 하는지 그 이유가 전혀 해명되지 않았다. 이들은 마치 역사가들
   이 오류는 오류이므로 바로잡아야 역사 서술의 진보라고 생각하는 듯한 태도를 취하고 있
   다. 실제로 마르쿠제가 보기에도 프로이트가 두 살 반에 엄마의 벌거벗은 모습을 보았다고
   하면 그런 경험이 이론 체계를 형성하는 결과를 낳았다고 하기에는 너무 어렸다고 생각했
   을 것이다. 그리고 존스는 프로이트의 이론 체계를 존중하여 이론의 공고화를 위해 사실 확
   인을 했을 것이다. 왜냐하면 이 경험을 설명할 수 있는 오이디푸스 콤플렉스는 프로이트의
   이론 체계에서 세 살부터 다섯 살 사이의 경험과 결부되기 때문이다. 프로이트는 자기분석
   의 경우와 마찬가지로 이 경우에도 자신의 이론 체계의 증인이 되어야만 했다. 비록 프로이
   트가 이 이론을 임상 치료에 적용할 때는 엄마의 벌거벗은 모습을 보았을 때만큼 강렬한 인
   상으로 서술하지는 못했지만 말이다. 이렇게 말하면 다소 의아할지 모르겠지만, 프로이트
   가 이러한 차이를 전혀 예상하지 못했을 거라고 보긴 어렵다.

의 해석은 해석자가 점점 늘어남에 따라 굳이 일급의 대가가 직접 나설 필요도 없이 그런 불변 요소들에 의거하여 진행될 것이다. 이에 따라 정신분석 역시 불가피하게 정해진 소재를 도식에 맞게 다룰 줄 아는 광범위한 대중의 자가 요법으로 진행될 것이다.

프로이트는 이미 1915/16년 겨울학기에 행한 정신분석 입문 열 번째 강의에서, 꿈에서 상징적으로 등장하는 꿈의 양은 그리 많지 않다고 언급한다. 예컨대 인간의 몸 전체, 부모, 자녀, 형제자매, 출생과 죽음, 벌거벗음 등이 대표적이다. 벌거벗은 상태를 보여주는 꿈의 상징은 소박한 대립의 양상이어서 의복 또는 유니폼을 입은 상태로 나타난다. '벌거벗음'이라는 잠재적 꿈 사고*는 그 반대로 옷을 입은 상태라는 아주 비근한 가면의 검열 앞에서 자신을 감춘다. 게다가 옷을 입은 상태는 개인적 특성이 완전히 제거된 형태, 즉 유니폼을 입은 상태로 나타난다.[24]

프로이트의 정신분석에서 벌거벗은 상태와 대비되는 옷을 입은 상태는 과거의 문학작품을 사례로 설명될 수 있다. 대표적 사례로 프로이트는 칼라일Thomas Carlyle의 『의상 철학』Sartor Resartus, 1836**을 선호한다.[25] 프로

---

* 프로이트의 꿈 해석에서 꿈을 꾼 사람은 꿈에서 깨어난 후에 사후적으로 자기검열, 압축, 전이 등의 메커니즘에 의해 걸러진 내용만을 꿈의 내용으로 기억해 낸다. 그렇게 걸러지기 이전의 상태를 '잠재적 꿈 사고'라 일컫는다.

24 XI 154, 160.

** 라틴어 원제 Sartor Resartus를 영어로 옮기면 The tailor re-tailored(다시 재봉한 재봉사)라는 뜻이다. 헤겔을 암시하는 주인공의 철학을 다시 재봉(가공)했다는 뜻이다.

25 이 책은 1882년에 독일어로 번역되었는데, 프로이트는 영국에 사는 친척을 방문했을 때 영어책을 구해 읽고 숙지하고 있었으며, 이런 인연은 프로이트가 말년에 히틀러 집권 후 런던을 망명지로 선택한 것과도 관련이 있다. 칼라일은 '괴테의 영국 대리인'을 자임했고 독일

이트는 청소년 시절에 쓴 편지에서 이 작품을 종이책으로 인쇄해서 언젠가는 마모되어 사라지게 할 게 아니라 100파운드짜리 주화가 비싸지만 않다면 청동 주화에 새겨야 할 책이라고 극찬했다. 이 작품에서 칼라일은 장 파울Jean Paul 스타일의 유머로 디오게네스 토이펠스드뢰크*라는 독일 교수를 표본 삼아 사변적인 독일인을 조롱하고 있다. '일반 사물학'Science of Things in General 전공 교수인 그는 『의상 철학』이라는 책의 저자이기도 한데, 칼라일은 영역본 번역을 위해 저자에게서 한 권을 증정받았노라고 꾸며낸다. 프로이트는 이 책의 우스꽝스러운 유머가 깊은 지혜를 감추고 있다고 말한다. "어리석음의 다채로운 모습은 이야기의 주인공과 인류의 찢어진 상처를 감추고 있다." 칼라일의 의상 철학은 다음과 같은 전제에서 출발한다. "의상은 인간의 몸과 겉보기 외양을 나타내며, 그 의상의 배후에는 정신적인 것이 수치심 때문에 자신을 감추고 있다."[26]

의상은 벌거벗은 상태의 상징이 되기 전에 꿈의 명시적 형태를 옷으로 가리기 위한 잠재적 꿈 사고의 은유적 수단이다. 꿈의 내용은 한낮의 말짱한 의식에서 벗어나 밤중에 꿈 공장**으로 잠입해서 꿈의 활동을 감시

고전주의 문학과 관념론 철학을 영국에 소개하는 데 가장 중요한 역할을 했다. 장 파울의 스타일을 모방한 소설 『의상 철학』에서 칼라일은 우스꽝스러운 자기 묘사를 의상 철학과 연결하고 있는데, 프로이트는 꿈의 검열을 피하기 위한 위장의 기능을 설명할 때 칼라일의 의상 철학을 참조한다.

* Teufelsdröckh: 독일어로 '악마의 똥'이라는 뜻.

26 1874년 8월 13일 질버슈타인(Eduard Silberstein)에게 보낸 편지. 다음에서 재인용: Ronald W. Clark, *Sigmund Freud*, Frankfurt a. M. 1981, 49 f.

** 프로이트는 꿈이 일정한 원리에 따라 작동한다는 것을 나타내기 위해 '꿈 공장'이라는 표현을 사용했다.

하는 검열관을 위해 만들어진 것이다. 꿈의 내용을 결정하는 것은 잠재적 꿈 사고 자체의 진실이 아니라, 꿈꾼 사람이 기억으로 재구성하는 명시적 꿈을 통한 진실의 왜곡이다. 왜냐하면 꿈의 내용으로 알려져서는 안 되고 따라서 명시적 꿈의 영역으로, 한낮의 밝은 빛 속으로 내보낼 수 없는 것은 꿈의 내용에서 누락되기 때문이다. 꿈은 진실을 말하는 바보이다. 그렇지만 꿈이 말하는 진실은 꿈의 해석이 개입하기 전까지는 진실로 인식되지 않는다. 꿈 활동을 감시하는 검열관은 모든 검열관이 그렇듯이 기능이 제한되어 있다. 반면에 분석가는 감시체계하에 행간을 읽어낼 줄 알고 영악한 기록자와 편집자가 보내는 신호를 감지할 줄 아는 그런 교활함을 독자들과 공유한다. 민심을 읽을 줄 모르는 검열은 그런 신호를 이해하지 못하며, 그렇게 검열의 무력화가 일단 성공하면 검열에 걸리지 않은 신호를 수신했다고 주장할 수 있는 것이다.

꿈의 극단적 수단은 부조리함이다. 따라서 부조리함은 특별히 폭발력이 강하고 위험한 ── 그래서 검열관의 감시망을 그만큼 더 확실히 벗어나야 하는 ── 잠재적 꿈 내용을 나타내는 지표가 된다.

그런 이유에서 꿈은 가장 황당해 보일 때 가장 심오한 속뜻을 감추고 있다. 자고로 어느 시대에나 해야 할 말이 있고 또 할 말을 위험하지 않게 말할 줄 아는 자들은 으레 바보의 가면을 쓰는 것이다.[27]

---

27 *Traumdeutung*, 1979, 363; II/III, 446.

베일로 감추기는 위장이다. 이 위장은 진실이 검열을 피해 위장하고 바보의 가면을 썼음에도 불구하고 마침내는 인식될 수 있는 곳으로 진실을 전달하려는 책략이다. 어쩌면 이 모든 논의는 유럽 철학의 소명을 다하고 자기 인식으로 나아가기 위한 것일 터이다. 꿈의 이러한 메커니즘의 숨겨진 목적은 간과할 수 없다.

그런데 잠재적 꿈 사고를 명시적 꿈 내용으로 변환할 때 위장해야 할 필요성은 아직 완전히 해명되지 않았다. 명시적 꿈 내용은 분석가의 엄호 하에 해석의 안전한 항구에 도달하기 전에 다시 위협적인 억압과 기형화의 위험이 도사리고 있는 일정한 구간을 통과해야 한다. 그 구간은 꿈꾸는 사람 자신이 모든 운명의 종착점에서 기억을 포기하는 순간에 도달할 때까지 자신의 꿈을 기억하고 있는 위험 지대이다. 꿈에서 검열이라 일컫는 것을 언론 용어로는 '부드러운 편집'이라고 한다. 원칙적으로 잠재적 꿈 사고와 명시적 꿈 내용 사이의 관계는 정신생활에서 자의적인 것은 아무것도 없다는 규칙에 따라 꿈을 계속 가공하는 작업으로 반복된다.

분석가가 편집 작업 중 특이하고 위태롭고 징후적인 지점에 접근하기 위한 방법은 꿈을 이야기하는 사람이 자신의 이야기를 계속 반복할 수 있도록 신뢰를 심어주는 것이다. 꿈을 이야기하는 사람은 똑같은 말을 거의 반복하지 않는다. 따라서 분석가는 표현이 바뀌는 부분들을 "꿈의 위장이 취약한 지점"으로 인식하게 되고, 그런 부분들을 — "마치 하겐이 지크프리트의 옷에 수놓은 기호를 해석하듯이"* — 꿈 해석의 실마리로 삼

---

* 중세 영웅서사시 『니벨룽겐의 노래』에서 하겐은 사냥하는 중에 지크프리트의 약점을 찾아

는다. 여기서 꿈의 위장이라는 은유는 똑같이 반복될 뿐 아니라 조금 더 진전된 차원으로 옮아가는데, 바로 이것이 모든 은유학에서 가장 풍부한 단서가 된다. "꿈의 해석을 옹호하려고 애쓰면서 나는 꿈에 옷을 입혀주는 세심함도 깨닫게 되었다."[28]

이처럼 꿈을 위장하려는 노력에 근거하여 꿈의 내용이 감춰지는 방식의 예민함을 추론하는 분석가의 방법론적 책략을 다시 은유적으로 표현하자면, 나중에 정신분석에서 작성한 상징 카탈로그에 나오는 옷을 입은 상태와 벌거벗은 상태의 관계라고 할 수 있다. 다시 말해 옷을 입은 상태의 기능 방식에 근거하여 벌거벗은 상태를 보호할 필요성을 추론할 수 있다. 예컨대 유니폼은 위장의 극단적 획일화를 통해 벌거벗은 몸의 극단적인 개인적 특성을 사라지게 하는 것이다.

프로이트는 꿈이 순순히 자신을 드러내지 않고 저항하는 특성을 발견한 것이 자신의 이론적 성과와 그 진리 가치의 가장 중요한 자산이라 생각했다. 그런 저항적 특성은 그 기능상 잠재적 꿈 내용을 검열하고 꿈꾸는 사람의 기억을 꿈을 보고할 때까지 편집하는 장치와 동일하다. 자신의 동료들에게 정신분석에 대해 가르치다가 부득이하게 오이디푸스 콤플렉스에서 중단할 수밖에 없었던 군의관 이야기는 정신분석 이론에서 중요도의 분포를 가늠하는 가장 확실한 기준이 곧 저항의 강도라는 것을 보여준다. 중심이 되는 것은 성욕이며, 다시 그 핵심은 오이디푸스 콤플렉스

내어 살해한다.
28 420; 519 f.

이다.

프로이트는 그가 폭로한 진실에 직면하여 당대 사회가 얌전을 떠는 위선에 맞설 수 있다고 믿었다. 그런데 놀랍게도 조만간 그 자신이 진실을 완전히 발가벗기기를 회피하고 얌전을 떤다고 비판받을 처지가 될 터였다. 프로이트가 꿈의 베일을 벗긴 결과물은 그 자체의 독자적 논리에 따라 객관적으로 계속 발전해 갔다. 다시 말해 프로이트가 적용했던 방법의 반복은 갈수록 새롭고도 더 깊이 숨겨진 사태에 적용되었던 것이다. 뿐만 아니라 프로이트의 결과물은 주관적으로도 실체화되었는데, 스승을 능가하려는 아류들의 거친 욕심이 그런 사태를 부추겼다. 그저 폭로의 히스테리라고 할 수밖에 없는 그런 사태는 역사적으로 고백의 히스테리에서 유례를 찾아볼 수 있다.

프로이트를 능가하는 증인이 되려는 그런 자들은 뒤를 돌아보면 온통 사기뿐이라고 믿는다. 프로이트의 영향을 받은 여러 세대와 학파들이 계속 교체되는 것은 그런 맥락을 가장 잘 보여주는 범례이다. 이것은 넘쳐나는 연구 문헌들로 입증되고, 교체의 속도가 빨라진다는 것으로도 입증된다. 그러면서 물론 새로운 세대가 사용하는 용어도 고갈되었다. 이제 '사기'라는 말은 드물어졌다. '배반'이라는 표현이 아직은 쓸 만하다고 통용되는 사태는 가히 최근에 보기 드문 정치적 이변이라 할 만하다.

역사의 현상학에서 타당할 법한 하나의 테제는, 사람들은 언제나 뒤를 돌아보며 사기가 판쳤던 세상을 지목한다는 것이다. 나아가서 또 하나의 테제는, 그렇게 뒤를 돌아보는 행위는 이제 더 이상 사기 칠 거리가 없노라고 믿는 자들의 대세 순응주의 속에 장차 드러날 사기의 새로운 형태가 숨어 있다는 사실을 망각하게 한다는 것이다. 가차 없이 베일을 벗기는 태도 역시 언젠가는 흔한 관습이 될 수 있다. 그런 가차 없는 태도는 강한 인상을 남기기 때문이다. 프로이트 전기를 처음으로 집필한 비텔스의 말을 다시 인용하자면 그는 이렇게 전한다. 제1차 세계대전 이후 처음으로 뉘른베르크에서 열린 정신분석가 학회에서 어느 스위스 학자가 일어나서 성욕에 관해 너무 표 나게 떠들어댈 필요는 없다고 발언했다. 그러면 괜히 거부감만 불러일으킬 테니 다른 말로 에둘러서 말해야 훨씬 수월하게 전진할 수 있다는 거였다. 그런데 프로이트는 이런 간섭을 거칠게 물리쳤다고 한다. 자고로 교황들은 양보할 의향이 없을 때만 언제나 강한 인상을 주었다. 비텔스도 그런 식으로 묘사하고 있다. "프로이트가 적나라한 성욕을 그의 신경증 이론의 토대로 고수했던 그 철석같은 일관성이 나는 언제나 몹시 거슬렸다. 프로이트가 이 문제를 조금만 다르게 포장했더라면 얼마나 많은 적대 관계를 모면했을 것인가."[29]

---

29 Wittels, 124.

3

아도르노 이후

우리가 은유를 사용하는 것은 개념적으로 파악할 수 있는 개별 요소들을 능가하는 전체를 파악하기 위함이며, 또한 어떤 상황의 특징을 파악하기 위함이다.

아도르노Theodor Adorno가 세상을 떠난 후 하버마스Jürgen Habermas는 당시 직면한 상황의 특징을 이렇게 표현했다. "아도르노의 천재성이 우리의 방법론적 민낯을 가려주었던 이론적 베일이 떨어져 내린 이후, 우리는 방법론적으로 벌거벗은 상태로 있다."[1]

당시 상황의 분위기와 전반적인 반응을 종합하여 뭐라 꼬집어 말할 수 없는 사태를 담대하게 표현한 이 말은 아도르노 사후의 사태를 특징적으로 표현할 뿐 아니라 이전의 사태까지도 성찰하는 유일무이한 이미지 표상으로 집약된다. 그런데 이런 절묘한 표현으로 인해 어떤 입장의 약점이

---

1 다음에서 재인용: Claus Grossner, *Verfall der Philosophie*, Reinbek 1971, 15, 주 24.

은폐되었다.[2]

2 하버마스의 말에서 '방법론적으로 벌거벗은 상태로 있다'라는 표현은 1970년대에 (68 혁명의 좌절을) 애석해하는 향수 어린 어법으로 등장한— 예컨대 '이념적으로 벌거벗은 상태로 있다'처럼 표현하는— 유행어를 살짝 변형한 것이다. Harald Wieser, *Am Stammtisch der Staatsanbetung*, Kursbuch 56, 1979, 52.

4

반전反轉

　만약 우리가 어떤 사물의 베일을 단호히 벗겨내어 그 핵심 또는 밑바닥까지 파헤치고 마침내 사물 그 자체가 맨몸으로 벌거벗은 상태로, 진실한 모습으로, 사물의 유일한 진실로 우리 앞에 놓이게 된다면, 바로 그런 상태야말로 진실과 벌거벗음의 이루어질 수 있는 유일한 결합일 것이다. 그렇지만 은유를 성적 차원으로 전이시키는 추가적인 가정을 할 때만 그런 상태는 의표를 찌르는 수사학적 효과를 발휘할 수 있다. 예컨대 아르메니아의 풍자 작가 오트얀Jerwand Otjan이 다음 경구를 표현한 스타일이 그런 경우다. "진리는 어째서 그렇게 종종 겁탈당하는가? 왜냐하면 진리는 언제나 벌거벗은 상태로 있기 때문이다." 여기서 낡은 은유는 새로운 은유를 만들어내기 위한 실마리가 되고 있다. 다시 말해 진리가 벌거벗은 여성의 알레고리라고 너무 당연히 전제되고 있다. 그렇지만 우리의 언어 전통에서 진리의 문법적인 성이 여성인 것은 순전히 우연의 소치이고, 진리를 여성으로 간주할 다른 어떤 근거도 없다. 그런데 진리를 더 이상 진리일 수 없게 만드는 진리의 상반되는 운명을 해명하기 위해 그런 전제가 성적인 자극을 유발하는 어법으로 차용된 것이다.

의회에서 노련한 연사는 또 다른 역설적 기술을 통해 수사학적 반전 효과를 달성할 수 있다. 1973년 5월 23일 독일 연방의회 속기록을 보면 당시 프리드리히 경제장관이 야당을 향해 격분해서 "그것은 벌거벗은 비진리입니다!"라고 외쳤다. 이런 말은 반전 효과를 노리기 위해 벌거벗음의 은유와 진리 사이의 본질적 관련성을 해체한 것이다. 이것은 야당의 비난이 비진리 이외의 아무것도 아니라는 것, 일말의 진실성도 없다는 것을 의도한다. 이런 유형의 결합이 예컨대 '벌거벗은 증오' 같은 어법으로 이미 오래전부터 존재했을 거라고 충분히 생각할 수 있다. 그러나 진리와 벌거벗음의 확고한 결합이라는 그 반대 어법의 막강한 힘이 버티고 있기 때문에 미처 그런 생각을 떠올릴 겨를이 없는 것이다.

5

카프카

사람을 가리키는 은유를 찾는 일이 꼭 필요해 보이지는 않는다. 우리는 인간을 정의하려고 수없이 시도해 왔기 때문이다. 가령 '털 없는(벌거벗은) 원숭이'라는 대담한 표현도 일찍이 플라톤이 인간을 '깃털 없는 새'라고 했던 것과 유사한 정의이다. 물론 이런 표현은 은유라기보다는 인간에 대한 정의 자체를 비꼬는 것이다.

그렇지만 어떤 특정 인물을 묘사하고 그 캐릭터를 묘파하려 한다면 사정이 다르다. 카프카의 여자 친구 밀레나는 카프카를 가리키는 절묘한 은유를 찾아냈다. "카프카는 옷을 입은 사람들 사이에서 홀로 벌거벗은 사람 같다."[1]

밀레나는 1924년 6월 6일 카프카를 추모하는 글을 체코어로 발표했는데, 이 글은 카프카에 관한 가장 적확한 글의 하나다. 밀레나에 따르면 카

---

1 막스 브로트(Max Brod)에게 보낸 편지. 막스 브로트, *Franz Kafka*, 280 이하에서 인용.

프카 문학의 주제는 '우리 시대의 세대 간 투쟁'이라 할 수 있는데, 카프카의 작품은 '적나라한 진실'을 보여준다. 카프카의 작품은 상징으로 말할 때도 자연주의적인 것처럼 보인다.[2] 밀레나의 이런 설명은 역설처럼 들리지만 그렇지 않다.

옷을 입은 사람들 사이에서 홀로 벌거벗고 있다는 말은 밀레나가 브로트에게 보낸 편지에서 카프카에 관해 묘사한 이미지 중 섬광처럼 번득이는 한 단면일 뿐이다. 카프카가 추구하는 진실함은 삶에서 그를 완전히 무방비 상태로 만든다는 것이다. 여기서 말하는 벌거벗은 상태란 그 어떤 종류의 집도 고향도 피난처도 없다는 것, 낯선 삶의 조건에 무방비로 노출되어 있다는 느낌을 가리킨다.

확실히 어떤 상황인가 하면, 우리는 모두 겉보기에는 살아갈 능력이 있는 것처럼 보인다. 왜냐하면 우리는 어차피 거짓으로 도피하고, 맹목성, 열광, 낙관주의, 신념, 염세주의 또는 그 밖의 어떤 것으로 도피하기 때문이다. 그렇지만 카프카는 그를 지켜주는 진짜 피난처로 도피한 적이 없다. 그런 곳을 찾지 못했다. 그는 취하도록 마실 능력이 없는 것과 마찬가지로 거짓말할 능력도 전혀 없다. 그는 최소한의 피난처도 없고, 편히 쉴 집도 없다. 그런 까닭에 그는 자신을 방어해야 할 모든 위협에 노출되어 있다.[3]

2 Buber-Neumann, *Milena*, 81~83.
3 M. Brod, *Franz Kafka*, Berlin ³1954, 280 ff.; Buber-Neumann: *Milena*, 76.

밀레나는 오로지 모든 것을 다 비워버린 삶만이 카프카에게 삶을 견딜 수 있게 도움이 되었을 거라고 말한다. 밀레나는 투병 중인 카프카를 보면서 이 글을 썼다. 카프카는 사는 것이 불안했기 때문에 건강을 회복할 수 없었다. 이 불안이 밀레나로 하여금 벌거벗은 상태라는 은유를 사용하게 했다. 그 불안은 옷을 입은 다른 사람들 사이에서 오로지 혼자만 벌거벗고 있다는 수치심으로 바뀌었다. 그는 벌거벗은 상태를 수치심 때문에 견딜 수 없지만, 그런데도 벌거벗은 상태로 있다. 육체를 견딜 수 없다는 것이 카프카가 앓은 병의 핵심이다. "그 불안은 자기 자신에게만 해당되는 것이 아니라 수치심을 모르고 살아가는 모든 것에, 이를테면 육체에도 해당된다. 육체는 너무 발가벗겨져 있고, 그는 그런 모습을 보는 것을 견딜 수 없다."[4] 카프카 소설에 대한 그 어떤 심오한 해석도 카프카의 상상 세계에서 이 세상에서 육신을 가누며 산다는 것이 얼마나 낯설게 느껴지는가를 이보다 더 적절하게 표현하지는 못할 것이다. 폐결핵이라 진단되기 전 당시까지만 해도 그저 소모성 질환이라 여겨졌던 카프카의 병은 육체의 자기부정이었다. 벌거벗은 사람은 육체를 견딜 수 없는 것이다.

카프카가 육체를 견딜 수 없는 것은 육체가 이 세상에 속하기 때문이다. 그리고 이 세상은 기만이기 때문이다. 물론 그 기만은 그저 그럴 거라는 혐의일 뿐이지만, 그러나 결국 비진리로 귀결되는 모든 의구심 중에서도 가장 괴로운 것이다. 카프카는 데카르트와 더불어 시작된 한 시대의 반대편 끝에 서 있다. 그 반대편 끝에 도사리고 있는 악령genius malignus

---

4 Brod, 285; Buber-Neumann, 79.

은 이제 더 이상 방법론의 극단적 가설이 아니라 삶 자체에 내재하는 악령이 되었다.* 물론 이미 라이프니츠Gottfried Wilhelm Leibniz가 밝혔듯이, 이것이 최악의 시나리오는 아닐 것이다.** 기만의 가면을 벗기는 것을 기만 자체를 견딜 수 없는 것처럼 두려워할 필요는 없을 것이다. 세상이 있는 그대로 우리에게 실상을 드러낸다면 과연 어떻게 될 것인가? 그러면 (세상의 실상이 너무 끔찍해서 — 옮긴이) 차라리 우리가 기만당했다는 것이 오히려 가장 순수한 은총이자 궁휼로 보일까? 어차피 확인할 수 없는 진리를 이의 제기의 핑계로 내세우는 이런 주장을 그 어떤 인식론도 따질 필요가 없을 것이다. 이런 불안은 몸으로, 자신의 몸으로 직접 겪어봐야 한다. 그래야 이 불안을 진지하게 받아들일 수 있다. 카프카가 말한 '진실성'Wahrhaftigkeit, veracitas은 기만이 횡행하는 세상에 저항하는 실존의 형식이다. 세상은 "거대한 원천적 기만이며 유혹의 수단이다."⁵ 세상을 그럭저럭 견딜 수 있는 것은 — 세상에서 겪는 고통과 마찬가지로 — 세상이 기만이기 때문이다. "언젠가 기만이 근절된다면 너는 세상을 차마 눈 뜨고 보지 못할 것이며, 그럼에도 세상을 본다면 소금 기둥이 되고 말 것이

• 여기서 말하는 '악령'은 데카르트의 인식론에 등장하는 가설이다. 데카르트는 우리가 지각하는 외부 세계가 실재하는 것이 아니라 악령이 우리를 조종하여 마치 실제로 존재하는 것처럼 보이게 만드는 착각일 수도 있다고 가정한다. 데카르트는 엄밀한 인식이 이러한 착각의 가능성을 완전히 배제해야 한다는 취지로 이런 가설을 상정했다.
•• 라이프니츠는 악령이 우리의 현실 인식을 조종한다는 가설에 대해 그 가설은 우리가 경험하는 세계가 아닌 다른 세계는 허구라는 부당한 전제에서 출발한다고 비판했다. 이 책의 7장 142쪽 참조.
5 Kafka, 아포리즘 99.

다."[6] 카프카는 자기 자신에게도 이렇게 말했을까?

카프카가 세상에 대해 기다리는 태도를 취해야 한다고 다짐하는 말은 곧잘 인용된다. 그것은 진리를 위해 자신을 바쳐야 한다는 집요한 요구와, 세상의 기만적 속성은 그 자체의 논리에 따라 작동한다는 사태를 인정하고 종말론적 입장에서 유보하고 주저하는 태도 사이에서 중간적 입장을 취하는 삶의 규칙 같은 것이다. 그런 세상의 기만이 진실함의 요구 앞에 항복한다는 것은 그 기만이 무한히 팽창하는 것만큼이나 확실하다. 그런 중간적 삶의 규칙은 우리를 기다리게 만든다. 그리고 그런 기다림을 받아들이고 동의하는 삶의 규칙으로서만 그 기만이 굴복할 수 있는 기회가 우리에게 열려 있다. 그것은 마치 초기 기독교에서 "주여, 강림하소서!"라고 애타게 소망했던 것과 흡사하다. 그러나 그런 소망은 종말 시간의 도래를 방해했을 것이다. 왜냐하면 그렇게 깨어 있는 상태에서는 주님이 마지막에는 '밤중에 도둑처럼'• 올 수 있다는 궁극적 사태를 내다보지 못하기 때문이다. 구조적으로 보면 이것은 언제나 동일한 모순이다. 오로지 스스로만 도래할 수 있고 모습을 드러낼 수 있는 존재는 그 존재를 속단하고 약화시키고 굴복시켜 그 도래의 시간을 앞당기려는 모든 제의적 획책에 맞서 문자 그대로 자신을 지키기 때문이다. 그렇긴 하지만 게으르게 마냥 기다리기만 하는 무심함 역시 우리가 마냥 기다릴 수만은 없는 진리를 무시하는 태도일 것이다. 우리가 기대할 수도 없고 마냥 끌려갈

---

6 아포리즘 106.
• 데살로니가 전서 5장 2절: "주의 날이 밤에 도둑같이 이를 줄을 너희 자신이 자세히 알기 때문이라."

수도 없는 그 무엇을 견딜 수 없다는 것 ― 바로 이것이 이 세상에 대해 찢어질 만큼 치명적인 긴장된 입장을 취하는 사람의 근본 정서이다. 그리고 벌거벗은 몸은 바로 그런 정서를 나타내는 은유이다.

집에 머물러 있으라는 충고, 집 밖으로 나올 필요가 없으니 나오지 말라는 충고 ― 바로 이것이 카프카 자신이 온몸으로 고통스럽게 겪고서 현대를 향해 물려준 유증遺贈이다. 현대는 그 반대의 상황에 처해 있다. 집 밖으로 걸어 나오는 것, 그것은 자기 노출의 첫걸음이다. 옷을 벗기고, 양파 껍질처럼 벗겨내고, 피부마저 벗겨내는 첫걸음이다. 자신이 남들의 시선에 노출되어 있다는 사실을 고통스럽게 자각한 카프카는 불과 몇 줄로 우리 시대를 향해 위대한 조언을, 가장 위대한 조언을 해준다. "너는 집 밖으로 나갈 필요가 없다. 네 식탁을 지키고 귀를 기울여라. 아니, 귀를 기울이지도 말고, 그저 기다려라." 기만적인 세상에 대해 그 중요성을 인정하는 어떤 행위도 하지 않는 것 ― 그런 행위는 카프카에게 마치 "여성이 침대로 들어오라고 유혹하는 눈길"과 진배없다. ― 그것이 곧 이 에로틱한 과정의 서막을 열어준다. 그 에로틱한 과정은, 세상이 그런 무관심을 견디지 못하며, 무관심을 견디느니 차라리 무릎을 꿇고 굴복한다는 데 그 근거가 있어 보인다. 그렇게 굴복한 상태에서 세상은 자신을 감싼 베일을 벗겨달라고 자신을 내맡기는 것이다. "기다릴 필요도 없다. 그저 잠자코 홀로 있어라. 세상이 너에게 베일을 벗겨달라고 몸을 내밀 것이다. 세상은 그렇게 하지 않고는 못 배길 것이며, 네 앞에서 황홀해서 어쩔 줄 몰라 몸을 비비 틀 것이다."[7]

----

7 아포리즘 109.

6

진실의 벌거벗음
그리고 양의 탈을 쓴 늑대

이누이트는 부싯돌처럼 불을 피울 때 쓰는 나무에 물결 모양의 선을 새겨서 점화를 도와주는 마술적 부적으로 삼는다. 카프카는 이 사실을 알고서 일종의 '원시적인 마술'의 사례로 이용한다. 그는 이 그림을 스케치로 그려서 그를 찾아온 야누흐Gustav Janouch에게 설명했다. 카프카는 그저 호기심이 지나친 방문객의 태도를 바로잡으려고 짐짓 신비화해서 말했을 것이다. 야누흐는 책상에만 붙박여 있는 프로메테우스 격인 카프카가 지루함과 짜증을 달래려고 그린 그림을 너무 집요하게 설명해 달라고 졸랐던 것이다. 노동자 산업재해 보험공사 관리였던 카프카는 언제나 정중했는데, 그런 그가 방문객의 태도를 바로잡으려는 의도로 그리긴 했지만, 그 말을 실마리로 카프카의 연상은 계속 발전했다. 원래 연상이라는 것이 그렇듯이, 그의 연상은 심심풀이로 시작해서 본질적인 핵심으로 나아갔다.

연상의 첫째 단계: 이누이트는 마술에 성공했다. 나무를 문질러서 불

을 피운 것이다. 그렇지만 카프카는 성공하지 못했다. 그의 작품에 나오는 인물들은 "점화되지 않는다." 둘째 단계: 방문객은 어떻든 자신이 이누이트는 아니라는 사실에서 위안을 얻는다. 셋째 단계: 그건 맞는 말이지만 아무런 도움이 되지 않는다. 방문객은 다른 모든 사람들과 마찬가지로 "지독하게 추운 세상"에 살고 있으니까. 그렇다면 이누이트가 아니라는 사실은 단점이 되기 때문이다. 이누이트의 생존수단을 갖고 있지 않고, 키도 너무 크고, 이런 사실은 예컨대 모피 옷을 갖고 있지 않다는 뜻이다. 이런 말은 극단적인 은유로 파악할 수도 있지만, 문자 그대로 받아들일 수도 있다. 다시 말해 "우리 모두는 이누이트와 비교하면 벌거벗은 상태이다." 넷째 단계: '모두'가 벌거벗은 상태라는 말은 철회해야 한다. 따지고 보면 어떤 사람들은 형편이 좋고, 따라서 그들에겐 이 은유가 어울리지 않는다. 그들은 우화에 나오는 인물들이다. "오늘날 가장 따뜻하게 옷을 입은 존재는 양의 탈을 쓴 늑대입니다. 그들은 잘 지냅니다. 그들은 제대로 된 옷을 입었지요."[1]

여기에다 도덕성 문제까지 추가하면 다섯째 단계 연상도 가능하다. 즉 카프카와 야누흐는 양의 탈을 쓴 늑대가 되느니 차라리 얼어 죽는 길을 택하겠노라고 의견이 일치하는 것이다. "우리는 우리 자신의 모피든 빌린 모피든 원하지 않습니다. 모피를 뒤집어쓰느니 차라리 얼음 사막이 더 편안하지요." 야누흐가 대화 분위기를 강조한 대목을 보면, 카프카가 이렇게 말하면서 그의 시선은 중앙난방 온열기를 향하고 있었다고 한다. 온

---

1 야누흐: 『카프카와의 대화』, 1968, 61.

열기의 길쭉한 스팀 장치에서 뜨거운 증기가 나오고 있었다. 어떻든 은유의 차원에서 양의 탈을 쓴 늑대가 되느니 차라리 얼어 죽겠다고 철회하는 데 성공했다. 그렇지만 난방장치가 있는 안락한 방에서는 그런 말을 진지하게 받아들이기 어렵다.

양의 탈을 쓴 늑대의 우화는 복잡한 연상 과정을 거쳐 다양하게 변주될 수 있다. 예컨대 마술은 실패하고 도덕은 승리하는 선택지를 조합하여 다양한 시나리오를 만들어낼 수 있을 것이다. 또한 추위를 감당할 수 있는 체력 시험은 면제한다는 조건도 덧붙일 수 있을 것이다. 늑대는 위장을 위해 양의 탈을 쓴다. 그렇지만 늑대가 버티기 힘들 만큼 너무 추운 세계에서는 양 모피가 몸을 따뜻하게 해준다는 부차적인 효과가 오히려 더 중요하게 부각될 수도 있다. 양의 탈로 위장한 상태는 먹잇감만 제공하지 않고 그 이전에 편안함도 보장해 준다. 진실은 벌거벗은 상태이고, 벌거벗게 만든다. 오직 일종의 관료주의적 술수를 통해서만 인공적으로 장착된 편안함이 존속할 수 있다. 그런 편안함은 적어도 단명한 카프카의 삶에서 벌거벗은 존재인 그에게 허용되었던 것이다. 야누흐가 계속된 연상의 끝에 도달한 것도 그런 편안함이다. "우리는 함께 웃었다. 카프카 박사는 나의 몰이해를 눈치챘다는 표정을 감추기 위해, 그리고 나는 그의 호의를 너무나 당연한 것처럼 받아들이기 위해."[2]

---

2 같은 책, 62.

피에르 벨

학문의 발전을 통해 진실에 새롭게 접근할 가능성이 열리는 것처럼 보이는 정도에 비례하여 인간이 과연 어디까지 진실을 감당할 수 있는가 하는 우려도 커진다. 이런 우려는 우선 중세의 사고가 근대로 넘어온 현상이라고 보아도 무방하다. 그 중세적 사고를 다소 인간 친화적으로 표현하자면, 삼라만상에 관한 완벽한 진리는 삼라만상을 창조한 조물주만 알고 있다는 것이다. 따라서 인간의 호기심은 피조물의 한계를 넘어설 정도에 이르면 진리의 은폐성과 접근의 어려움이 곧 탐구 대상의 자연스러운 속성이라는 사실을 깨닫게 된다. 그렇기는 하나 우리가 감히 알 수 없는 존엄한 존재의 영역을 침범한다는 생각부터 하지 말고 인간이 과연 그런 진리를 감당할 수 있는가 하는 문제를 인간이 행복을 추구한다는 관점에서 생각해 보자. 이런 생각이 완벽한 진리는 조물주만 알고 있다는 기본 생각을 단지 표면적으로 변형한 것만은 아니다. 물론 인간은 본래 세상의 진리에 동참하기 위해 이 세상에 거주한다고 생각하겠지만, 어쩌면 그것은 인간이 비근하게 접근할 수 있는 어떤 합목적성이 통용되는 영역에서만 가능할 것이다. 인간이 다름 아니라 인간의 자연스러운 인식능력과 수단으로는 진리에 접근할 수 없고 심지어 영원히 접근할 수 없다는 의구심으로 인해 행복을 침해당할 수도 있다고 과연 생각이나 할 수 있을까? 더구나 인간이 생각할 수 있는 모든 인식의 대부분을 누리지 못한다고 생각할 수 있을까? 인간이 세상의 중심이라고 상상하던 시절에만 해도 한편으로 그 중심적 위치에서 자신이 선호하는 관찰자의 자리를 차지하는 것은 지당히 여겨졌다. 다른 한편으로 그런 생각의 귀결로, 그런 중심적 위치와 인간의 인식능력이 도달할 수 있는 범위 바깥에는 본질적인 것과 중요한 것은 존재하지 않는다고 생각했다. 천문학과 자연과학이 모두 눈으로 관찰할 수 있는 대상을 인식의 기본 원리로 삼았던 것은 세계 전체가 합목적성에 따라 운행하고 인간이 바로 그런 세계의 우월한 부분이고 참여자라는 가정의 자연스러운 표현이었다. 그런데 유기체의 인식 가능성을 강화해 주는 새로운 과학 기기를 통해 관찰 가능성이라는 척도가 무너지자 그 척도에서 추론한 결론들 역시 기반을 잃게 되었다. 이제 세계는 가장 넓은 의미에서 인간이 진리를 소유하고 행복해질 수 있도록 창조되었다고 볼 수 없게 되었다. 오히려 부정적인 시각이 더 첨예해졌다. 세상이 창조된 이유는 정반대로 보였다. 인간은 속수무책으로 행복을 잃고 세상에 내던져진 존재로 보이고, 세상의 진리와 아름다움을 공유할 수 없는 운명을 그만큼 더 빨리 더 철저하게 상기시키는 존재가 되었다. 진리는 질병 같은 것이거나 또는 어린아이에게 허용해서는 안 되는 어떤 것일 수도 있다는 추측 내지 혐의는 인간 정신의 소명이 진리와는 전혀 무관하다는 생각, 그래서 진리라는 것이 세상에서 너무 쉽게 혹은 성가시게 발견되는 것이라는 생각조차 가능하게 한다.

벨Pierre Bayle의 방대한 『역사적·비판적 사전』은 그 서술 항목들의 적용 사례를 보면 자연뿐 아니라 역사 또한 인간에게 본질적인 진리, 특히 인간 자신에 관한 진리를 인간이 깨우칠 수 있도록 돌아가지 않는다는 것을 입증하고 있다. 우주의 무한한 공간이 인간에게 자연의 대상들에 대한 접근을 허용하지 않듯이, 역사의 시간적 거리 또한 과거의 사건과 상황을 인식하려는 관찰자의 시각을 왜곡하고 방해하며, 인식의 극복할 수 없는 제약이 된다. 그런데 역사의 인식 과정에서는 더 심각한 일이 벌어진다. 다시 말해 시간을 건너뛰어 보존되었다고 믿는 사실들의 전달자인 인간 자신이 데카르트가 실험적 개념으로 도입한— 인간이 꿰뚫어 보지 못하게 세상을 현혹하는— '악령'보다도 오히려 더 나쁜 악역을 한다는 것이 이제 밝혀진 것이다. 전통을 창조하고 보존하는 역사적 존재인 인간은 자신과 무관한 인식을 얻기 위해 노력을 허비하지 않고 너무나 집요하게 자기기만과 자족감의 전제 조건들을 손에 넣으려고 애쓰며, 바로 그렇기 때문에 그만큼 더 치명적인 재앙을 초래한다. 과거의 역사에서 역사적 과오와 혼란에 정당성을 부여하는 구실을 찾아내기 때문에 과오와 혼란을 그만큼 더 부추기는 것이다. 물론 이런 작태를 막을 수단이 있긴 하다. 이 수단은 아득한 역사적 시간 격차를 투시해서 볼 수 있게 하지는 못하지만, 적어도 무방비로 현혹당하지 않게 막을 수는 있다. 그 처방은 바로 '비판'이다.

비판이 추구하는 진리는 새로운 유형의 것이었다. 그 핵심적 특징은 부정적 판단이 압도적이라는 것이었다. 어떤 대상이 이러이러하게 전승되어 왔지만, 그랬을 리는 없다는 식의 부정적 판단이다. 물론 그런 회의적 태도를 통해 그렇다면 과연 실상은 어떠했는가를 판단할 전망이 제시되지는 않았다. 계몽주의가 추구한 진리의 대부분은 이런 유형의 것이었다. 계몽주의는 모든 편견을 제거하려는 데카르트의 규칙을 계승했지만, 적어도 인간 역사를 놓고 볼 때 그렇게 해서 더 공고한 인식에 도달할 수 있다는 약속은 충족되지 않았다. 근대 초기의 역사적 맥락에서 진리의 유익함에 관한 문제는 철학과 수사학의 오랜 분열로부터 나타났다. 그런 분열된 입장에서는 모든 인간적 행동 규범이 진리와는 무관하다고 보거나, 진리의 유익함보다는 진리에 접근하는 문제에 초점을 맞추어 진리의 전달을 매개할 특별한 필요성을 제기했다.

데카르트 이후의 수많은 문제 제기가 그러하듯, 근대 초기의 문제 제기는 인간이 과연 어느 정도나 자신에게 진실하게 보이는 세계를, 진리를 담보할 수 있는 그런 세계를 요구할 수 있는가 하는 문제에 초점을 맞춘다. 나는 라이프니츠가 우리의 인식과 일치하는 세계의 존재는 증명할 수 없다고 한 것을 상기시키고 싶다. 가령 거짓말을 하는 신이나 삶 자체와 동일한 꿈을 떠올려보면 그 점은 분명하다. 라이프니츠가 보기에 인간이 경험한 세계의 실재에 관한 데카르트식 증명은 그 경험적 실재가 아닌 다른 모든 것은 기만이라는 부당한 전제에서 출발하고 있다. 그런 전제에 대해 라이프니츠는 이렇게 반박한다. 꿈의 세계에서 깨어나 자신의 꿈이 비현실적 몽상이었다는 것을 돌아보는 자만이 기만당하는 거라고. 앞뒤가 맞는 경험의 완벽한 일관성을 가지고 살아갈 필요가 없는 자만이 기만당하는 거라고. 그렇지만 꿈도, 우리의 감각기관에 대한 허구적인 자극도, 우리를 전혀 실망시키지 않을 정도로 완전한 것일 수 있다. 만약 그렇다면 진실이, 다시 말해 꿈에서 깨어난 상태와 기만을 들춰낸 상태가, 오히려 본래 견딜 수 없는 것이 될 것이다. 그런 진실은 삶과 삶의 내용이 허망하다는 것을 들춰내기 때문이다. 이것은 또한 진실의 해로움에 대한 극단적인 가정이다. 그것은 세계에 대한 모든 가능한 경험과 실제적 경험을 절대적으로 부정하는 것이다.

그런데 다른 가능성은 없을까? 만약 아무것도 존재하지 않는다거나 우리의 의식 내용과는 너무나 동떨어진 다른 종류의 세계만이 존재하며 모든 인식은 상상에 기인한다는 것을 경험하고 깨닫지 못하도록 신이 우리에게 그런 인식을 면제해 준다면 그런 신은 매우 호의적인 신일 것이다. 데카르트는 신의 완전성과 진실성이라는 개념에 의거하여 추론하기를, 인간은 세계에 관한 인식의 전체와 본질적인 부분에서 결코 기만당하지 않을 거라고, 혹은 달리 표현하면 인식은 무조건 가능하다고 말한다. 데카르트는 이것을 체계적으로 전제하고 있다. 그러나 신이 완전하고 호의적이기 때문에 오히려 인간에게 삶의 조건과 세계의 상태 혹은 세계의 부재에 관해 알지 못하도록 요구하고 미리 그렇게 예정해 놓았을 수도 있다. 다시 말해 벌거벗은 진리를 인간이 알지 못하게 베일로 감추는 것이 오히려 신의 자비일 수 있는 것이다. 만약 그렇다면 우리가 생각하는 경험이라는 것은 우리에게 최악의 상태는 면해주면서도 영혼의 구제라는 목표에는 도달할 수 있게 해주는 신적인 수사학 비슷한 것일 터이다. 그 목표에 도달하는 것은 신학적인 가설에 따르면 어떻든 자연에 관한 인식이나 그 인식에서 추론한 결과들에 좌우되지 않고 좌우될 수도 없는 것이다. 인간 존재의 절대적 위대함을 상정하는 것보다 오히려 불확실한 인식 개념이 영혼의 구제를 가능하게 해준다. 의혹이 쌓이기 때문에 오히려 영혼의 구제에 더 집중하게 되는 것이다.

벨은 『역사적·비판적 사전』의 '리미니'Rimini라는 항목에서 앞에서 언급한 문제를 다루고 있다. 벨은 구약성경의 전거에 따르면 인간을 현혹하는 것이 신의 완전함과 상충하지 않는다는 점을 상기시킨다. 예컨대 신이 파라오를 현혹한 것이 그런 경우이다. 또한 선지자들의 예에서 보듯이 인간에게 그릇된 말을 하도록 고무하는 것도 신의 완전함과 어긋나지 않는다. 어떻든 신이 인간을 배려하는 수단으로서 비진리를 이용할 가능성을 완전히 배제할 수는 없다. 하지만 이 방향으로 나아가는 한 걸음 한 걸음도 위태롭다. 이러한 신은 과연 모든 인간을 파라오를 대하듯 대해줄까? 혹시 의사가 환자를 대하듯이, 아버지가 어린 자녀들을 대하듯이 하지는 않을까? 그런데 사람들은 영악해서 자신의 이득을 위해 환자나 어린 자녀들을 속이려 하지만, 바로 그래서 오히려 속일 수 없게 된다. "이들은 흔히 영악하게 자신의 이익을 위해 속인다."[1] 그렇지만 의사와 환자의 관계에 대한 비유는 문제가 있다. 왜냐하면 여기서 중요한 것은 단지 사람들이 도움을 필요로 한다는 것만은 아니기 때문이다. 만약 그렇다면 도움이 필요한 근본적 원인과 질병에 대해 책임을 져야 하는 창조주에겐

---

1 P. Bayle, *Dictionaire historique et critique*, 2. ed., Rotterdam 1702, III, 2581; 독역본: *Historisches und Critisches Wörterbuch*. Komm. v. Gottsched, Leipzig 1744, IV, 58.

인간이 부담스러운 존재일 것이기 때문이다. 그런 생각은 모름지기 진리가 인간 행복의 요구와 조건에 부응할 필요는 없을 뿐 아니라 인간의 요구를 충족하는 데 방해가 된다는 전통적 사고와 떼어놓고 생각하기 힘들다. 그런 전통적 사고에서 진리는 인간에게 낯선 것이고, 신화적으로 표현하자면 오로지 신에게만 귀속되는 것이기 때문이다. 이 모든 사정을 고려하면 결국 진리가 벌거벗은 상태로 보이지 않게 하는 것이 지혜일 것이다. 왜냐하면 적어도 인간이 진리와 대면할 때 과연 진리를 감당할 수 있을지 의문이기 때문이다. "신이 진리를 완전히 벌거벗은 모습으로 우리에게 보여준다면 과연 우리는 그런 진리를 바라볼 수 있을 만큼 강인할까?"[2] 이 질문은 진리의 힘에 관해 묻는 것이 아니라 인간들의, 진리와 대면할 수 있는 힘에 관해 묻는 것이다.

벨은 데카르트의 『방법론 서설』에 대해 이의를 제기하는 한 대목을 인용한다. "만약 신이 절대적 진리라면, 정신적 투쟁을 감당할 수 있는 진리의 눈을 과연 누가 우리에게 보여줄 수 있을 것인가?"[3] 이것은 인간을 위해 인간에게 인간의 능력을 묻는 계몽 차원의 문제 제기가 아니라 인식론의 근본 문제이다. 즉 데카르트가 생각하듯이 인간 삶의 확실한 완수를 위해 유일무이한 조건이 되는 그런 인식이 과연 존재하는가? 데카르트와 달리 벨은 오히려 벌거벗은 진리가 인간의 역사에서 고통스러운 상실을 초래할 위태로운 절개부라고 보았다. 그리고 계몽주의가 진리를 과연

---

2 같은 곳.
3 같은 곳.

감당할 수 있는가 하는 문제로 떠안아야 할 과제도 바로 이런 유형의 것이다.

8

파스칼과 초기 계몽주의

베일 벗기기는 그 전제가 되는 베일 씌우기의 정도에 따라 상대적이다. 베일을 벗기는 자들이 베일을 씌운 자들의 의도를 늘 따지는 것도 아니다. 그렇지만 뭔가가 은폐될 필요가 있었다가 이젠 완전히 들춰내야 할 근거가 무엇인지는 따진다. 그러나 예외도 있는데, 가령 — 존재를 감추는 가상, 실재를 감추는 위장을 뜻하는 — 베일로 감추는 것을 표 나게 주장하고 가상의 '이론'으로 정당화하는 경우가 그렇다. 그런 가상 이론은 가상을 우발적 사태에 직면했을 때의 당혹감의 표현이라고 설명하는데, 그런 사태는 결코 있는 그대로 표현되어서는 안 되고 이러이러하게 제시되어야 한다는 것이다.

파스칼Blaise Pascal에 대한 계몽주의의 관계는 단지 사도 바울의 모습을 한 기독교 옹호자인 파스칼이 기독교를 합리주의적 관점에서 옹호하려 했던 것에 대한 비판적 대결만을 뜻하지는 않는다. 계몽주의자는 자연과 인간에 관한 진리를 최종적으로 밝혀내려 할 때도 파스칼과 대결하지 않을 수 없다. 왜냐하면 파스칼은 그런 진리가 베일로 위장된 것임을 익히 알고 있었고, 심지어 그런 위장을 이용했으며, 그런 위장이 — 역설적으로 표현하자면 — 오직 신학적으로만 설명할 수 있는 상황에 처한 인간의 적나라한 필연성이라고 옹호했기 때문이다.

파스칼에게 인간의 벌거벗은 상태는 원죄의 타락 이후 드러난 당혹감이며, 그로 인해 어떤 형태로든 벌거벗은 상태를 옷으로 가려야 할 필요성은 필연적인 것인 동시에 자의적인 것이기도 하다. 이제 어떤 이유에서든 간에 인간이 자신을 있는 그대로 드러낼 수 없다면 인간이 자신을 감추는 모든 형식은 우연적이고, 논박될 수 있고, 근거가 없고, 다른 형식으로 교체될 수 있다. 실제로 옷을 입는다는 것 자체는 그 옷의 위장 기능에 비하면 부차적인 것이다. 설령 위장 기능이 셸러Max Scheler가 주장한 대로 수치심을 나타내는 은유라 할지라도 마찬가지다.[1] 이러한 사태는 실제로 옷을 입은 형식은 형식에 구애받지 않고 선택할 여지를 열어둔다는 잘못된 주장, 그리고 옷의 선택이 우연적이므로 옷을 벗는 것은 합리적이고 지극히 자연스러운 귀결이라는 잘못된 주장을 가능하게 한다. 이것은 근본적인 역사적 중요성을 갖는 문제이므로 사회 질서 및 정치 질서와 관련되어 있다. 다시 말해 만약 그 어떤 질서도 합리적으로 온전히 방어될 수 없고 인간적 필요의 결과라고 설명될 수 없다면 아나키즘으로 통하는 출구가 열리는 것은 당연하고, 무질서가 곧 사람들이 선호하는 상태가 되는 것이다.

---

1 M. Scheler, *Über Scham und Schamgefühl*, in: GW, Bd. 10, Bonn 1957, 86 f., 114.

하지만 만약 무질서를 질서 해체의 최종적 상태로 철저히 경험하고 따라서 질서의 우발적 강제성에 대한 경험이 요원하다면 역사적으로 그런 아나키즘적 해결책이 선택될 가능성은 특히 희박하다. 이것은 파스칼의 시대에도 적용된다. 당시 프랑스는 100년 동안 국가 재정과 기강에 심각한 손실을 입고 국가 운영의 제도와 법이 극도로 무력화된 상태에서 극심한 혼란으로 해체되기 직전의 상황에 직면하여 새로운 체제를 — 파스칼의 말을 빌리면 '새로운 질서'를 — 모색하고자 분투하고 있었다. 이를 위해 '정직한 인간'honnête homme 같은 유형의 모범적 인간형을 수립하는 것도 과제의 하나였다. 정치인으로는 앙리 4세, 지성인과 성직자로는 살레시오Francis de Sales *를 모범적 인간형으로 앞세운 이 사업은 "정치적 행위와 정신적 엘리트의 자세와 믿음의 방향을 부단히 통일할 것"[2]을 추구했다. 이 사업은 쇄신되어야 할 삶의 형식이 쇄신된 내적 정신 상태의 직접적인 결과로서 그 상태를 그대로 나타내줄 거라고 믿어 의심치 않았다. "여기서 윤리학과 미학은 완전한 합일을 추구했다."[3] 정신과 형식의 그러한 통일, 정신적 확고함의 외적 표현을 권위와 동일시한 그런 입장은 바로 파스칼이 비판적 의심의 표적으로 삼았던 뜨거운 쟁점이었다. 달리 표현하면, 그것은 파스칼에게 인간의 정신적 자구책을 어떻게 해석할 것인가 하는 문제였다. 인간은 벌거벗은 존재이다. 하지만 그것이

---

* 제네바의 주교이자 로마가톨릭교회의 성인.
2 Carl J. Burckhardt, Der Honnête Homme. Das Eiliteproblem im siebzehnten Jahrhundert. In: Burckhardt, *Gestalten und Mächte*, Zürich 1947, 6.
3 같은 책, 80.

인간에 관한 진실의 전부는 아니다. 인간에 관한 진실은, 본질적인 것에 대한 일체의 요구에 저항하는 위장술로 자신을 감추는 가상이 없다면 인간은 파멸한다는 것이다.

파스칼은 농담 삼아 이런 생각을 해보자고 제안한다. "세상에는 일단 신과 자연의 모든 법칙을 거부하고 그런 후에 스스로 법칙을 만들어서 힘들게 그 법칙을 따르는 사람들이 있다. 예컨대 무함마드의 병정들, 도둑들, 이교도들이 그러하다. 그런데 논리학자들 역시 그런 부류이다."[4] 파스칼은 여기서 인간에게 합당한 근원적인 질서, 신과 자연의 법칙을 무시하고 무분별한 규칙과 제도를 만들어내어 그것으로 자신을 구속하는 사람들이 처한 상황의 전형적 사례를 들고 있다. 그런 규칙과 제도는 오직 강압적으로만 관철할 수 있지만 생존을 위해 필요한 것이기도 하다. 근원적인 법칙에서 벗어나는 것이 자유를 제공하긴 하나, 법칙 일반으로부터 벗어날 자유를 제공하지는 않는다. 그런 사람은 자신이 부과한 법칙에 무조건 복종해야 한다. 그것은 마치 우리가 모르는 문화권의 어떤 복잡한 의식儀式에서 부족의 모든 구성원들이 함께 애써서 행하는 모습을 바라보는 것이 현자賢者에게 즐거움을 선사하는 것과 같다. 이것은 일단 도덕철학의 일환이다. 멀리 오리엔트 지방에 다른 법을 따르는 예언자의 병사들이 있다면, 이곳 파리에는 포르루아얄Port-Royal 수도원*의 완고한 논리학자들이 있는 것이다. 계산과 계산 가능한 합목적성을 선호하는 논리학자

---

4 Pensées, Br. 393; *Gedanken*, 108.
● 1638년부터 1704년까지 파리 서쪽 교외에 있었던 수도원 겸 교육기관으로 장세니슴 (Jansénism)의 중심이 되었고, 이곳의 교사들은 언어학과 논리학 연구로 특히 주목받았다.

에겐 잃어버린 낙원도 양적 기준으로는 이상적으로 보일 것이다. 지켜야 할 단 하나의 율법만 있다면 ── 그 율법이 붕괴된 이후에는 무수한 율법들이 무너지는 것이다.

『팡세』의 다른 대목에서 파스칼은 키케로의 의무론을 끌어들이는데, 키케로는 인간적 질서가 결함투성이인 근거를 회의주의적 입장에 따라 인식능력의 불충분함에서 찾았다. 그에 따르면 우리는 '올바른 법'verum ius에 관해 '확고하고 명시적인 상像'solida et expressa effigies을 확보할 수 없다. 왜냐하면 '올바른 법'은 그 동일성이 초월적인 것이어서 우리가 인식할 수 없기 때문이다. 예지적 규범은 초월적인 것이라는 플라톤의 견해를 원용하여 파스칼은 인류가 상실한 원초적 상태를 아득한 과거로 상정한다.

> 정의로운 법veri iuris. 우리는 더 이상 그런 것을 갖고 있지 않다. 설령 아직도 갖고 있다 해도 우리는 그것을 나라의 미풍양속을 따르는 정의의 법칙이라 여기지 않는다. 우리는 정의를 찾지 못했기 때문에 권력에 연연하는 것이다.[5]

파스칼은 '발견하다'와 '꾸며내다'라는 이중적 의미를 가진 프랑스어 trouver를 사용하여 우리가 정의를 '발견하지' 못했기 때문에 권력을 '꾸며냈다'고 쓰고 있다. 인간은 원래 가질 수 없는 것을 놓친 것이 아니라 자

---

5 Pensées, Br. 297; *Gedanken*, 112; Cicero, *De officiis*, III, 17.

신이 가지고 있는 것도 그르친다. 그렇게 잃어버린 것을 대체하는 것이 '정의의 규칙'이다. 이 정의의 규칙은 게임의 질서를 유지하기 위해 준수해야 하는 규정, 게임 규칙 같은 것이다. 그리고 단지 게임 규칙에만 순종하는 것이 아니라 게임을 관철하는 장치, 즉 정치권력에도 순종해야 한다. 정치권력은 추구할 모범이 없는 상황의 해결책이다. 정치권력은 자신을 천명하기 위해 인간의 죄를 이용하지만, 그렇다고 죄를 처벌해야 한다고 주장하지는 않는다.

가상적 특성은 인간 본성의 본질은 아니지만, 자신이 처한 세계상황에 대한 인간의 답변이다. 적나라한 혼돈 상태가 인간의 자기 보존 욕구와 충돌하듯이, 질서를 유지하는 장치인 적나라한 권력 역시 견딜 수 없는 것이다. 파스칼에 따르면 그런 권력을 견딜 수 있게 하는 것이 곧 인간의 상상력이다.

모든 인간은 지배하고 싶어 하지만 실제로 지배할 수 있는 인간은 극소수에 불과하기 때문에, 상상력은 소수의 지배로 인해 제약을 받는— 다시 말해 원래 타고난 차별이 아닌— 차별의 우연성을 불쾌하지 않게 무마해 준다. "상상력이 톡톡히 제구실을 하기 시작한다." 공권력은 그런 방향으로 사실을 통제한다. 그리하여 권력은 상상력을 통해 어느 특정한 정파로 귀속된다. 예컨대 프랑스에서는 귀족층에게, 스위스에서는 시민 계급에게 귀속되는 식이다. "우리가 특정한 신분을 존중하고 그들과 결속하게 하는 유대의 끈은 바로 우리의 상상력 안에 있다."[6] 파스칼은 이

---

6 Pensées, Br. 304; Gedaken, 122.

중대한 사태를 단 세 어절로 표현한다. "복종하라! 상상력에 따라."[7]

상상력이 자유와 결합해야 한다는 믿음이 항상 공유되었던 것은 아니다. 상상력이 권좌에 올라야 한다는 전투 구호는 파스칼에겐 패러독스이거나 상투적인 구호에 지나지 않을 것이다. 상상력은 언제나 이미 권력과 손잡고 있었고, 적어도 권력에 가담했다. 아마 앞으로도 늘 그럴 것이다. 상상력은 인간에게 결여된 것을 보충해 주는 역할을 해왔다. 지식이 모자랄 때는 신화로, 통찰력이 부족할 때는 수사학으로, 질서가 부재할 때는 상상의 대리인에게 권력을 위임하는 식으로.

상상력이 만들어내는 상상적 사실들은 확산된다. 다양한 부류의 사회적 · 정치적 제도들이 포진해 있는 공간을 통해 확산되고, 또한 파스칼이 대뜸 유행에 견주는 시간을 통해 확산된다. "유행이 우리를 기쁘게 한다면, 정의도 그렇다."[8] 유행이 만들어내는 정의는 이념적 정의의 결함을 베일로 가리는 구실을 한다. 유행은 우리 마음에 들고 쾌감을 주는 것을 자의적 판단에 내맡기지 않고 — 전횡적이라고 생각될지 모르겠지만 — 우리가 다른 사람들에게 너무 혐오감을 주지 않을까 하는 우려로 너무 고심하고 시간을 빼앗기지 않게 노고를 덜어준다. 때로는 바로 그런 것이 추구할 만한 가치가 있어 보인다. 그래서 우리는 역으로 위반해서는 안 될 것이 무엇인가를 유행을 통해 비로소 알게 된다.

파스칼은 권력관계의 질서를 다수결로 결정하는 것이 다른 방식에 비

---

7 Pensées, Br. 310.
8 Br. 309.

해 더 합리적이라고 생각하지 않는다. 다수결을 작동시키는 이성 역시 전체적인 권력 질서를 움직이는 이성이다. 따라서 유일한 보편적 규칙은 일상적인 사안들을 규정하는 국법이며, 나머지 사안들을 정하는 것은 다수결이다. 그렇다면 다수결의 근거는 어디에서 나오는가? 다수의 의사에 내재해 있는 권력에서 나온다. 정의에 대한 복종에서 권력이 나오도록 만들지 못했기 때문에, 권력에 복종하는 것이 정의로운 것으로 통하는 결과를 초래했다. 정의의 권력화와 권력의 정당화라는 말장난은 언어적으로 지탱하기 힘든 논리이다: "정의를 권력화할 수 없으니, 권력을 정당화하라."[9]

정의는 두 가지 난관에 봉착해 있다. 첫째, 주어진 상황에서 무엇이 정의로운가를 인식하기 어렵다. 둘째, 그런 인식을 통해 정의롭다고 판정된 것을 당사자들이 인정하기 어렵다. 첫째 문제는 정의의 배분에 관한 distributiv 판단으로, 둘째 문제에 비하면 극히 부차적이다. 둘째 문제는 정의로운 결정이 자신에게 불리하더라도 과연 인정할 수 있는가 하는 어려움에 부닥친다. 파스칼은 심지어 이 문제가 내전의 근본적인 원인이라고 간주한다. 공로에 대해 보상을 하려다 보면 내전은 불가피해진다. 왜냐하면 모두가 자신이 보상받을 만한 자격이 있다고 주장할 것이기 때문이다. 유산 상속 서열에서 순위가 밀린 머리 나쁜 불만분자가 초래할 해악보다 불가피하고 무서운 것은 공로의 보상을 요구하는 투쟁이 초래할 해악이다. 자기 자신에 대한 평가가 흐려지는 것은 남들에게 공정해야 할 판단

---

9 Br. 299.

이 흐려지는 것보다 훨씬 더 위협적이다.

　다수가 정당성을 얻는 것이 아니라, 다수는 권력을 쥐고 있기 때문에 이미 정당하다. 다수는 다수가 장악한 제도 장치를 통해 그들이 권력을 쥐고 있다는 사실을 과시한다. 그렇지만 이성이 다수를 통해 구현된다고 추론할 어떤 근거도 없다. 권력에 정당성을 부여하지 않는다면 비이성적일 것이기 때문에, 이성은 다수에 정당성을 부여하는 간접적인 방식으로 권력을 정당화한다. 현존 권력에 대한 추종은 현존 권력 이외에 다른 어떤 이성적 원칙도 따르지 않는다. 예전의 법이나 견해가 더 건전한 합리성을 지니지 않았을까? 전혀 그렇지 않다. 그렇지만 예전의 법과 견해는 지금의 다양한 법과 견해의 유일한 뿌리이다.[10] 단지 법, 풍속, 관습, 제도만이 아니라 그 이전에 여론이 — 여론이 반드시 신념과 믿음의 집약일 필요는 없다. — 그 연륜을 지키면서 (이것은 언제나 다른 견해들이 사멸한 유리한 조건을 뜻한다.) 현재의 평화에 기여한다. 과거의 것은 권위를 행사하지 못한다. 지금보다 더 우월한 지혜의 권위도 행사하지 못한다. 과거의 유일한 장점은 그것이 이미 지나간 과거라는 것, 그리고 아직 살아남아 있는 하나의 입장과 제도와 견해로서 지금과는 다른 차이를 어둠 속에 감추고 있다는 것이다. 옛것은 우리에게 관대하다. 왜냐하면 옛것은 우리와 의견 다툼을 벌일 일이 없기 때문이다. 그럼에도 불구하고 지배적인 견해가 실제로 사람들의 생각을 지배하지는 않는다. "여론이 아니라 권력이 세상을 지배하는 여왕이다. 하지만 여론은 권력을 행사하고, 권력은 여론

10　Br. 301.

을 만든다."[11]

여론을 변호하면서 파스칼의 생각은 어떤 현상의 외적인 모습, 표면적인 모습, 가상을 전반적으로 옹호하는 방향으로 나아간다. 그는 '건전한 사람들의 여론'이라는 말을 자주 하는데, 이 말이 가리키는 것은 외적인 모습, 복장, 심지어 치장이다. 이런 점에서 파스칼은 그의 위대한 문체적 모범이었던 몽테뉴Michel de Montaign와 단호히 대립한다. 몽테뉴는 도덕철학자의 열정으로 현상과 가상의 배후에 있는 것을 보라고 가르쳤기 때문이다. 이에 관해서 파스칼은 몽테뉴와 반대되는 생각을 아주 간결한 문구로 표현했다. "표면은 단순한 표면이 아니다."[12] 차이는 겉모습, 차림새, 복장, 치장에 있다는 사실을 몽테뉴가 보지 못한다는 것이 우스꽝스럽다고 파스칼은 말한다. "비단옷을 입고 일고여덟 명의 하인을 거느린 사람을 내가 존중하는 것을 못마땅해하다니 이상한 일이다! 내가 그런 사람에게 인사도 하지 않는다면 그가 나를 혼낼 텐데 말이다. 복장이 곧 권력이다."[13] 파스칼은 가장 표면적인 것을 가장 극단적으로 돌출시킴으로써 일부러 도발적인 발언을 하고 있다. 그는 도덕적 실재론과는 전혀 무관하게 논증을 하려는 것이다. 이런 복합적 문제의식을 그는 가장 짧은 문구로 이렇게 표현한다. "그는 네 명의 하인을 거느리고 있다."[14] 이런 면에서 파스칼은 현대적인 인간형, 경험적 사회학자의 원조라 할 수 있다. 그

---

11 Br. 303.
12 Br. 316.
13 Br. 315; *Gedanken*, 120.
14 Br. 318.

는 사물을 숫자로 헤아릴 수 있게 사고했다.

니체가 파스칼을 존경한 것은 파스칼의 그런 숫자 감각과도 다소 관계가 있다. 니체는 언젠가 경멸스러운 겉치레 기독교인을 가리켜 "정말 셋까지도 셀 줄 모르는 한심한 인간"[15]이라고 한 적이 있다. 니체와 파스칼의 친화성은 내기의 논리로 논증하는 데 있다고 추정해 볼 수 있다. 예컨대 니체의 초인 사상과 영겁 회귀 사상은 내기 식으로 말하면 극도의 불확실성에 최고의 베팅을 하는 격이다. 이와 마찬가지로 파스칼의 경우 무한한 구원을 얻기 위해 유한한 삶을 거는 것은 합리적 베팅이지만, 승률은 극히 희박하다. 니체는 겉치레 기독교인을 경멸하는 맥락에서 만약 기독교인들이 영원한 구원을 정말로 믿는다면 지상에서 임시로 가진 재화와 지상의 편안함을 포기함으로써 영원한 이익을 위해 훨씬 더 많은 베팅을 감행해야 할 거라고 말한다. 그런 점에서 초인은 가장 대담한 베팅으로 극한의 위험을 감수하는 인물이다. 도박(게임) 이론가 파스칼은 막바지에 가서 자신의 내기 논거가 미심쩍어지자 결국 기독교를 옹호하는 무대에서 퇴장하고 말았다. 그는 셋보다도 훨씬 멀리까지 헤아릴 줄 아는 계산가였던 것이다.

파스칼은 그의 모든 전제 조건을 벌거벗은 상태와 옷을 입은 상태라는 비유로 집약했다. 그는 『위대한 인물의 지위에 관한 세 편의 논문』[16]에서 그의 시대의 막강한 인물들에게 그들의 지위가 아무런 법적 근거도 없다

---

15 Nietzsche, *Menschliches, Allzumenschliches* § 116; KSA 2, 119.

16 Pascal, Euvres complètes III: Les Pensées, la correspondance. Publiées par Fortunat Strowski. Paris 1931, 294.

는 것을 설파함으로써 그들의 실질적 처지에 대해 깨우치려 한다. 한 남자가 폭풍에 휩쓸려 미지의 섬에 다다르게 되었다. 그 섬의 주민들은 그들의 사라진 왕을 애타게 찾고 있었다. 파스칼이 꼬집어서 말하지는 않지만, 이 조난자는 벌거벗은 상태라고 간주해야 할 것이다. 섬 주민들은 조난자의 체격과 외모가 사라진 왕과 비슷한 것만 보고서 이 낯선 남자를 그들의 왕이라 생각하고 그의 존엄한 왕권을 인정했다.

여기까지만 보면 이것은 초기 계몽주의에 관한 이야기라고 할 수 있을 것이다. 이 이야기는 아주 중대한 사안에 관해 인간이 오류를 범할 수 있고 사람들이 인정하는 권위가 우연적일 수 있다는 것을 보여주기 때문이다. 그런데 파스칼은 섬 주민들이 계몽될 필요가 있다는 측면에는 관심을 갖지 않는다. 파스칼은 이 섬으로 표류한 조난자의 내적 분열을 관찰하고 있다. 처음에 이 조난자는 어떤 결정을 내려야 할지 주저한다. 그러다가 결국 자신에게 굴러온 운명의 은총을 받아들이기로 하고 그에게 주어진 영예를 수용해서 왕으로 처신한다. 그는 이중적 의미에서 계몽이 되었다. 우선 그는 자신의 신하들이 왕을 필요로 하고 왕을 전혀 의심하지 않는 태도를 존중한다. 하지만 그는 오직 자신만이 알고 있는 사실, 즉 자신의 왕위 즉위가 우연이라는 사실을 망각하지 않는다. 그가 자신 있게 왕으로 처신하는 까닭은, 자신감을 보이지 않으면 의심을 살 테고 그러면 어떤 결과를 초래할지 예감하기 때문이다. 자신의 실제 이력을 잘 알기에 감춰야 하는 자신감을 갖게 되는 것이다. 그는 두 가지 생각을 하고 있다. 즉 백성들을 어떻게 다루어야 하는가 하는 생각과, 자기 자신을 어떻게 다루어야 하는가 하는 생각을 동시에 하는 것이다. 여기서 보듯이 벌거벗은 진실은 보편적인 계몽의 문제가 아니다.

사유의 역사에서 등장하는 훌륭한 비유가 늘 그렇듯이, 파스칼의 비유
담 역시 그 배후에 무궁무진한 다의성을 감추고 있다. 사라진 왕은 백성
들의 추억과 그리움을 불러일으키는데, 그 왕이 어떤 존재인지는 묻지 않
고 있다. 그는 조난자와는 대비되는 인물이어서 자신이 우연히 왕이 되었
다는 사실을 감당하지 못했던 것일까? 그래서 그는 우연히 왕이 되었다
는 자각에서 파괴적 결론을 이끌어내어 왕위를 버리고 떠나 자신의 마음
을 정당화해 주는 길을 택했던 것일까? 그렇다면 다른 사람들이 필요로
하는 것을 배려하는 지혜를 발휘했던 조난자도 왕위를 마다하고 떠나야
했을까? 그 또한 자기 계몽을 위해 다른 사람들을 버려야 했을까? 대신
왕이 될 수밖에 없었던 벌거벗은 조난자의 운명과 의혹 역시 그래야만 할
까? 이 조난자의 이성은 그에게 오로지 이성적으로만 처신하지는 말라고
충고했다.

사라진 왕은 벌거벗은 상태를 도피의 피난처로 선택했고, 조난당한 덕
분에 벼락출세해서 왕위에 오른 사람은 벌거벗은 상태를 포기했다. 지혜
는 자기 자신을 기만하지 않고 — 내적인 정직성을 거스르지 않고 — 겉
모습을 견딜 수 있는 능력이다. 이런 의미에서 계몽은 스스로 감당해야만
하는 어떤 것이지 다른 사람들로 하여금 감당하게 하는 것이 아니다. 겉
으로 언표한 것의 배후에 감춘 생각을 찾아내는 것뿐 아니라 그런 생각대
로 살고 남들도 그렇게 생각하게 만드는 것, 이것이 결코 드러내지 말아
야 할 절묘한 내면적 유희이다. 겉모습에 개의치 않는 데는 그럴 만한 이
유가 있는 것이다.

파스칼에게 '계몽'이 이성과 종교의 대립을 뜻하지 않는다는 것은 자명하다. 그럼에도 불구하고 빛의 은유는 단계적으로 발전해 가는 지혜의 도식에 맞추어 등장한다. 일반 백성들은 귀족 출신 인물을 존경하지만, 얼치기 학자들은 귀족으로 태어난 것을 순전히 우연으로 간주하여 그들을 경멸한다. 지혜로운 사람들은 이성적으로 뒷궁리를 하는 자들을 존경한다. 반면에 독실한 신앙인들은 지체 높은 자들을 경멸하고, 자신들과는 무관한 지혜로운 자들의 고려를 무시하는데, 그런 무시는 당연히 자신들이 더 높은 단계의 계몽에 도달했다고 믿기 때문이다. 부연하자면, 신앙인들이 귀족을 무시하는 것은 귀족으로 태어나는 것이 우연이기 때문이아니라 그들이 믿는 하느님 앞에서 신분 지위 따위는 하찮다고 생각하기때문이다.

그러나 등급화는 이것으로 끝나지 않는다. 완전한 기독교인이라 불릴 자격이 있는 사람들은 지혜로운 자들이 존경하는 사람들을 보다 고차원적인 깨달음의 관점에서 존경한다. 이처럼 특정한 집단을 존경하는 관점은 단계적으로 나누어진다. 파스칼에게 이것은 다른 사람에게 억지로 요구하거나 강요할 수 없는 '계몽'의 수준을 나타낸다. "빛이 있는가 여부에 따라."[17] 지혜로운 자와 완전한 기독교인은 최상의 계몽과 깨우침을 공유한다. 그 깨우침의 빛이 극히 상이한 근거에서 유래하더라도 상관이 없다. 물론 독실한 신앙인이 통찰하고 있는 사태를 지혜로운 자는 보지 못한다. 그 통찰은, 인간의 어리석음 중에 복종은 신이 인간을 벌하기 위

---

17 Br. 337.

해 인간에게 복종을 명령했다는 데 궁극적인 근거가 있다는 것이다.[18]

계몽이 일어나는 계산적 사고는 진정한 깨달음과 거의 구별되지 않는다. 계산적 사고가 생각을 반추하는 숙고임을 인정하면 그것은 당연하다. 그것은 벌거벗은 진리를 추구할 뿐 아니라 그 결과까지도 고려하는 생각이다. 진리가 무조건 옳다는 것이 더 이상 또는 아직까지는 자명하지 않다면 그 결과를 고려해야만 한다. 순수이성의 반대는 효과를 노리는 이성이다. 파스칼은 일정한 효과를 노리는 이성이 어떤 영역에서 작동하는 사고 형식인지 이렇게 말한다. "뒷전에서 신중히 사고해야 하고, 그런 후에 모든 것을 판단해야 하며, 보통 사람들이 말하듯이 말해야 한다."[19]

이런 종류의 사고는 수사학적이지도 대화적이지도 않고 독백적이다. 그런 이유에서 『위대한 인물의 지위에 관한 세 편의 논문』 역시 특정한 독자를 염두에 두지 않고, 이름을 밝히지 않은 어떤 왕의 양심에 호소하는 형식을 취하고 있다. 그 왕은 자신의 뒷궁리를 감추거나 밝혀야 한다. 자신이 벌거벗은 조난자였다는 사실을 생각하면 모든 것이 뒤바뀔 것이다. 고독은 이성이 실현되는 근본 형식이다. 그런 한에서 고독은 자신의 자비로운 은폐를 합리적인 것으로 만든다. 벌거벗은 상태가 옷으로 가리는 것을 정당화해 준다.

반대로 계몽은 벌거벗은 진리를 요구한다. 벌거벗은 진리에 도달하기 위한 가차 없는 단호함은 그 반대로 역전될 수 있는 전제 조건이 된다. 그

---

18 Br. 338.
19 Br. 336. "나도 나름대로 속셈이 있다."(Br. 310)

역전은 이성적 판단에 선행하여 '옷으로 감추기'Einkleidung와 '옷으로 위장하기'Verkleidung를 구별할 수 없게 한다. 만약 진리가 벌거벗은 상태로만 정당성을 갖는다면 '옷으로 가리기'Bekleidung 자체가 위장이며 부당하다.

이처럼 진리와 직접적 드러남을 순수한 형태로 일관되게 고수하면 참된 것은 벌거벗은 상태일 뿐 아니라 벌거벗은 상태가 참이기도 하다. 옷으로 가리기는 위장을 노리지 않는다는 것을 공공연히 인식시켜 주어야 한다. 일부러 치장을 허술하게 한다면 그런 사람은 실제 자기 모습보다 부풀린 모습을 보이고 싶어 하는 부류의 인간들과는 다르다는 확신을 심어줄 것이다.

사람들의 생각이 취향처럼 변할 수 있고 세계관도 유행처럼 변할 수 있다는 의구심은 과거의 미몽이나 아직 사라지지 않은 미몽보다도 초기 계몽주의에 더 많이 쏠린다. 그런 의구심을 가지고 보면 초기 계몽주의는 가변적인 생각들이 일정한 수준까지 형성된 상태, 역사의 변덕이나 유행처럼 보일 수 있기 때문이다. 초기 계몽주의의 그 어떤 판단도 그렇지 않다고 장담할 수 없었다.

그런 이유에서 파스칼이 죽은 지 20년 후에 청년 퐁트넬Bernard de Fontenelle은 새로운 지식의 미학적 관철과 그런 관철 형식의 가변성이 그렇게 관철해야 할 내용의 진보와는 다르다는 것을 밝히려 애썼다. 고대의 망령들과 근대의 망령들이 함께 대화를 나누는 『사자들의 대화』 중 어느 대목에서 소크라테스는 몽테뉴에게 이렇게 말한다. "옷은 바뀌지만 몸매도 바뀌는 것은 아니다."[20] 복장과 몸매의 관계는 가변적인 것과 지속적인 것, 우연적 상황과 필연적 실체 사이의 관계와 같다.

계몽주의자인 퐁트넬은 복장으로 가리는 것이 인간의 항구적인 어리석음일 수도 있고 그 어리석음이 진지하게 자신을 감추는 것일 수도 있다는 점을 걱정하지 않는다. 고트셰트Johann Christoph Gottsched는 소크라테스의 대화를 흉내 낸 퐁트넬의 생각을 절묘하게 번역하고 있다.

> 복장의 유행은 계속 바뀐다네. 그렇다고 신체 체형이 바뀌는 것은 아니야. 세련됨과 거침, 앎과 무지, 존재의 꾸미지 않은 정도의 높고 낮음, 진지함 또는 농담, 이 모든 것은 인간의 외면적인 모습이고 매우 자주 바뀌지. 그렇지만 마음은 변하지 않아.

그런데 고트셰트는 마지막 문장의 절반을, 더 근사한 절반을 번역하지 않았다. 마지막 문장은 원래 이렇다. "그렇지만 마음은 변하지 않으며, 인간 전체가 그 마음속에 있지."

이런 말은 소크라테스가 인간 본성의 옹호자인 것처럼 보이게 한다. 퐁트넬은 소크라테스가 계속 이렇게 말하게 한다.

> 한 세기 동안 사람들은 무지했다네. 그렇지만 배우는 것이 유행이 될 수도 있지. 사람들은 이기적이지도 않아. 그래도 이기심을 완전히 버리는 것은 절대로 유행이 될 수 없어. 앞으로 100년 동안 태어날 수많은 사람 중에 자연은 이삼십여 명의 이성적인 사람들이 태어나게 할 텐데, 그

---

20 Fontenelle, WW, ed. Bastein, I 239 f.

사람들이 지구 곳곳으로 퍼져야 하네. 그런데 자네도 잘 알다시피 그 어디에서도 이런 사람들은 미덕과 정직함이 대유행이 되도록 서로 긴밀히 협력하지 않는다네.[21]

몽테뉴는 소크라테스에게 묻는다. 적어도 몇 명이라도 이성적인 사람들이 여러 시대에 고르게 태어나는지 아니면 그런 사람들이 더 많이 태어나는 시대가 있는지. 소크라테스는 말을 돌려서 회피하는 어조로 대답한다. "자연은 언제나 성실히 활동한다네. 그런데 우리 인간들은 자연의 활동을 제대로 평가하지 못하지."[22]

그런데 인간 사회에 이성적인 개인들이 부족하기 때문에 비이성적인 유행과 생각들을 제어하지 못하는 것인지 여부는 묻지 않고 있다. 이로써 합리적 비합리성이라는 파스칼의 형이상학적 역설은 양적인 문제로 치환되었다. 세상에는 이성적인 사람들이 너무 희귀한 것인가, 아니면 조금만 개입하면 지식인들을 파리로 집중시켜서 그 비중을 강화하는 방식으로 — 예컨대 학술원 같은 형태로 — 조직할 수 있을 만큼 충분히 많은 것인가? (아직 젊은 문필가로 세상 물정을 모르는 퐁트넬은 훗날 학술원이 그의 평생 운명이 되리라는 것은 꿈에도 모르고 있다.) 여기서 계몽은 한편으로 문학적인 스타일의 문제가 되고 있고, 다른 한편으로는 학술원에서 백과사전에 이르는 제도적 장치의 문제가 되고 있다.

---

21 Fontenelle, *Gespräche der Toten*, übersetzt von Gottsched, Leipzig 1760, S. 270.
22 같은 곳.

베르나르 드 퐁트넬

『사자들의 대화』제1편이 독자들의 호응을 얻자 퐁트넬은 제2편을 내놓았는데, 여기서는 고대 로마의 정절의 화신 루크레티아Lucretia*와 독일 평민의 딸로 카를 5세의 애인이자 돈 후안 데 아우스트리아의 어머니인 바르바라 블롬베르크Barbara Blomberg 사이의 대화가 등장한다. 블롬베르크는 저승에서도 황제의 총애를 받는 높은 자리에 올라 제국의 모든 화려한 겉치레에 맞서 미덕을 옹호한다. 도덕적인 두 여성이 등장하는 저승 이야기의 주제는 도덕의 실체가 그 외양과 일치해야 하는가 하는 문제이다.

퐁트넬은 평생 동안 진리가 여러 수단을 통해 효과를 발휘해야 한다고 주장했다. 따라서 그는 그 무엇으로도 치장되지 않은 진리가 힘을 발휘할

• 기원전 6세기 무렵 고대 로마의 전설적인 여인. 미모와 정절로 유명하다. 콜라티누스 장군의 아내였는데, 로마왕 타르퀴니우스의 아들에게 능욕당하자 아버지와 남편에게 복수를 부탁하고 자살했다. 이에 민중이 들고일어나 타르퀴니우스가(家)가 추방되면서 왕정은 끝나고 로마 공화제가 성립하였다. 셰익스피어의 『루크레티아의 능욕』에도 나온다.

수 있을 거라는 입장에 반대했다. 죄인을 벌하고 무고한 자들을 지켜주지 못하니 명백히 무능하다고 진노한 신을 조롱하는 대신에 퐁트넬은 학술원의 종신 간사로서 예컨대 해안에 떨어지는 불길한 벼락의 원인을 밝힘으로써 벼락은 신이 내려치는 번개와는 아무런 상관이 없고, 따라서 ― 인간들의 끊임없는 패착을 보여주는 징표인 ― 미신과도 아무런 상관이 없다는 것을 입증했다. 그리하여 이론적 이성은 학술원을 통해 계몽을 확산시키는 우회 수단을 활용했고, 이것은 도덕적 이성이 사자들의 대화를 활용하는 것과 마찬가지였다. 사자들의 대화에서 루크레티아는 미덕 또한 가상과 화려한 의상과 역사적 명성을 가져야 한다고 역설했다. 반면에 감추어진 미덕을 옹호하는 바르바라 블롬베르크는 조용한 은거를 선택했다. 그녀는 이렇게 말한다. "미덕은 미덕을 행하는 사람 자신의 증언으로 만족해야 하지 않을까요? 명성의 환상을 경멸하는 것이 위대한 영혼에 어울리지 않나요?"[1] 그렇지만 이처럼 감춰진 미덕을 옹호하는 태도는 미덕의 공공연한 과시를 견지하는 로마 여인에겐 매우 위험한 지혜로 보인다. "환상은 세상에서 가장 강력한 것입니다. 환상은 만물의 영혼이랍니다. 그래서 사람들은 다른 무엇보다 환상을 선호하는 것이지요." 레겐스부르크 시민의 딸인 블롬베르크는 훗날 칸트의 윤리학을 선취하는 측면이 있다. 미덕은 오로지 '의무에 대한 숙고'에서 생겨나고, 이성에 근거를 두는 의지라고 보았기 때문이다. 그렇지만 로마의 정절의 화신 루크레티아는 그런 확신을 갖지 못한 채 자살을 선택했다. 루크레티아는 의무감

1 Fontenelle, 같은 책, 352.

을 통해 도덕을 수호하겠다는 내적 동기는 너무나 취약하고, 반면에 상상력에 바탕을 두는 명예욕은 매우 막강하다고 말한다. 여기서 일찍이 파스칼이 이성을 통해 가상을 정당화한 것과 비슷한 발상이 생겨난다. 이성은 사람들이 오로지 이성에만 이끌리기를 요구하지 않는다는 것이다. "이성은 상상력의 지원을 필요로 한다는 것을 너무 잘 알고 있습니다." 자연은 우리가 이성을 통해서는 도달할 수 없는 것을 어리석음을 통해 도달할 수 있게 해준다. "분명히 말할 수 있는 것은, 자연이 우리의 이성에서 얻지 못했던 것을 우리의 광기에서는 얻는다는 것입니다."[2]

순수이성의 위험 중 하나는 무기력한 사고를 세상에 적용하려 한다는 것이다. 상상력, 열정, 심지어 오류와 과장은 추진력이 있지만, 순수이성은 추진력이 없다. "만약 이성이 세상을 지배했다면 세상에는 아무 일도 일어나지 않았을 것입니다."[3] 퐁트넬은 계속 말하기를, 배의 선장들은 바다가 바람 한 점 없이 고요해서 항해할 수조차 없는 상황을 가장 두려워한다고 한다. 그래서 설령 바람이 태풍으로 커질 위험을 무릅쓰고라도 바람을 원한다는 것이다. 사람들에게 열정은 그런 바람처럼 필요한 것이다. 그래야 모든 것을 움직이게 할 수 있다. 설령 바람이 심해서 악천후를 초래하더라도 말이다. 파스칼이 '효과적인 이성'이라 일컬은 원칙에 따르면 효과를 동반하지 않는 순수이성은 영향력이 없고 무기력하다. 그래서 이성을 베일로 감싸고 유혹적으로 감추고 화려하게 외관을 치장해야 인

---

2 같은 책, 353.
3 Fontenelle, WW, ed. Bastien, I, 298.

간의 상상력을 활성화하는 것이다.

만약 이성이 생산하는 진리가 '비판적' 특성을 지닌 것이라면, 다시 말해 비판적 특성으로 인해 이른바 확실성이 줄어들고 도달 가능한 인식이 제한되어 있다면, 앞의 주장은 더욱 설득력을 얻는다. 비판으로서의 이성은 (오류의 가능성에 대한 ─ 옮긴이) 관대함을 야기하기도 하지만, (진리에 대한 ─ 옮긴이) 무관심을 초래하기도 한다. 바로 이 지점에서 계몽의 성과에 대한 만족감은 (계몽을 통해 오히려 ─ 옮긴이) 상실될 수 있는 가능성에 대한 우려와 연결되어 있다.

『사자들의 대화』 중 근대의 인물들만 저승에 등장하는 부분에서 카를 5세 황제도 등장한다. 처녀 블롬베르크를 통해 황제도 불러낸 것이다. 황제는 인문주의자 에라스무스Erasmus와 만나서 지위 서열에 관한 논쟁에 말려들게 된다. 에라스무스는 황제의 위엄이 찬란한 절정에 이르고 황제의 권력이 만방에 미치는 것도 '여러 우연한 기회들이 잘 맞아떨어진 덕분'일 뿐이라고 주장한다. 에라스무스는 황제의 화려한 통치권의 배후에 과연 무엇이 숨겨져 있냐고 황제에게 따진다. 화려한 외관을 걷어내면 남는 것은 조상들에게서 물려받은 어느 정도의 '건전한 상식'과 또 다른 조상에게서 물려받은 얼마간의 '성실함'일 텐데, 그렇다면 그 모든 것을 합쳐도 보잘것없다는 것이다. 이와 관련하여 에라스무스는 고대 아테네의 티몬Timon에 관한 일화를 황제에게 들려준다. 티몬은 페르시아 포로들을 노예로 팔려고 시장에 끌고 갔는데, 포로들 중 절반은 옷을 입은 채로, 나머지 절반은 옷을 벗긴 채로 내놓았다. 그러자 상인들은 옷을 입은 포로들에게 몰려들었는데, 그들의 옷이 근사하다는 이유에서였다. 반면에 벌

168

거벗은 포로들은 전혀 구매욕을 유발하지 않았다. 에라스무스는 외관의
보호막을 걷어내면 이런 일은 수많은 사람에게 일어난다고 했다.[4] 그러자
황제는 그 일화에서 포로의 화려한 옷이 황제와 제왕이 지닌 지상의 통치
권을 가리키는 것이라면, 벌거벗은 포로들은 어떤 자들을 가리키는 것이
냐고 이 위대한 인문주의자에게 물었다. 그러자 에라스무스는 거짓된 겉
치레를 걷어내고 나면 남는 것은 인간의 정신과 학문이라고 대답했다.

　그러나 이런 답변으로 에라스무스는 오히려 궁지에 몰리는 결과를 자
초했고, 황제는 반격의 기회를 잡았다. 황제는 학문이라는 것은 대부분
과거의 여러 시대로부터 물려받은 유산이라고 했다. 또한 정신이라는 것
도 두뇌의 뇌세포가 정교한 정도의 차이, 즉 자연의 우연일 뿐이라는 사
실 외에 다른 무엇도 아니라는 것을 지금까지의 해부학이 밝혀냈다는 거
였다. 그러니 정신이라는 것도 단지 우연일 뿐이다. 게다가 지상의 통치
권을 누리는 역사적 우연보다 더 운이 좋은 우연이다. 그러자 에라스무스
는 당황해서 그저 그렇다면 모든 것은 우연한 기회일 뿐이냐고 되물었다.
그러자 황제는 당당하게 대답했다. "내가 그대보다 사람들을 훨씬 더 훌
륭하게 발가벗기지 않았는지 그대가 판단해 보시오. 그대는 약간의 타고
난 장점만을 벗겨냈을 뿐이오. 그렇지만 나는 심지어 정신의 장점까지도
벗겨냈소."[5]

　만약 진리가 있는 그대로 다 드러난다면 모든 것을 잃고 말 것이다. 『사

4　같은 책, I, 266.
5　Gottsched, 290.

자들의 대화』에 등장하는 또 다른 인물은 이런 취지로 말한다. 그는 13세기에 수학의 조합론을 창안한 라이문두스 룰루스Raymundus Lullus로, 그 자신은 라몬 룰Ramon Llull이라는 필명을 사용했다. 그는 에페수스의 과부 아르테미시아Artemisia*와 대화를 나눈다. 두 사람은 자신들의 미덕과 예술에 부여된 명성에 걸맞지 못했다는 공통점이 있다. 카탈루냐 출신의 룰루스가 저승에서 알게 된 사실은 자신이 자기 발명품, 즉 기술 총론ars generalis의 구현인 '현자의 돌'을 갖고 있지 않다는 것이었다. 또한 에페수스의 과부가 후세에 전해지는 것과는 달리 남편 마우솔로스Mausolos에게 ― '영묘'를 뜻하는 마우솔레움**은 그의 이름에서 유래했다. ― 정절을 지키지 않았다는 사실도 알게 되었다.

여기서도 문제가 되는 것은 진실이 아닌 것이 인간의 나태함을 방지하는 활력소로 작용할 수 있다는 점이다. 룰루스는 이렇게 말한다. "우리가 현자의 돌을 발견할 수 없다는 것은 사실입니다. 그렇지만 그것을 찾는 것은 좋은 일이 아닌가요."[6] 그러자 아르테미시아는 우리가 발견할 수 있는 비밀만을 찾는 것이 더 좋지 않겠냐고 묻는다. 그러나 열성적이고 다방면에 능통한 룰루스는 모든 학문은 망상에 의해 활성화된다고 밝힌다. 학자들은 그 망상을 추구하지만 결코 붙잡지는 못하며, 그러는 와중에 다른 유익한 진리를 발견하게 된다는 것이다. 화학에 '현자의 돌'이 있듯이

• 남편이 죽은 뒤 줄곧 남편의 무덤을 지켰다는 전설의 여인. 고대 로마의 페트로니우스 (Petronius)의 이야기책『사티리콘』등에 전해진다.
•• 영묘(陵墓) 또는 마우솔레움은 위인이나 신격화된 인물의 영혼을 모시는 묘지를 말한다.
6 Gottsched, 335.

기하학에는 원의 구적법求積法이 있으며, 천문학에는 우주의 길이가 있고, 역학에는 영구 운동체가 있다. 이 모든 것을 발명하는 것은 불가능하지만, 그것을 찾는 일은 유익하다. 이와 마찬가지로 도덕에도 그런 망상이 있다. 순수한 이타주의, 완벽한 우정, 또는 에페수스 과부의 정절 같은 것이 그렇다. 인간은 늘 자신의 능력을 능가하는 완벽함을 목표로 추구해야 한다. "인간은 실제로 갈 수 있는 거리보다 더 멀리 갈 수 있다고 생각하지 않으면 아예 길을 떠나지도 않을 것입니다. 사람은 상상의 목표를 염두에 두어야 하고, 그런 목표는 그를 훌륭하게 만들어줄 것입니다. (…) 그릇된 생각이 뒷받침되지 않으면 용기를 내지 못합니다."[7] 그러자 에페수스의 과부는 궁색한 질문을 한다. "사람들이 기만을 당하는데도 무익하지 않다는 말인가요?" 그런 질문은 예컨대 데카르트주의자 퐁트넬이 데카르트를 논박하려는 자가당착의 질문일 것이다.

룰루스는 진리의 베일을 벗기는 것에 묵시론적인 이중적 의미를 부여하고 또 이슬람과 특히 아베로이즘*을 맹렬히 반대했는데, 그런 그는 에페수스 과부가 앞에서 제기한 의문에 대해 이렇게 답했다. 진리가 베일에 가려지지 않은 채 드러나면 모든 것은 파멸한다고. 왜냐하면 바로 그것이

---

7 I, 337; Gottsched, 336.
● 아라비아의 철학자 아베로에스(Averroës)의 아리스토텔레스 해석에 바탕을 둔 서구의 철학적·신학적 학파 및 그 학설. 주로 13세기 후반 파리 대학교와 르네상스의 이탈리아에서 성행하였다. 아베로에스설(說)에는 세계는 영원히 존재하고 개개의 영혼은 사멸하며, 지상에서도 완전한 덕(德)이 가능하다는 등 그리스도교 교리와 대립되는 사상이 포함되어 있어 신학적 논란이 되었고, 1270년과 1277년 파리 주교 당피에에 의해 시겔스 등의 신학자들이 배척당했다.

역사에 종언을 고하는 신학적 심판의 사건이기 때문이다. "불행하게도 진리가 있는 그대로 드러난다면 모든 것이 소멸할 것입니다. 그렇지만 진리는 오히려 잘 감춰져 있는 것이 얼마나 중요한가를 항상 잘 알고 있는 것 같습니다."[8]

저승에서 만나는 또 다른 한 쌍은 파라셀수스Paracelsus와 몰리에르 Molière이다. 두 사람의 대화도 비밀에 싸인 학문을 어떻게 정복할 것인가 하는 문제를 다룬다. 그런데 여기서는 심지어 파라셀수스가 유령도 인식할 수 있다고 주장한다. 물론 그는 진실을 고백하자면 철학이 유령에 관해 알고 있는 이상은 알지 못한다고 말한다. 그러자 몰리에르는 인간의 인식을 뛰어넘은 사람이 유령에 관해서는 너무 모른다고 실망한다. 그는 실제로 현실적인 존재가 아닌 유령에 접근하기 위해서는 사전에 유령에 관해 철저히 파악해야 한다고 말한다. 고트셰트가 '우리의 자연스러운 호기심'이라 일컬은 것을 그는 인간의 이성에 대한 치욕까지는 아니어도 위험한 것이라고 본다. 왜냐하면 그런 호기심은 우리가 접근할 수 있고 신빙성이 있는 현실을 외면하고 우리의 현실적 필요와는 동떨어진 불확실한 존재인 엄청난 비밀에 솔깃하게 만들기 때문이다. "진리가 그에게 나타나지만 그는 단순해서 그것을 인식하지 못합니다. 그리고 그는 진리를 위해 우스꽝스러운 비밀을 간직합니다. 단지 그것이 비밀이라는 이유만으로."[9]

---

8 Bastien, I, 337.
9 Bastien, I, 370; Gottsched, 359.

몰리에르가 떠올리는 진리는 근대 희극의 대가인 그의 생생한 리얼리즘의 직관에 합치되는 진리이다. 그러니까 인간의 어리석음은 생생히 눈앞에 펼쳐 보일 수 있지만, 유령에 관해서는 그저 말로만 언급할 수 있을 뿐이다. 하지만 대부분의 사람들은 눈으로 보는 직관에는 만족하지 못한다. 예컨대 우주의 질서를 실제대로 눈앞에 그려 보일 수는 있지만, 우주의 운행에 작용하는 힘이나 수학적 원리, 장기적인 시간대, 우주의 운명, 행성들의 영향 등은 보여줄 수 없다. 그러면 사람들은 눈앞에 펼쳐진 진리에 실망해서 이렇게 외칠 것이다. "이게 뭐야! 겨우 이게 전부란 말이야?" 그들이 원하는 것은 눈에 보이지 않는 것, 그리고 눈에 보이지 않는 것을 비근하게 설명해 주는 수사학이다. 몰리에르는 계속 말하기를, 불행하게도 자연은 그런 비밀에 관해 아무것도 이해할 필요를 느끼지 못하는 무관심을 모든 인간에게 부여하지는 않았다고 탄식한다. 그리하여 희극에 흔히 등장하는 인간의 어리석음이 생겨나는데, 그 어리석음은 대부분 우리가 볼 수 없는 것에 대한 호기심을 포기하지 못하기 때문에 초래된다. 만약 진리가 벌거벗은 상태라면 모든 사람은 '겨우 이게 전부야?'라고 말할 것이다. "자연은 우리가 우리 자신을 속이도록 조장하려고 우리에게 수많은 재능을 부여했다."[10]

몰리에르가 마지막으로 하는 말 역시 파스칼을 상기시키는 측면이 있다. 즉 정신의 고귀한 차원과 저급한 차원, 유령을 탐구하는 형이상학과 희극은 똑같이 유행의 변화에 종속되어 있다는 것이다. 물론 희극은 더 오

---

10 Gottsched, 362.

래 지속될 가망이 있다. 왜냐하면 희극은 어리석음이 곧 유행 자체라는 것을 생생히 보여주기 때문이다. 그리하여 희극은 인간의 변함없는 본성이 우스꽝스러운 변화를 추구하는 것임을 밝힌다. "모든 것은 유행에 종속되어 있다. 심지어 이성의 자식들도 유행을 타는 의상의 변화보다 더 낫지 않다. (…) 불변의 것을 그리고자 하는 사람은 바보들을 그리면 된다."[11]

몰리에르가 파라셀수스에게 반박하는 것, 그것은 저승에서는 가능한 일이다. 두 사람은 불멸의 길고 짧은 정도의 문제를 놓고도 논쟁을 벌인다. 그렇지만 이런 상황을 꾸며낸 퐁트넬 또한 예견하지 못한 것은 반세기 후에 불거지는 갈등이다. 그 갈등에서 퐁트넬 자신은 리얼리즘적인 생생함을 옹호하는 입장을 취해서 패배했고, 또 다른 계몽주의자 볼테르Voltaire는 퐁트넬이 적어도 중세의 감춰진 정신적 성향과 힘을 대변한다고 보았던 유령의 재등장이라고 비판한 바로 그것을 지지했다. 데카르트주의자인 퐁트넬은 아주 생생히 직관할 수 있는 우주를 염두에 두었다. 퐁트넬이 생각하기에 '공포의 진공상태'로 지탱되고 있는 우주는 다양한 크기의 물질로 촘촘하게 뭉쳐 있고, 우주의 어느 한 곳에서 일어난 어떠한 움직임이 그 압력과 충격에 의해 전체를 움직이게 한다. 그러나 1728년에 영국으로 망명해 있던 볼테르가 돌아왔고, 바로 한 해 전에 그는 뉴턴Newton의 장례식에 참석한 바 있었다. 뉴턴의 물리학은 텅 비어 있는 공간의 이론이고, 그 공간을 가로질러 불가사의하게 작용하는 힘에 관한 이론이다. 그 힘은 일정한 법칙을 따른다는 것만 제외하면 유령이라

---

11 같은 곳.

불러도 무방할 터였다.

볼테르는 유럽 대륙에서 새로운 세계관을 옹호한 가장 성공적인 투사가 되었다. 그리고 이러한 성공에 가려서 제대로 부각되지 않은 중요한 사실은 그가 영국에서 돌아올 때 다른 중요한 보물도 함께 챙겨 왔다는 것이다. 그는 한쪽의 성공에 취해서 이 보물이 거둘 성공은 미처 챙기지 못했다. 그 보물이란 다름 아닌 셰익스피어 희곡이었다. 셰익스피어 희곡은 프랑스 비극의 우세를 종식시키고, 따라서 프랑스 연극 무대에서 볼테르 자신의 주도적 역할에 종지부를 찍을 터였다. 이제 퐁트넬은 그 자신이 고안한 저승에서의 몰리에르와 파라셀수스 사이의 논쟁이 재연되는 상황을 다시는 지켜보지 못했다. 그러나 한 세기에 걸친 그의 삶에서 마지막 20년 동안은 그가 중세의 회귀일 뿐이라고, 생생한 진리의 새로운 은폐라고 질겁하고 비판했을 법한 상황이 지배했다. 데카르트주의자들의 저항을 단지 시대에 뒤진 교조적 학파의 옹고집 정도로 간주하고 반면에 볼테르를 새로운 물리학 조류의 승승장구하는 선전가로 간주하는 사람은, 생생하게 관찰할 수 없는 현상에 대한 불신과 경악에는 나름대로 견고하고도 합리적인 동기가 있다는 사실을 간과하고, 학술원 종신 간사 퐁트넬을 조롱거리로 만들었다. 다시 말해 리얼리즘, 생생한 직관, '베일로 감추지 않은 상태'라 일컬어지는 것만큼 초시간적이고 보편타당한 지속성을 갖는 것은 없다는 것이다.

10

진리는 위안이 되지 못한다

18세기 계몽주의는 상당 부분 사제들의 기만에 관한 화두로 활력을 얻었다. 퐁트넬은 신탁의 역사에 관한 저술에서 사제들의 기만이라는 화두로 계몽주의의 서막을 열었다. 18세기 계몽주의가 이 주제를 다룰 때는 대개 이 기만을 이용해 이익을 취하는 집단, 즉 권력욕에 사로잡힌 사제 계급을 겨냥했다. 사제들은 온갖 술수를 부려서 무지몽매한 대중에게 영향력을 행사하고 있었다. 그런데 아직 계몽되지 않은 무지몽매한 사람들에게 — 그들도 조만간 계몽될 거라는 기대와 의도를 갖고 — 눈길을 돌리자마자 그들은 계몽주의자들이 반드시 알아야 할 사실을 알게 되었을 것이다. 데카르트와 다른 학자들이 구상한 대로 편견을 철폐하는 문제는 아주 간단해 보였다. 특히 무지로 인해 존재하는 두려움은 까닭 모를 불안을 야기하는 모든 문제들을 자연스럽게 해명함으로써 제거하면 될 일이었다. 누구보다 먼저 독일의 계몽주의자 라이마루스Hermann Samuel Reimarus는, 예수가 십자가에 못 박혀 죽은 후 예수의 제자들이 예수의 부

177

활을 주장하고 널리 알린 것은 그들의 영향력을 유지하고 신앙 공동체를 지속시키기 위한 것일 뿐 아니라, 예수의 부활을 확신하는 위안이 필요했기 때문이라고 설명했다. 말하자면 예수의 제자들은 그들이 천명한 것을 그들 스스로도 믿고 싶어 했다는 것이다. 하지만 이것은 신의 왕국의 권능과 영광, 구세주의 통치에 대한 커다란 기대가 극단적인 방식으로 좌절한 특수한 사례였다. 예수가 죽은 후 제자들 자신도 아직 스승이 살아 있다고 믿어야만 했고, 따라서 그들은 다른 사람들에게도 어느 정도 순진하게 그런 믿음을 전파했던 것이다. 그러나 벌거벗은 진실을 감당할 수 없는 이런 예외적 상황이 모든 시대 모든 경우에 관철되었던 것은 아니다. 전반적으로 계몽주의자들은 종교적 제도의 수호자들을 기만적이라고 여긴다.

문제가 바뀌면 용어도 바뀐다. 오늘날에는 종교에 대한 일정한 관용이 기능주의적 측면에서 다시 널리 통용되고 있다. 기능주의는 종교적 관용의 문제를 '우발성 관리 실행'이라는 인상적인 용어로 명명한다. 이 경우에도 문제되는 것은 감당하기 힘든 무엇이다. 다시 말해 이 세계와 인간의 존재를 뒷받침하는 충족이유율의 성취가 훼손되거나 부족한 상태를 감당하기 힘든 것이다. 이 세계와 인류는 진화를 통해 확보된 실재인 동시에 자신의 진보를 통해 오히려 소멸할 수도 있는 실재이며, 인간의 생존은 생물학적인 실질적 조건에 비추어 볼 때 매우 부서지기 쉬운 환경의 산물인 것이다. 인간의 생존이 환경적 조건을 통해 규정된다는 점을 충분히 확신한다면, 이런 사태에 부응하는 추론의 실행 가능성이 희박하다는 사실은 엄청난 절망을 안겨주고, 엄청난 위안을 필요로 한다. 그 실행 가능성이란 자신의 삶과 다른 사람들의 삶에 간접적인 영향을 줄 수 있도록 우리를 제약하는 환경을 직접 변화시킬 수 있는 가능성을 말한다. 그리하여 세계와 역사를 인간의 의지대로 만들 수 있다는 신념과 대립하는 우발성 개념에서 엄청난 위안의 필요성이 생겨난다. 그렇다면 우발성을 관리하는 자들이 위안의 분위기를 조성하도록 허용되어야 한다고 해도 전혀 이상할 게 없다.

　그런데 이렇게 위안의 분위기를 조성하는 관리자들이 진리를 대하는 태도는 과연 어떻게 인정될 수 있을까? 슈페만Robert Spaemann은 종교의 기능주의적 설명에 맞서서 플라시보 효과*의 사례를 제시한 바 있다. 최근 플라시보 효과에 대한 연구가 입증하듯이, 좋은 뜻으로 환자를 속이는 이 치료법은 가짜 약을 환자에게 제공하는 사람 자신도 가짜 약으로 치료하는 실험에 참여하고 있다는 사실을 전혀 알아채지 못하고 자신이 제공하는 약이 진짜로 효과가 있다고 믿는 경우에만 성공할 확률이 높다.[1] 그런 의미에서 좋은 뜻으로 거짓말을 하는 관리자가 사기꾼은 아니다. 당연히 신학자의 판단은 그 자신에게 맡겨야 하며, 그가 신학적인 내용의 진리에 대해 어떤 태도를 취하는가 하는 문제에는 관여할 필요가 없다. 그렇지만 현대 사회는 비밀 들추기를 좋아하기 때문에 그런 식으로 함구하고 거리를 두기는 어렵다. 현대 사회는 벌거벗은 진실을 보고 싶어 한다. 그래서 위안을 제공하는 기능을 옹호하기 위해 새로운 종류의 진리 개념이 생겨

● 가짜 약으로 치료 효과를 높이는 요법.
1　Robert Spaemann, Die Frage nach der Bedeutung des Wortes Gott. In: *Der fragliche Gott*. Hrsg. v. Joseph Kopperschmidt, Düsseldorf 1973, S. 49~52.

난다. 이 새로운 진리 개념에 관해 대체로 말할 수 있는 것은, 예컨대 계몽주의 시대와 같은 이전 시대에는 이런 진리 개념을 비진리라고 규정했을 거라는 점이다. 이를테면 성경과 교리의 진술에 대해 은유적으로 해석하는 경향이 이 새로운 진리 개념에 속한다.

물론 이 문제를 다룰 때 중대한 의미를 갖는 어떤 상관관계가 느슨해지긴 했다. 그 상관관계란 종교의 기준을 따르는 태도를 용인하는 것이 과연 진리의 기준과 부합하는가 하는 문제다. 과거에는 믿지 않는 사람, 믿지 못하는 사람은 믿음이 없는 사람일 뿐 아니라 구원받을 수 없는 사람으로 간주되었다. 왜냐하면 믿음의 행위는 신적인 의지에 복종하고 신적인 의지를 실행하는 특별한 형식, 즉 구세주와의 신비적 합일을 내포한다고 생각했기 때문이다. 그러나 진리 개념이 변화하게 된 전제 조건은, 과거에 신이 제물의 봉헌이나 숭배 의식을 좋아했듯이 오늘날 인간의 지적 복종을 좋아하는 신, 그러면서도 인간들이 신은 존재하지 않는다고 생각하면 진노하고 역정을 내는 그런 신은 더 이상 생각할 수도 없게 되었다는 것이다. 이처럼 복종을 거부하는 태도가 성령의 순수함이나 신적 권위의 위대함과 양립할 수 없다고 생각하자마자, 신앙 속에 내포되어 있는 진리에 관한 질문 또한 제기된다.

위안을 필요로 하는 존재를 창조한 신, 고통 속에서도 위안할 능력이 있는 존재인 인간을 창조한 신은 그런 인간들이 위안을 주고받는 것을 — 그 위안이 어디에서 오든 간에 — 거부한다면 결코 호의적인 신이라고 할 수는 없다. 여기서 신이 하나의 사실, 역사적 사실이나 물리적 사실에 대한 승인 또는 한 인간의 삶에 대한 승인에서 위안을 찾는가, 아니면 마땅히 그렇게 존재할 수 있거나 다르게 존재할 수는 없는, 그렇지만 어쩌면 그렇게 존재하지 않을 수도 있고 어떻든 확신을 갖고 인식될 수는 없는 어떤 사태에 대한 생각으로 위안을 삼는가 하는 문제는 중요하지 않다. 예전에 우리의 부모 또는 조부모 세대는 고난과 불행에 처했어도 자식들은 형편이 더 나아지겠지 하는 생각에서 위안을 찾았다. 자식 세대가 더 나아질 거라는 보장도 없고 모든 것이 그 반대를 예상하게 하는 최악의 상황에서도 그랬다. 위안을 필요로 하는 사람이 반드시 진실을 있는 그대로 대면하게 할 필요는 없다. 그런 사람에게 무조건 실상은 그렇지 않다고 주지시킬 필요는 없다. 비트겐슈타인Ludwig Wittgenstein은 삶에 관한 질문을 더 이상 하지 않을 때 비로소 삶에 관한 질문은 답변을 얻은 거라고 말했다. 딱 맞는 말이다. 프로이트가 삶의 의미에 관해 묻는 사람은 아픈 사람이라고 말한 것도 동일한 기본 입장의 표현이다. 진정한 위안이란 무엇보다 위안의 필요성을 일깨우는 고통의 의미에 관한 질문을 더 이상 제기하지 않는 상태를 가리킨다. 당장 내가 겪고 있는 삶을 도저히 견딜 수 없는 상황에 처했을 때는 이 고난이 더 이상 인간의 것이 아닌, 따라서 저급한 사악함이라고 느낄 필요도 없는 어떤 힘의 의지라고 여기는 것으로 족하다. 자신의 삶이 그런 고난에 처한 것은 그런 낯선 타자의 의지 때문이라고 여김으로써 인간의 의지를 벗어난 일이라고 생각하는 것으로 족하다. 이 낯선 타자의 의지가 존재하는 것이 과연 진리에 부합하는가 하는 문제는, 그런 문제 제기를 하지 않을 때만 비로소 답변이 주어지는 것이다. 그런 한에는 우발성 관리의 기능은 진리와 결부되어 있다. 다만 이런 진리는 신의 개념에 대한 파악 가능성이 변화했기 때문에 더 이상 사실을 인정하고 복종하라는 요구에 순응할 수 없게 되었다. 우리의 모든 세계상像은 세상이 이럴 수도 있지만 반드시 이럴 필요는 없다는 단서 조항을 필요로 하는 명제들에 바탕을 두고 있다. 우발성 관리 기능은, 어떤 사태가 일차적으로는 인간이 원해서 그렇게 된 것이 아니라 세상이 나보다 먼저 존재한다는 것을 내가 마주치는 낯선 의지로 받아들이는 그런 의미에서 뭔가가 나에게 이런 사태를 초래했다는 점을 수긍한다. 세상이 무의미하다는 의구심은 왜 무의미한가 하는 질문에 대한 답변을 통해 세상에서 제거되는 것이 아니다. 그런 질문을 더 이상 하지 않을 때만 비로소 그런 의구심은 세상에서 사라진다. 낯선 뭔가가 우리에게 이런 사태가 벌어지기를 원했다면, 그런 낯선 의지의 존재를 믿지 않아도 그 의지를 인식할 수 없을 바에야 차라리 그런 의지의 존재를 믿는 것으로 족할 것이다. 그런 낯선 의지는 그런 것이 분명히 존재한다고 — 만약 정말로 그런 의지가 존재한다면 분명히 선한 의지일 거라고 가정하는 것으로 족하는 한— 고백하기를 끊임없이 요구한다. 일차적으로 중요한 것은 이런 의지를 인식하고 확신하는 것이 아니라, 만약 그런 의지가 존재한다면 악의적인 의지는 아닐 거라고 확신을 갖는 것이 무엇보다 중요하다. 그렇게 악의적인 의지일 가능성을 배제하고 나면, 그런 의지가 무엇을 원하든 간에 그것은 수수께끼처럼 감춰져 있을 거라고 말할 수 있게 된다. 또한 무엇보다 그런 의지의 존재를 인정하는 것이 과연 그 의지가 원하는 것인지 확신할 수 없노라고 말할 수 있게 된다. 그러니까 우발성 관리라는 것은 단지 '마치 …인 것처럼'Als-Ob 가정하는 상태도 신뢰할 만하다는 것을 뜻한다. 루터Martin Luther가 가톨릭의 '신앙의 대상을 믿는 객관적 신앙'fides quae

creditur 대신에 '믿음의 행위로서의 주관적 신앙'fides qua creditur을 주장한
것은 이런 가정을 예견한 것이라 할 수 있다.

"어떤 가설이 매력적이고 어떤 이론이 근사하다면 나는 그것이 과연
진리일까 하는 생각은 제쳐놓고 그런 가설과 이론에서 기쁨을 얻을 것이
다."[2] 시인이라기보다는 거의 철학자라고나 해야 할 발레리Paul Valéry는
조개에 관한 명상을 서술하는 대목에서 그렇게 쓰고 있다. 이것은 미학
적인 진술이므로 어떤 이론의 근사함이 기쁨을 주기만 한다면 진리에 무
관심한 태도에서 거부감을 느낄 사람은 아무도 없을 것이다. 발레리의 주
장에 동의하기를 주저하는 사람이라면 누구나 이 명제가 우리 정신사에
서 아주 오랜 세월 동안 기괴한 발상으로 여겨져왔다는 사실을 확인하게
될 것이다. 선한 것과 참된 것에 기반을 두지 않은 아름다움이라는 것은
무도한 발상이자 불가능한 일로 통했던 것이다. 그런데 발레리의 명제를
위안과 진실의 관계로, 진리를 감당할 수 있는가 여부와 진리의 관계 문
제로 바꾸어 생각해 보자. '어떤 가설이 견딜 만하고 어떤 이론이 위안을
준다면 나는 진리의 문제는 제쳐놓고 그런 가설과 이론에서 위안을 얻겠
다.' 여기서 우리는 학문의 세계와 진리 탐구의 제도 안에서는 이런 식으
로 말하는 것이 너무 설득력이 떨어진다는 것을 쉽게 알아차릴 수 있다.
그렇지만 동시에 알아차릴 수 있는 사실은, 만약 우리가 진리 탐구를 면
제받고 그 대신에 삶의 불가사의와 화해할 기회를 얻는다면 ― 그 화해

---

2 Paul Valéry, L'homme et la coquille. In: Œuvres, Paris 1959, 886~907; Valéry, Der Mensch
   und die Muschel. In: Werke, Bd. 4, Frankfurt a. M. 1989, 171.

의 기반이 아무리 취약하다 할지라도 — 진리를 포기하는 것이 아주 쉽
다는 것이다.

11

루소

루소는 『고백록』 제8부에서 어떻게 1753년 디종 학술원 현상공모 과제에 응모하여 「인간 불평등 기원론」을 쓰게 되었는지 그 경위를 서술하고 있다. 그러면서 그는 두 가지 대담한 발상 사이의 균형을 강조한다. 즉 한편으로 학술원이 이런 엄청난 문제를 제기한 대담함, 그리고 다른 한편으로는 그에 못지않게 대담한 대답을 해야겠다는 자신의 대담함 사이의 균형이 그것이다. 문제 제기의 도발성과 정당성 사이의 적절한 균형 문제로 이해할 수 있다. "학술원이 그런 문제를 제기할 용기를 보여주었기에 나는 이 문제에 매료되어 이 과제를 받아들였다."[1]

어떤 문제 제기의 중요성에 완전히 매료되었을 때는 과연 어떻게 해야 할까? 루소에게 이것은 무엇보다 누구의 방해도 받지 않는 어떤 곳을 — 더구나 여성만 동행하여 — 찾아간다는 것을 뜻했다. 그는 세 명의 여성

---

[1] Rousseau, Confessions. In: *Œuvres complètes*, Paris 1959 ff., 388.

185

과 함께 7, 8일 예정으로 생제르맹 지방으로 짧은 여행을 떠났다. 이렇게 해서 루소는 다시 그가 거리낌 없이 즐기는 무위도식을 할 수 있게 되었다. 루소의 연인 테레제와 친구 사이지만 루소 자신은 잘 알지 못하는 두 명의 여성이 소풍 비용을 부담했다. 대신에 루소는 식사 시간에 여성들을 환담으로 즐겁게 해주었고, 나머지 시간에는 학술원의 현상공모 과제를 탐구하는 데 집중했다. 이런 상황은 아무런 부담도 없고 낙원처럼 여겨졌다. 루소는 온종일 깊은 숲속에서 시간을 보내면서, 그가 원래 찾고자 했고 이미 추측했던 것, 즉 원시시대의 모습을 발견했다. 그는 원시시대 역사의 윤곽을 이미 밝힌 대담한 필치로 서술했다. 그 과정에서 아직 문화를 몰랐던 원시 인류가 벌거벗은 상태에서 아무런 근심 걱정 없이 살던 모습을 연상하게 되었다. 또한 현상공모 응모자의 과감한 지적 모험심도 발동해서 루소는 인간들의 얄팍한 거짓을 가차 없이 뚫고 들어가서 인간의 본성을 완전히 발가벗기는 작업을 계속했다. 그렇게 해서 인간 본성의 왜곡을 초래한 문화의 역사적 발전 과정을 추적했다. 그는 자연 상태의 인간을 인간에 의해 만들어진 인간과 비교함으로써 인간 불평등의 진정한 근원을 입증하고자 했다. 불평등의 근원은 완전해지려는 인간들의 욕망에 있었다.

인간의 본성을 벌거벗은 상태로 드러내는 것 — 누가 과연 이런 모험을 감행할 수 있었을까? 이 과제를 위해 루소는 원근법적 발상의 픽션을 꾸며냈다. 즉 그토록 숭고한 생각을 가진 그의 영혼은 신적인 차원으로 고양되어 그런 높은 곳에서 인간들이 미혹에 빠져 편견과 오류의 길, 불행과 죄악의 길을 가고 있다는 것을 알아차릴 수 있다. 루소의 말에 따르면 잊지 말아야 할 것은 이미 아우구스티누스가 『고백록』에서 인간을 베일에 가려지지 않은 진실한 모습으로 그렇게 관찰할 수 있는 관점을 서술했다는 점이다. 다만, 아우구스티누스는 진실을 고백하는 사람을 감히 신성함과 대등한 그런 관점으로 격상하지는 못했다. 그렇지만 사상가가 그런 신성한 위치에서 천명해야 하는 것은 — 아득히 멀리 초월적인 영역에 있어서 그의 목소리는 희미하게 잘 들리지도 않겠지만 — 인간의 죄를 상기시키는 것이다. 사람들은 모든 고통의 근원을 노상 자연의 탓으로 돌리고, 그래야 신성을 정당화한다고 생각하지만, 고통의 근원은 바로 인간들 자신에게 있음을 상기시켜야 한다. 이것은 아우구스티누스의 기본 사상이기도 했다. 아우구스티누스는 죄악의 근원이 인간 스스로 자초한 악에 있고, 인간의 고통은 정당한 벌이라고 밝힘으로써 인간 자유의 여지를 열어두고 신성의 중압을 덜어냈다. 그러나 루소에게는 인간에게 낙원에서 추방된 고난을 겪게 해서 간접적으로 정의를 회복하는 것이 인간의 죄에 대한 처벌이 아니라, 인간이 원시시대의 유유자적 상태, 즉 일종의 낙원과 같은 상태를 자력으로 떠남으로 인해 초래된 직접적인 역사적 결과이다. 그런 낙원과 같은 상태의 평화와 만족은 자연의 풍요를 통해서가 아니라 인간이 자연에 의지하여 자신을 보존하는 유유자적을 통해 창출될 수 있었다. 그런 낙원에서 사는 인간의 벌거벗은 모습은 인간이 자연에 대해 자기 보존 이상의 것을 요구하지 않는다는 것을 보여준다. 그런 상태에서 인간은 자연에 대해 호사는 고사하고, 그 어떤 편안함도 정서적 만족도 바라지 않는다.

　루소는 숲의 시나리오로부터 그의 현상공모 논문에서 인간이 불평등의 불행에 처한 것은 자연 때문이 아니라 인간 자신의 잘못 때문이라고 공표하고 경고장을 날리는 영감을 얻었다. 이것은 전통적인 변신론弁神論, Theodizee●의 발상과 통한다. 여기서 루소의 이러한 어법이 옛날 가락을 새로운 형식에 담은 것인지는 아직 분명히 알 수 없다. 사람들이 자신의 불행에 대해 책임을 전가하는 대상은 항상 변하기 마련이다. 이제 더는 불행이 자연 탓도 아니고 신이 벌을 주는 것도 아니며 바로 인간 자신의 탓이다. 그렇긴 하지만, 자신의 불행을 한탄하는 사람이 정말 불행의 책임이 자신에게 있음을 알 수 있는 그런 인간은 아니다. 그가 아니라 원시시대에 존재했거나 원시시대 이후에 존재했던 다른 사람들이 숙명적 고난을 자초했다. 이들에게 닥친 고난은 원죄와 같은 신비주의로는 설명되지 않으며 그렇게 흘러온 역사의 필연적 결과일 뿐이다. 그런데 원시시대의 무구한 상태, 자연 속에서 낙원을 누린 그런 상태에서 점점 멀어진 결과에 대해 신빙성 있는 근거 제시나 동기 설명이 없기 때문에, 원시시대 숲속 생활에서 만족을 얻지 못한 원인을 인간의 외부에 있는 간접적 요인으로 찾아봐야 한다. 만약 그렇지 않다면, 만족의 모든 조건이 충족되었는데 인간의 자만 때문에 그런 만족 상태에 안주할 수 없었다는 식으로 주장한다면, 설득력이 떨어질 것이다. 편안한 삶에 짜증이 나고 만족스러운 삶에 불만을 느끼는 것이 대체 어떻게 가능한가? 이것을 이해하려면 이해할 수 없는 사태는 그저 감내해야 한다는 논리보다는 성경의 실낙원

● 세상의 고통과 불행도 신의 섭리에 포함된다는 신학적 논변. 예컨대 아우구스티누스는 인간의 불행과 고통이 인간이 저지른 죄악 때문이라고 여겼다.

이야기에 나오는 수치심에 주목할 필요가 있다. 그 이야기에서 인간들은 수긍할 만한 방식으로 수치심 때문에 옷을 입기 시작한다. 그 이야기를 두고 아름다운 벌거벗은 모습에 싫증이 나서 옷을 입기 시작했다고 설명한다면 전혀 설득력이 없는 공허한 말이 될 것이다.

『고백록』제8부에서 루소는 신적인 심판관의 관점에서 인간은 문화를 통해 불행을 자초했다고 천명한다. 바로 이 대목에서 우리는『고백록』의 시작 부분을 되돌아볼 필요가 있다. 거기서 루소는 이 책을 쓰는 동안 이전에는 독자가 떠맡았던 심판관의 옥좌 앞에서 최후의 심판의 나팔 소리를 듣는 상상에 빠진다고 말한다. 거기서도 베일을 벗긴 인간 내면을 들여다보는 신적인 시선을 모방하기 때문이다. 그것은 "진실을 말하는 것은 나의 몫이고, 공정한 판단은 독자의 몫이다."[2]라는 원칙하에 예술과 정직함을 통해 신적인 시선을 재현하는 것이다. 여기서 루소에겐 두 가지 종류의 벌거벗은 진리가 있다는 것이 분명해진다. 즉 하나는 능동적으로 베일을 벗기는 것이고, 다른 하나는 관찰하면서 묘사하는 것이다. 루소가 추구하는 진리는 계몽주의가 그랬듯이 자연이 모든 이론의 전제 조건이라고 가정하고 자연의 개연적 법칙성을 남김없이 밝혀내는 것이 아니라, 아무도 검증할 수 없는 자기 자신의 진실성을 오로지 도덕의 문제로만 천착하는 그런 진리이다. 데카르트가 신을 위해 요구했던 것을 루소는 자기 자신을 위해 독자에게 요구했다.

---

2 같은 책, 359.

독일 계몽주의

칸트는 그를 통해 비로소 무르익은 계몽에 관한 정의를 인간학 강의록에서 제시하였다. 그는 인간의 '기호 사용 능력'Facultas signatrix에 속하는 복합적인 상징체계를 설명하면서, 스베덴보리Emanuel Swedenborg*가 현상계는 단지 "그 배후에 감춰진 예지계"의 단순한 상징에 지나지 않는다고 한 견해를 허황된 공상이라고 일축했다. 그렇긴 하지만 종교의 본질을 규정하고 순수이성에 속하는 개념들, 즉 이념들을 내포하는, 도덕성으로 귀속되는 표상들의 특징은 적어도 어느 시기에는, 즉 역사적으로는, 상징적인 것이 개념적인 것을 대신한다는 것이다. 바로 그렇기 때문에 상징적인 것을 예지적인 것과 구별하고, 종교에서는 예배 의식을 그 도덕성과 구별하는 것이 계몽의 과제이다. 요컨대 "일정한 기간 동안 유익하고 필요한 외피를 실상 자체와는 구별해야 한다"는 것이다. 그렇지 않으면 실천

---

* 스웨덴의 신학자이자 과학자.

이성의 이상을 우상으로 바꿔치기 쉬우며, 이성의 최종적 인식을 지향하는 궁극 목표가 실종될 것이다.[1] 이성 비판의 취지와 관련하여 더 일반적으로 칸트는 논리학 강의록에서 외피와 외피 벗기기라는 은유를 사용하고 있다. 그것은 새로운 인식의 과도한 부담에 관해 달랑베르Jean le Rond d'Alembert가 품었던 우려를 물리치기 위함이었다.

> 이성 비판, 역사 비판과 역사적 문헌에 대한 비판, 요컨대 인간 인식의 세부 사항이 아니라 전반적인 문제와 관련된 보편적 정신은 인식의 내용을 축소하지 않으면서도 인식의 범위를 갈수록 더 작게 만들 것이다. 광물에서 금속은 남고 찌꺼기만 떨어져 나갈 것이며, 그때까지는 필요로 했던 저급한 저장 수단 내지 외피는 사라질 것이다.[2]

칸트가 생각하는 미래 학문의 역사는 방법론은 확장되고 지식의 내용은 — 특히 수많은 책들에 기록된 예전 지식의 내용은 — 축소된다는 것이다. "모든 것을 동일한 방법으로 원하는 대로 찾아낼 수 있는" 그런 방법을 고안하는 것이 관건이다. 따라서 "역사를 지속성이 있는 이념으로 파악하는 사람이 역사를 위해 독창적인 기여를 하는 것이다."[3] 따라서 학문의 진정한 역사는 껍데기를 벗겨냄으로써 몸집을 줄이는 것이며, 이것은 언제나 누구라도 내용에 적용할 수 있는 인식의 생성 규칙을 고안함으

---

1 Kant, WW VII, 191 f.(Anthrophologie § 38)
2 IX, 43.(Logik, Einleitung VI)
3 같은 책, 44.

로써 가능해진다.

칸트가 계몽의 뜻으로 외피를 벗긴다는 은유를 사용한 것은 이를 보강하기 위한 용례를 굳이 필요로 하지 않는다. 이 은유의 다양한 측면들을 입증하기 위해 그런 용례들이 나온다. 그럼에도 불구하고 벌거벗기는 은유가 계몽주의에 반대되는 운동인 낭만주의에서도 등장하는 것은 놀라운 일이다. 그렇지만 낭만주의자들이야말로 영혼과 심장을 가리는 외피와 베일과 위장을 완전히 남김없이 벗겨낸 장본인들이다. 그것은 고대에는 상상도 못할 일이었고, 고대를 모방한 고전주의에도 생경할 수밖에 없었다. 루이 16세의 재무장관 네케르Necker의 딸이자 스웨덴 귀족의 부인이었던 스탈 부인Germaine de Staël*은 1814년에 나폴레옹의 핍박을 피해 독일로 왔다. 그녀는 슐레겔August Wilhelm Schlegel의 지적 자극에 영감을 얻어, 이국적 현실에 대한 오해가 낳은 걸작품인 『독일에 대하여』에서 프랑스 낭만주의에 비견될 독일 낭만주의의 대표적 사례들을 함축성 있게 서술했다. 그 대목에서 그녀는 독일 낭만주의자들이 얼마나 무자비하게 — 낭만주의자들 자신도 그런 무자비함을 계몽주의가 이미 극복했다고 믿었건만 — 베일을 벗기는가를 단 한 문장으로 서술하고 있다. "심장을 감싸는 외피마저 모두 찢어졌다."[4] 여기서 얻을 수 있는 하나의 통찰은, 반대 운동은 자신이 저항하는 조직의 게임 규칙을 받아들이지 않을 수 없다는 것이다. 그래서 낭만주의는 그들 나름의 벌거벗은 상태를 추구

• 프랑스의 문필가. 나폴레옹 집권 후 자유주의 사상을 옹호하여 유럽 각지를 떠돌며 망명 생활을 했고, 독일의 문학과 사상을 소개한 저서 『독일에 대하여』가 유명하다.
4 Staël, *Über Deutschland*, Frankfurt a. M. 1985, 440.

하면서도, 과거의 여러 시대에서 내키는 대로 빌려 온 의상들을 계속 갈아입었던 것이다. 역사에서 지나치게 과장된 모든 의상은 그런 광적인 위장으로 은폐된 것이 과연 백일하에 냉철한 정신으로 조명하면 어떻게 보일 것인지, 그 배후의 생각을 따져 묻는 호소이다. 그렇기 때문에 항상 상대적인 리얼리즘의 새로운 단계로 나아가는 것이 낭만주의의 필연적 귀결이다. 괴테가 가장 크게 위장한 시인으로 보였던 시대가 지나간 이후에는 청년 독일파가 마치 '물자체'Ding an sich처럼 보이는 것이다.•

하이네Heinrich Heine는 프랑스 독자들의 구미에 맞게 프랑스 낭만주의와 독일 낭만주의를 비교하는 정론적 성격의 글을 썼다. 그에 따르면 독일 낭만주의는 프랑스대혁명 같은 혁명을 거치지도 않고 중세를 부활시켰다는 점에서 독일의 자유와 행복을 위협했다. 반면에 프랑스 낭만주의는 어느 날 갑자기 깨어난 호기심을 단지 기교적으로 충족하고 있다. 왜냐하면 프랑스에서는 '위대한 주권자' 즉 프랑스 민중 자신이 "갑자기 과거의 무덤을 열어젖히고 이미 오래전에 파묻히고 사라진 시대들을 대명천지에서 구경하겠다는 호기심을 느꼈기 때문이다." 하이네는 프랑스인들이 이런 도락에 빠지는 것은 해롭지 않다고 보았다. 그들은 그저 의상을 갈아입고 유행을 바꾸고 싶은 욕구를 느꼈을 뿐이기 때문이다.

• 청년 독일파는 괴테의 고전주의, 괴테를 비판한 낭만주의를 모두 비판하고 급진적 정치성을 추구한 문학 경향이다. 따라서 본문의 문맥에서는 괴테를 비판한 낭만주의도 청년 독일파의 실체에는 접근할 수 없었다는 비유적 의미에서 청년 독일파를 칸트의 '물자체'에 견주고 있다.

대부분의 프랑스인들이 과거의 무덤 속을 들여다본 것은 단지 사육제에 입을 신기한 의상을 찾고자 하는 의도에서였다. 고트족의 복장도 프랑스에서는 한때의 유행이었을 뿐이고, 그런 유행은 그저 현재의 흥미를 돋우는 데 요긴했을 따름이다. 사람들은 중세풍으로 머리카락을 등 뒤에 길게 치렁치렁 늘어뜨렸다. 그러다가 이발사가 이런 스타일을 마땅치 않아한다는 낌새를 알아채기만 하면 사람들은 바로 머리를 싹둑 잘라버렸는데, 물론 머리 스타일에 배어 있는 중세식 사고도 함께 잘라냈다. 아, 그런데 독일에서는 딴판이다![5]

하이네가 이 글을 쓰던 무렵 그가 프랑스의 '주권자'라고 생각한 프랑스 독자들 자신은 프랑스혁명 역시 과거에 눈을 돌리고 자신에게 어울리는 로마 공화정의 의상을 이용했다는 사실,* 그리고 이런 유행의 차용이 하이네가 추켜세운 것과 달리 주권의 행사와는 무관하다는 사실을 이미 잊고 있었다. 의상을 갖출 필요성을 느꼈던 것은 이전에 계몽주의가 벌거벗은 진리를 추구했던 논리를 답습한 것이었다. 이로써 계몽주의가 추구한 벌거벗은 상태 자체도 일종의 의상이었다는 테제가 뒤늦게 입증된 셈이다. 그 벌거벗은 의상은 로마 공화정의 의상이나 중세 고딕의 의상처럼 대담하게 걸칠 수 있었던 것이다. 사실 하이네 자신도 계몽주의가 — 혹은 그가 계몽주의라 일컬었던 시대정신이 — 여러 겹의 의상을 걸치고

---

5 Heine, *Romantische Schule*(1833), III 6, 494 f.
● 프랑스 혁명정부는 로마 시대 공화정의 이상을 프랑스혁명이 제대로 실현한다는 식으로 혁명의 명분을 정당화했다.

나타난 현상이었다. 낭만주의 이후 또는 심지어 낭만주의 안에서도 하이네는 다른 모습으로는 등장할 수 없었다.

여기서 잊지 말아야 할 것은, 하이네가 계몽주의와 낭만주의의 결합을 시도하여 곧잘 성공하기 한 세기 전에 이미 초기 독일 계몽주의에서 덜 복잡한 형태로 빌란트Christoph Martin Wieland가 계몽주의와 로코코를 비교적 성공적으로 결합했다는 사실이다. 그런데 앙상한 이성의 원칙과 그것을 시대에 맞게 표현하는 능력을 이렇게 결합하려 한 것은 벌거벗음과 위장 사이의 근본적인 은유적 상관성을 반영하는 현상이다. 이러한 인간적 기본욕구를 해명하는 것이 빌란트의 작품에서 아가톤*의 교양 이념의 원칙이자 『아브데라 사람들의 이야기』(1781, 1774년부터 부분적으로 발표됨)에서 제시하는 교양 이념의 원칙이다. 이 작품의 주인공 데모크리토스는 나중에 철학자가 되어 원자론의 창시자 중 한 명이 되는데, 풍족한 재산을 물려받은 그는 젊은 시절에 트라키아에 있는 이오니아의 식민지였던 고향 도시 아브데라를 떠나 세상의 견문을 넓히기 위해 여행을 떠난다. 이를 통해 (세상에서 우매하다고 평이 난) "아브데라 토박이가 인간적 지성을 갖추는" 데 성공한다. 그 과정에서 그의 고향 도시는 아무런 도움도 되지 않았다. 그래서 그는 여행을 떠날 수밖에 없었던 것이다.

자연과 예술을 그 모든 원인과 결과 속에서 깨우치기 위하여. 그리고 인간을 벌거벗은 상태와 온갖 의상으로 위장한 상태로, 거친 모습과 가

• 빌란트의 소설 『아가톤』(1766)의 주인공.

꾼 모습으로, 치장한 모습과 치장하지 않은 모습으로, 온전한 모습과 갈 가리 찢어진 모습으로 깨우치기 위하여. 그리고 다른 모든 사물들이 인간과 어떤 관계를 맺고 있는지 그 전모를 깨우치기 위하여.[6]

주인공 데모크리토스는 자연에 대한 관심의 표본으로 이집트나방의 누에 애벌레를 관찰한다. 그 누에 애벌레는 데모크리토스에게 자연에 대한 관심이 어떻게 인간에게 유익하게 기여할 수 있는가를 보여주는 표본이다. 예컨대 어느 고장에서 누에가 실을 뽑아내어 인간의 옷을 만드는 데 기여한다면 다른 고장에서도 누에는 그런 유익한 일을 할 수 있을 것이다. 이 작품에 나오는 모든 이야기가 그러하듯, 벌거벗은 상태와 옷을 입은 상태의 기본적 이원론은 자연이 이러한 이원론과 맺는 관계, 이성의 활동에서 겉으로 표명한 생각과 뒷전에 감춘 생각의 관계에도 똑같이 적용된다. 그런데 귀향하는 데모크리토스는 자신이 깨우친 이성의 그런 양면성을 고향 사람들에게 사실대로 말하지 못한다. 고향 사람들은 그저 그가 함께 데려온 원숭이와 악어 등에 만족한다. 고향 사람들은 또한 데모크리토스가 현자賢者가 되었다는 것을 확인할 수 없는 온갖 지식에 만족할 뿐이다. "결국 아브데라 사람들은 자신들이 멍청이라는 것을 인정해야만 했다. 그러는 것이 아무리 어처구니없어도 어쩔 수 없었다."[7]

루키아노스Lucianos●를 독일어로 번역했던(1788/89) 빌란트는 데모크

6 Wieland, *Geschichte der Abderiten*, I, 3, 600.
7 I, 2, 599.
● 고대 로마의 시인.

리토스 이야기를 출간한 직후에 『신들의 대화』1789~1793에서 새로운 형식
을 실험한다. 여기에 수록된 열세 편의 대화 중 마지막 다섯 편은 "부분적
으로는 프랑스혁명 전반을 통해, 또 부분적으로는 이 혁명 이후의 특수한
시기들을 통해" 자극을 받아 쓴 것이라고 빌란트 자신이 밝히고 있다. 그
러면서 빌란트는 이런 사건들을 지켜보면서 "온건함과 관대함의 정신"[8]
을 권면하는 것이 이 시대의 정파들에겐 환영받지 못하겠지만 후대의 관
심을 기대한다고 덧붙였다. 이 책의 마지막 대화는 올림포스 신전에서 헤
라가 역사상 가장 정치적이었던 — 세미라미스Semiramis•에서부터 영국
의 엘리자베스 여왕에 이르기까지 — 여성 인물 네 명과 함께 비밀회의
를 열어서 계몽주의와 그 공적인 영향력의 한계에 관해 토론하는 것이다.
세계의 불가사의로 간주되는 비밀의 정원을 건설한 바빌론의 세미라미
스 여왕은 "학문의 무분별한 남용"을 성토하면서, 지혜의 대변자인 학자
들이 "그들이 알고 있고 사고하는 모든 지식을 무차별하게 공유하는 것"
을 금지해야 한다고 주장한다. 진리를 발가벗겨 노출하는 것은 제지되어
야 하고 새롭게 감추어야 한다는 것이다.

모든 학문, 특히 철학이라는 말로 포괄되는 학문은 경솔한 그리스인

---

8 Wieland, Göttergespräche. *Ausgewählte Werke*, Bd. 3, 635.
• 고대 아시리아의 전설의 여왕. 시리아의 여신 데르케토와 어느 시리아인 사이에서 태어났지
   만 어려서 버려져 비둘기에 의해 교육되었다. 성장한 후 아시리아 왕 니누스의 총애를 받아
   왕자 니뉴아스를 낳았다. 아들이 성인이 되기 전까지는 섭정으로 권세를 누렸으나 마지막에
   는 니뉴아스에 의해 배반당했는데, 신탁을 보다 니뉴아스의 모반을 알는 그에게 권력을
   이양하고 비둘기가 되어 승천했다고 전해진다.

들이 벗겨낸 신성한 비밀의 베일로 다시 감추어서 소수 정예의 현자 단체에게 맡겨야 한다. 그리고 (그 단체가 항상 복종해야 하는) 정부는 그 현자 단체의 운영 체계와 활동을 소상히 파악하고 감독해서 적절한 제한 조치를 취해야 한다.[9]

이런 발언이 1794년 시점에서 빌란트가 프랑스혁명을 평가한 것으로 읽힐 필요는 없다. 그렇긴 하지만 동시대의 사태에 대한 단지 반어적인 논평만도 아니다. 왜냐하면 바빌론 여왕의 말로 표현하듯이, "우리 시대에 이미 최고의 단계에 도달했"으며, 바로 그렇기 때문에 이미 "뚜렷한 성과를 거두었고" 따라서 이제는 "일찍이 사람들이 어떤 작위성도 없는 소박함과 양명함과 따뜻한 감정과 열정으로 충만해서 행복했던 황금시대로 되돌아가기를 갈망한다"는 것이다. 그리하여 계몽의 혜택을 가장 많이 받은 사람들조차도 "자연의 거친 자식들이 누리는 행복을 부러워하는" 지경에 이르렀다는 것이다.[10] 이런 발상은 루소주의와 친화성이 있다. 빌란트는 과거 시대의 자연 상태에 대한 동경에서 18세기 합리주의를 교정하고 또 합리주의의 급진적 실천인 혁명을 교정할 수 있는 힘이 있다고 보았다. 여기서 간과하지 말아야 할 것은, 빌란트가 보기에 진리의 베일을 벗기기 시작한 때는 18세기가 아니며 경박한 그리스인들이 그런 과정을 시작했다는 것이다. 그럼에도 빌란트는 페리클레스 시대의

---

9 Wieland, 같은 책, 748.
10 같은 책, 749.

바빌론 여인 아스파시아Aspasia*의 말을 빌려 그런 주장을 반박하고, 계몽에 제한을 가해야 한다는 제안은 실행 불가능하다고 천명한다. "일단 자신의 이성을 사용할 능력이 생긴 백성들에게서 모든 무기 중에서도 가장 가공할 무기인 이성을 다시 빼앗으려는 무모한 시도를 하느니 나는 차라리 헤라클레스의 손에서 곤봉을 빼앗는 쪽을 택하겠다."[11] 지식과 학문은 "공기와 햇볕"처럼 인류의 공유 자산이 되었으므로 다시는 비밀의 베일로 감출 수 없다는 것이다.

다시 빌란트에서 하이네로 돌아가자면, 또는 빌란트의 관점에서 하이네를 예견하자면, 독일과 프랑스의 차이에 대한 하이네의 근본적인 경험, 특히 언어적 차이에 관한 경험이 벌거벗은 진리와 베일로 가린 진리에 관한 하이네의 은유 사용에도 반영되어 있다는 것이 특이하게 눈에 띈다. 예컨대 하이네는 예전에 베를린에서 헤겔을 만났을 때 헤겔이 사용하는 용어를 이해하는 데 어려움을 겪었는데, 나중에 헤겔의 용어를 프랑스어로 번역하려고 시도하면서 비로소 깨우쳤다는 것이다. 하이네에 따르면 헤겔은 자기가 하는 말을 굳이 이해시키려 하지 않았으며, 자신의 말을 전혀 알아듣지 못하는 사람도 예우해 주었다고 한다. 예컨대 작곡가 자코모 마이어베어Giacomo Meyerbeer의 형인 하인리히Heinrich는 헤겔과 가장 절친한 사이였는데, 헤겔이 줄곧 혼잣말을 해도 방해하지 않아서 그런 관계

• 아테네 장군 페리클레스의 애인. 정치와 수사학에 능통하였다고 하며, 플라톤에 따르면 페리클레스의 유명한 장례 연설의 초고는 그녀가 썼다고 한다. 여성의 사회적 지위가 낮은 당시의 아테네에서 그녀는 예외적인 존재였다.

11 같은 책, 753.

가 유지되었다고 한다. 펠릭스 멘델스존Felix Mendelssohn의 전언에 따르면 역설적이게도 헤겔 역시 하인리히의 말을 알아듣지 못했다고 한다. 서로의 말을 알아듣지 못하는, 베를린에서 벌어지는 이런 코미디를 하이네는 오랜 세월이 지난 후에 파리에서 헤겔의 추상적인 학문 용어를 "건전한 이성과 보편적인 이해 가능성이라는 모국어"로 번역할 때 비로소 이해하게 되었다. 이런 경우 번역자는 자기가 할 말이 무엇인지 분명히 알고 있어야 한다. 그리고 "아무리 파렴치한 개념도 결국 신비로운 의상을 벗어던지고 벌거벗은 모습을 드러내지 않을 수 없게 된다." 하이네는 단지 실험에 그치지 않고 꼬박 2년 동안 헤겔 철학을 그런 방식으로 번역하려고 애썼다. 그리하여 번역이 끝났을 때 하이네는 "번역 원고를 바라보자 섬뜩한 전율에 휩싸였다. 마치 번역 원고가 나를 낯설고 조롱하는 악의적인 시선으로 바라보는 것만 같았다. 나는 저자와 글이 서로 합치되지 않는 이상한 당혹감에 빠져들었다."[12]

하이네는 『고백록』을 쓸 계획을 세웠으나 완성하지 못했고 원고의 일부를 스스로 없애버리기도 했다. 그 서문에서 하이네는 어떤 여성에게 말을 건네면서, 많은 것을 시사하는 말을 한다. "나는 당신에게 내 인생의 동화를 이야기해 주겠소." 한편으로 이것은 일찍이 비망록을 썼던 선대 작가들이 정직하게 털어놓지 않았음을 책망하는 말이다. 루소의 『고백록』과 그 못지않게 괴테의 자서전 『시와 진실』도 비꼬는 말이다. 이 선구작들은 진솔하게 고백하려는 태도와 진실을 감추려는 태도가 뒤섞여

---

12 Heine, Geständnisse, WW VI/1, 472 f.

서 다중적인 의미를 만들어낸다. 저자는 자기 시대의 관찰자이자 제물로서 자신을 표현해야 한다. 고백록의 자기만족적인 특성은 시대적 요구를 감당할 수 없다. 소심하게 가족 관계를 고려하거나 종교적인 조심성 때문에 원고의 절반은 없애버려야 하며, 나머지 절반의 기록도 죽기 전에 불의 심판을 받아야 할 터이다. 설령 불의 심판을 받더라도 불행한 일은 아니다. 왜냐하면 불의 심판을 면한 것은 결국 잊힐 운명이니까. 이런 식으로 말을 건네는 "소중한 여인"에게 하이네는 정작 그의 고백록과 편지를 다 읽게 할 수도 없고, 그렇다고 그녀의 "사랑스러운 호기심을 달래주려는" 자신의 선의를 무조건 억누를 수도 없다. 하지만 그런 식으로 거리를 두면서도 매력을 느끼는 여인이 기대하는 것을 하이네는 대담한 어법의 절묘한 은유로 표현하고 있다. "영혼에서 베일이 벗겨져 내리니 그대는 벌거벗은 아름다운 영혼을 바라볼 수 있습니다. 그런데 이 영혼에는 어떤 얼룩도 없고 오로지 상처뿐입니다."[13] 이것은 벌거벗은 영혼이 나중에 니체가 말하듯 '이 사람을 보라'라고 하는 격이다. 이 벌거벗은 상태는 고통으로 점철된 한 인간의 맨몸을 드러내 보이는 것으로, 후기 하이네의 본모습을 보여준다.

하이네는 훨씬 이전에 온갖 위장술에 맞서서 야만적인 벌거벗은 모습을 들춰낸 사례로 무엇보다 셰익스피어를 꼽는다. 1840년에 뵈르네Ludwig Börne*를 추모하는 글에서 하이네는 1830년 6월 29일 헬골란트에서 쓴 메

---

13 Memoiren, 같은 책, 556.
• 청년 독일파의 시인.

모를 인용하면서 구약성경을 셰익스피어와 비교하는데, 양쪽 모두의 언어는 "자연의 산물"이라고 말한다. 셰익스피어는 "구약성경의 직설적인 문체"를 연상시키는 뭔가를 찾아낼 수 있는 유일한 작가라는 것이다.

셰익스피어의 작품에서도 말은 우리를 깜짝 놀라게 하고 충격을 주는, 소름 돋는 벌거벗은 모습으로 표현된다. 셰익스피어의 작품에서 우리는 어떤 인위적 의상도 걸치지 않은 맨몸의 진실을 곧잘 마주치게 된다. 그러나 그것은 특정한 순간에만 일어나는 체험이다.[14]

뵈르네 추도사를 준비하던 무렵에 쓴 「셰익스피어의 동화와 여성들」 1839이라는 글에서 하이네는 셰익스피어의 폭로 방식을 프랑스풍의 폭로 방식과 비교하며 프랑스풍을 완전히 깎아내리고 있다. 여기서 셰익스피어는 정치 혁명과 관련해서도 독보적인 작가로 평가되는데, 정치 혁명은 문학적인 혁명도 야기했고, 문학 혁명의 과격함은 어쩌면 정치 혁명을 능가했을 것이다. 물론 하이네의 이런 평가는 완전히 공정하게 대상에 몰입한 것은 아니었고 철회될 소지도 있었다. 어떻든 프랑스인들은 지나치게 어머니를 따르는 자식들이고, 유모의 젖을 빨며 사회적인 거짓도 함께 빨아들였기 때문에, 셰익스피어의 취향을 제대로 파악하고 이해하지도 못한다는 것이다. 그런데 얼마 전부터 프랑스 작가들 사이에도 셰익스피어와 같은 자연스러움을 거리낌 없이 추구하는 경향이 나타나고 있다. "그

---

14 WW IV, 46 f.

들은 관습적인 의상을 몸에서 벗어던지려고 절망적으로 몸부림하며, 그리하여 끔찍스러운 벌거벗은 모습을 드러낸다." 그런데 프랑스인들은 아무리 벗어도 뭔가를 걸치고 있는 듯한 느낌을 주는데, 그런 "유행을 덕지덕지 기운 흔적"은 그들이 물려받은 부자연스러움이다. 독일의 관객이 그런 모습을 지켜보노라면 슬며시 "조롱의 미소"가 새어 나오는 것도 무리는 아니다.

그런 프랑스 작가들은 18세기의 비윤리적인 애정 행각을 묘사한 소설들에 나오는 동판 삽화를 상기시킨다. 그 삽화들을 보면 남녀가 낙원에서처럼 자연의 의상을 걸치고 있지만(벌거벗고 있다는 뜻 — 옮긴이), 남자들은 우스꽝스럽게 머리를 뒤로 땋아 내리고 있고, 여자들은 우뚝 솟은 장식 머리를 하고 뒷굽이 높은 신발을 신고 있다.[15]

이처럼 벌거벗은 상태도 여전히 어떤 의상을 걸치고 있는 셈이며, 계속 감춰진 자연스러움의 외양일 뿐이다. 그렇다면 벌거벗은 모습은 의상을 끌어내리는 몸짓을 통해 유발되는 환상임이 드러난다. 구약성경과 셰익스피어를 자연스러움의 극한치로 생생히 떠올리기 어렵다면, 양파 껍질을 벗기는 과정을 떠올려볼 수 있다. 완전히 벌거벗은 맨몸은 존재하지 않는다.

그리고 나서 하이네는 1844년 파리에서 『독일. 겨울 동화』를 쓰는 동

---

15 Ⅳ, 281 f.

안 "파리의 자유로운 공기"가 그가 원래 좋아하는 정도보다 더 세차게 그의 시에 파고드는 바람에 독일 풍토에서는 감당하기 힘든 부분들을 완화하거나 잘라내지 않을 수 없었다. 하지만 이 정도로는 최종적인 성공작이 되지 못했다. 왜냐하면 그의 책을 내기로 한 함부르크의 출판사가 더 손질해 달라고 요청했기 때문이다. 그래서 "나는 울화가 치밀어서 적나라한 생각들을 가려주는 무화과 잎사귀를 다시 떼어버렸다."[16] 그러니 나중에 나온 책에 아직도 미풍양속을 해치는 구절이 있다면 그것은 무리한 요구를 했던 출판사의 잘못 탓이다. 결국 이교도의 벌거벗은 모습, 고대의 순진무구함은 맨몸을 적대시하는 기독교의 압박하에 질식하기에 이른다. 하이네가 『신시집』1840에 수록한 설화시 중에 등장하는 프시케*의 모습을 보면, 그녀는 처음에는 잠이 든 사랑의 신 에로스의 침상으로 몰래 다가가지만 그의 아름다운 모습을 보고는 얼굴을 붉히고 전율한다. 그러자 "베일을 벗은 사랑의 신"은 잠에서 깨어나 달아난다. 이 밤의 장면 다음에 이어지는 이야기는 고대가 종말을 고하고 나서 하이네의 시대까지 이어지는 이야기, 즉 18세기 내내 진행된 참회의 이야기이다. "이 가련한 여인이 죽을 지경이로구나!/ 프시케는 금식 고행을 하는구나,/ 에로스의 벌거벗은 모습을 보았기 때문이로다."[17]

벌거벗음은 결국 혐오를 유발하는 핵심어가 되었다. 『고백록』1854에서 하이네는 ─ 볼테르조차도 개전의 정이 없는 완고한 이신론理神論,

16 『독일. 겨울 동화』 서문. IV, 573.
• 그리스 신화에서 사랑의 신 에로스의 연인으로 나오는 요정.
17 IV, 387.

Deismus* 신봉자로 단죄하고 화형에 처할 ─ "무신론의 광적인 수도사들, 불신앙의 대심문관들"에 맞서서 조상들이 섬기던 예전의 신에게 귀의한다. 프랑스혁명 이전 시기에만 해도 사람들이 무료한 궁정 생활에서 권태를 쫓아내고 시간을 때우기 위해 왕정의 전복을 꿈꿨다면, 그런 망상이 이제는 하층민들 사이에 무도하게 신을 부정하는 불신 풍조로 널리 퍼졌다는 것이다. 그들 사이에서 무신론은 치즈와 브랜디와 담배 냄새를 지독하게 풍기기 시작했고, 하이네는 그 지독한 냄새에 화들짝 눈을 떠서 무엇이 자신의 이성을 앗아 갔는가를 "이 역겨운 냄새를 통해" 깨우쳤다. 이렇게 하이네의 무신론은 종말을 고했다.

진실을 말하자면, 내가 무신론자들의 원칙을 혐오하고 그들을 떠나기로 결심한 이유는 단지 그 역겨움 때문만은 아니었다. 여기에는 내가 견딜 수 없었던 모종의 세속적인 우려도 작용했다. 다시 말해 이 무신론은 소름 끼치게 벌거벗고 무화과 잎사귀마저도 떼어내어 버린 공산주의와 어느 정도 결탁하고 있다는 것을 알았기 때문이다.[18]

그렇지만 하이네는 걱정하며 지켜야 할 재산도 없었고 문필 활동의 제약을 걱정할 필요도 없었기 때문에 무신론과 공산주의에 대한 혐오는

---

* 18세기 계몽주의 시대의 기독교 사상. 성서를 비판적으로 연구하고 계시(啓示)를 부정하거나 그 역할을 현저히 후퇴시켜서 그리스도교의 신앙 내용을 오로지 이성적인 진리에 한정한 합리주의 신학의 종교관.

18 VI, 467.

결국 다시 미학적으로 전이되어 "예술가와 학자의 은근한 불안"으로 바뀌었고, 그것은 장구한 세월에 걸쳐 힘들게 이룩한 문화와 아름다움과 세상의 즐거움의 최고의 성과를 잃지 않을까 하는 두려움이었다.

베살리우스

고대와 중세에는 천지간에 가장 숭고한 두 가지 대상이 이론적 접근이 어려운 특별한 대상으로 남아 있었다. 그것은 별이 빛나는 하늘과 인간의 몸이었다.

천문학은 탐구 대상에 관해 천체 현상을 설명할 수 있는 현실적으로 타당한 상(像)을 확보할 수 없었다. 하나의 별이 과연 무엇이고 무엇이 그 별을 움직이는가 하는 문제는 불가사의한 비밀로 남았다. 다만 눈에 보이는 운동의 엄밀한 법칙만이 오랜 시간을 두고 확인될 수 있었고, 그 운동이 다시 반복되는 주기를 계산하는 데 활용되었다.

의학적 탐구는 인체의 표면에 나타나는 현상에 국한되어야 했다. 의학은 그런 현상을 특정한 장애나 고통으로 분류하여 내적인 생리작용, 즉 파악할 수 없는 생리작용의 징후라고 보았다. 별이 빛나는 하늘의 외관상 둥근 구형과 마찬가지로 인체의 피부는 이론적 탐구 대상의 집약체였다. 양쪽 모두 예측을 위한 단서를 제공했고, 인체의 피부는 아울러 치료를 위한 단서를 제공했다.

그런데 두 영역에서 이론적 탐구의 형이상학적 제약으로 간주되어 온 한계가 똑같은 해에 허물어졌다. 코페르니쿠스Copernicus가 천문학의 한계를 허물었고, 베살리우스Andreas Vesalius*가 의학의 한계를 허물었다. 양쪽 영역 모두에서 깊이 파고들수록 계속 새로운 차원에 도달했고, 그때마다 열리는 전체의 맥락에 관한 추정은 결코 어느 지점에 종결될 수 없었다.

피부가 노출될 때까지 벌거벗겨진 사람은 그런 정도의 잠정적인 노출을 통해 피부에 의해 형성된 인체 표면이 몸속의 위기 징후를 드러내는 만큼 탐구 대상이 될 수 있다. 그 사람은 인체의 본질적인 기능이 그렇게 감춰져 있는 덕분에 투시할 수 없는 존재가 된다. 그것은 피부라는 인체 표면이 몸속을 다른 사람이 보지 못하게 하는 능력에 힘입은 것이다.

해부학과 생리학과 병리학은 인체 표면을 통해 탐구의 길을 개척해 가면서, 점점 더 적나라하게 인체 내부를 드러냈다. 이것은 과거와는 비할 수 없는 충격을 수반했다. 왜냐하면 살아 있는 사람에겐 인체 표면을 통해 자신의 고유한 몸속에서 보호할 수 있었던 모든 것이 죽은 시신의 경우에는 손과 눈으로 다 파헤칠 수 있는 것으로 입증되었기 때문이다. 그런데 이것은 살아 있는 인체가 죽은 시신으로 바뀐 다음에만 가능한 것이 아니라, 역으로 살아 있는 인체에 대해서도 똑같이 적용될 수 있을 터였다. 다만, 몸속에 이미 존재하는 것을 드러내지 말아야 할 따름이었다. 인

---

* 벨기에의 해부학자. 근대 해부학의 원조라 일컬어진다. 브뤼셀에서 태어났고 파리에 유학, 이탈리아의 대학교수가 되었고, 후에 독일 황제의 시의가 되었다.

210

체에 대한 이론적 탐구와 치료가 진전된 대가로 인체를 가차 없이 노출시키는 냉정함이 용인되었다.

이런 관점에서 볼 때 수백 년 동안 인체에 칼을 대는 수술이 저급한 시술로 간주되었고 또 시신의 절개가 허용되지 않았다는 사실은 독자적인 의미를 갖는다. 그러나 이런 오랜 금지가 해제되자 인체와 관련해서도 새로운 질적 수준의 인식이 가능해졌을 뿐 아니라, 인체를 대하는 태도 역시 어떤 것을 보아도 냉정한 질적 변화를 가져왔다. 이제 몸속은 겉으로 드러나는 것과 비교할 때 전혀 다른 종류의 은유, 즉 점점 미지의 영역으로 파고드는 은유가 되었다. 이 과정은 더 이상 파고들 수 없는 마지막 장애물에 도달할 때까지 불가피하게 계속되어야만 했고, 그 마지막 장애물 뒤에서 인식되는 것은 더 이상 자신이 책임져야 하는 자신의 고유한 몸이라 할 수 없게 되었다.

베를린의 의사 헤르츠Markus Herz는 스승 칸트와 주고받은 편지의 수준을 놓고 판단하건대 칸트의 가장 뛰어난 제자였다. 헤르츠는 1770년 칸트가 교수 취임 논문을 발표하는 자리에 토론자로 참석한 바 있다. 칸트는 그의 제자가 계속 의학 공부를 하는 과정을 한편으로 관심을 갖고, 다른 한편으로는 평소에 의학을 독약과 다름없이 여겼던 입장에서 거리를 두고 지켜보았다. 칸트는 제자에게 유능한 스승의 지도하에 의술 실습을 하라고 충고했다. "앞으로는 젊은 의사가 어떻게 올바르게 수술을 해야 하는지 방법을 배우기 전에는 공동묘지에 시신을 안장해서는 안 될 걸세."[1] 이런 경고가 있고 나서 불과 4년 후에 헤르츠는 베를린 유대인 구역 병원의 의사로서 『의사들에게 보내는 서한』1777에서 ── 이 책은 1784년에 벌써 두 권으로 증보해야만 했다. — 칸트가 말했던 것과 똑같은 경고를 했다. 여기서 헤르츠는 의사에게 부정적인 경험의 중요성을 칸트 식의 언어로 설명하고 있다. 즉 "부정적인 경험은 의술의 한계를 확인하고", 따라서 병리학의 끊임없는 확장에 기여할 거라고. 그렇기 때문에 해부 기술은 의술의 실행을 위해 가장 중요한 가치가 있다는 것이다. "해부 기술은 우리가 이전에는 맹목적으로 싸웠던 적을 벌거벗은 상태로 볼 수 있게 해준다. 물론 지금의 경우에는 (이미 죽은 시신을 대하므로 목숨을 살리기엔) 언제나 너무 늦었지만, 그래도 해부 기술은 우리에게 적을 알 수 있는 기회를 주고, 앞으로는 더 확실한 무기로 대적할 수 있게 해준다."[2] 이 책의 제2권에 실린 네 번째 서한에서 헤르츠는 칸트가 1773년 편지에서 전해준 경고를 새롭게 표현하고 있다. "의학에서도 그렇고 다른 분야에서도 이론이라는 것은 흔히 자연현상을 설명하는 것보다는 개념을 이해하기 쉽게 풀이하는 데 더 많은 관심을 기울인다."[3] 이 말을 헤르츠는 경험이 풍부한 의사의 관점에서 다음과 같이 해석한다. "그런 시절이 있다. 그것은 대개 의술을 배우는 의사의 초년 시절이다. 왜냐하면 의사에겐 경험을 수집하는 것보다 더 쉬운 것은 없기 때문이다. 의사의 손으로 끝까지 추적한 모든 질병은 의사에겐 의술을 더 풍부하게 해주는 경험 사례로 보인다. (…) 단 하나의 의술을 완성하기 위해 얼마나 많은 경험을 거쳐야 하는가는 나중에 가서야 깨닫게 된다."[4] 병리학은 인간의 벌거벗은 상태가

---

1 Kant an Markus Herz, WW X, 143.(1773년 말)
2 M. Herz, *Briefe an Ärzte*, Berlin 21784, Bd. 1, 169.
3 Kant: WW X, 143.

몸속으로 끝없이 파고들기 위한 시발점이라는 역설적 사태에 직면한다. 이와 마찬가지로 의사의 경험은 의학적 경험을 통해 도달할 수 있는 것을 이미 갖고 있어야 한다는 역설에 직면한다. 진부하게 들릴지 모르겠으나, 인간이라는 존재는 벌거벗음의 은유를 — '양파 껍질 벗기기'나 '엉겅 퀴 가시 뽑기'처럼 — 끔찍할 정도로 계속 유예해야만 하는 사례이다. 인 간은 그 속을 열어보아도 최종적인 것은 아무것도 나오지 않는다. 그리고 최종적인 것에 도달한 것처럼 보이면, 그 최종적인 것은 더 이상 인간 자 신의 것이 아니다.

---

4 Herz, 같은 책, Bd. 2, 5.

샤틀레 부인

계몽주의자에게 진리의 벌거벗은 상태란 무엇을 뜻하는가? 이 물음은
벌거벗은 상태가 만들어지는 인간학적 조건과의 관련 속에서만 답변될
수 있다. 샤틀레 부인*의 연인이었던 볼테르에게 그의 하인이자 나중에
비서가 된 롱샹Longchamp은 샤틀레 후작 부인이 자신이 보는 앞에서 거리
낌 없이 옷을 갈아입는다고 알려주었는데, 이 소식은 볼테르에게 건성으
로 넘길 문제가 아니었다. 어떤 사람이 거리낌 없이 행동한다는 것은 어
떤 의미를 가질까? 옷을 벗는 사람은 자신이 혼자 있고 아무도 보지 않는
다고 생각하고 그렇게 행동하는 것이다. 이런 전제가 타당하지 않다면,

• 에밀리 뒤 샤틀레(Émilie du Châtelet, 1706~1749)로 알려진 프랑스 과학자. 최초의 근대
  여성 과학자로 불린다. 어학에도 뛰어나서 라틴어, 이탈리아어, 그리스어, 독일어에 능했고
  과학 연구뿐 아니라 번역에도 힘썼다. 라틴어로 쓰인 뉴턴의『프린키피아』를 프랑스어로 번
  역하고 명료한 이해를 돕는 상세한 주석을 달았다. 문법 연구와 성서에도 관심을 갖고 연구
  했으며, 라틴어와 그리스 고전들을 번역했다.

누군가가 그 자리에 있긴 하지만 알아채지 못한다는 뜻일 것이다. 이것은 친밀함이나 신뢰감에서 나오는 태도가 아니라 무시하는 태도이다. 다시 말해 벌거벗은 모습을 보는 증인은 자기가 그 자리에 없거나 자신의 존재가 무시당하고 있다는 생각이 들 것이다. 하인을 완전히 멸시하는 것이다. 하인은 있으나 마나 한 무관심의 대상이다.[1]

이것은 옷을 벗는 행위를 의식하는 모든 경우에도 어느 정도 적용될 수 있다. 옷을 벗는 장면의 증인을 세우는 사람은 그런 행위에서 어떤 결론을 내릴까? 어떤 효과를 노리든 노리지 않든 간에 그것은 그 자리에 함께 있는 사람에게 무관심을 과시하고 있다는 혐의를 받게 마련이다.

계몽주의에서 벌거벗은 진리의 은유를 사용할 때는 어느 정도 그런 태도가 깔려 있다. 진리가 진리에 봉사하는 사람에게 거리낌 없이 드러날 수 있는 것은 진리가 그런 사람에게 베푸는 시혜가 아니라, 진리에 봉사하는 사람, 주체, 개인이 마치 하인이 주인의 무관심에 감염되듯이 무관심에 감염되기 때문이다. 왜냐하면 엄밀한 의미에서 주체의 무관심은 객관성이라는 새로운 방법적 이상, 그리고 객관성을 위해 주체를 가차 없이 기능화할 수 있다는 진리관 속에 내포되어 있기 때문이다.

---

1 Orieux, *Das Leben Voltaire*, Bd. 1, Frankfurt a. M. 1968, 349.

악타이온

악타이온의 아버지는 아폴론의 아들 아리스타이오스이므로 악타이온
은 아폴론의 손자인 셈이다. 악타이온의 누이 마크리스는 나중에 디오니
소스의 유모가 되었다. 악타이온의 할머니 키레네는 아폴론의 사랑을 받
아 아들을 낳았는데, 키레네는 그리스 신화에 나오는 최초의 페미니스트
였다. 키레네는 실을 잣고 천을 짜는 등의 가사 노동을 경멸했고 펠리온
숲에서 밤낮으로 거친 사냥만 즐겼기 때문이다. 아폴론이 그녀를 처음 본
것도 그녀가 사나운 사자와 싸울 때였다. 키레네의 이런 풍모는 손자 악
타이온의 운명과도 무관하지 않을 터였다.

악타이온은 어느 날 오르코메노스 근처의 강에서 아르테미스 여신이
목욕하고 있는 모습을 목격하게 되었는데, 마땅히 몸을 돌려 그 자리를
피해야 했으나 그러지 않았다. 아르테미스 여신은 하녀들에게도 완벽한
순결을 지키라고 엄명을 내린 터라, 아폴론의 손자가 자신의 벌거벗은 모
습을 훔쳐보는 것에 분노가 치밀었다. 후대에 전해지는 히기누스Hyginus

또는 파우사니아스Pausanias의 설명에 따르면,[1] 아르테미스 여신은 악타이온이 훗날 어디서든 여신의 벌거벗은 모습을 보았노라고 자랑하고 떠벌리는 것을 막을 작정이었다. 아르테미스와 같은 성정의 여신으로서는 남자의 눈길이 자신의 몸에 닿았다는 사실만으로도 참을 수 없는 모욕이었다. 그래서 여신은 악타이온을 사냥감 사슴으로 변신시켰고, 그러자 하필 악타이온이 끌고 온 50마리의 사냥개들이 그 사슴을 갈가리 찢어 죽였다. 이것은 악타이온의 가족 내력과 관련하여 그의 핏줄에 흐르는 사냥에 대한 지나친 열정을 잠재우고 그 자신을 사냥개의 제물로 삼은 처벌로 이해할 수 있을 것이다.

이 이야기에는 두 가지 동기가 얽혀 있다. 하나는 벌거벗은 여신을 바라보는 에로틱한 측면이고, 또 하나는 신이 드러내고 싶지 않은 있는 그대로의 모습을 바라보는 시선의 신화적 측면이다. 신은 항상 훨씬 훗날 스콜라철학이 '의지의 대상'objectum voluntarium이라 명명한 그런 존재이다.[*] 호메로스의 서사시를 보면 분명히 알 수 있듯이, 신이 어떤 모습으로 나타났다가 갑자기 사라지면 그것을 목격한 사람은 나중에야 그것이 신이었다는 것을 깨닫는다. 신은 그 모습이 사라짐으로 인해 목격자를 놀라게 한다. 그 반대로 신이 어떤 모습으로 출현하는 순간에는 목격자는 놀라지도 않고 신이라는 것을 알아보지도 못한다.

목욕하는 모습을 무엄하게 목격당한 여신은 자신이 허락하지 않은 것

---

1 Pausanias, Beschreibung Griechenlands, IX 2, 3.
● 신은 우리 자신과 무관하게 존재하는 것이 아니라 우리가 신을 찾으려는 의지를 가질 때 비로소 우리에게 모습을 드러낸다는 뜻.

을 감히 취한 자를 살려둘 수 없다. 그렇지만 악타이온이 그렇게 함으로써 여신은 자비를 베풀 수도 있는 존재가 되었다. 왜냐하면 여신이 그의 침범을 모면하고 구제되었다면 악타이온 또한 여인의 공격을 피해 구제되어야 할 것이기 때문이다. 그는 여신의 비밀을 알아내어 그 비밀을 간직한 존재가 되었으니, 이로 인해 여신은 그와 결속되고 그에게 맡겨진 셈이다. 그러나 순간적으로 계시되는 신적인 신비에 부분적으로만 참여하는 것은 있을 수 없다. 악타이온이 죽는 방식은 사냥의 환경에 어울리게 요란스럽다. 신을 본 자는 죽어야 한다는 것은 그에 관해 후대에 전해지는 신화에 어울린다. 악타이온의 경우에는 죽는 과정이 언어로 묘사되고 전승될 수 있기 때문에 신화의 고유한 언어로 번역된 것이라 할 수 있다. 그런데 여기서 신이 치명적인 심판자가 되는 것은 신을 훔쳐본 것 자체를 견딜 수 없기 때문이라고 쉽게 단언할 수 없다. 신을 훔쳐본 실제 사건 자체는 신화의 전승 속에서 이 이야기가 — 악타이온이 신적인 순결함에 거역하는 도전자로서 신화의 논리에서는 용납될 수 없는 역할을 맡아서 — 에로틱한 특성을 띠는 정도에 비례하여 사라진다. 그렇게 되면 여신이 목욕하는 장면을 우연히 훔쳐본 사건은 관음증자의 의례적인 행위가 되어버리는 것이다. 더구나 만약 악타이온이 그 장면을 더 잘 지켜보려고 나무에 올라갔다거나, 심지어 히기누스가 전하듯이 여신을 겁탈하려 했다면, 더더욱 그렇다. 그렇게 되면 신의 두려운 금기를 위반한 이야기는 여신에게나 가능한 완벽한 아름다움을 위해 목숨을 바쳐도 좋은 정열의 이야기로 바뀌는 것이다. 고대의 이 섬뜩한 이야기는 사냥개의 충직함을 이용함으로써 신적 금기를 위반한 행위가 낯선 존재를 알아보지 못한 것임을 분명히 주지시키고 있다. 그러나 후대의 신화 수용에서는 그 섬뜩함이 완화되는데, 예컨대 오비디우스가 50마리의 사냥개 이름을 모두 나열했고, 히기누스는 사냥개 이름을 두 배로 늘려서 오비디우스를 능가했던 것이다.

악타이온이 벌거벗은 여신의 모습을 무엄하게 훔쳐본 것이 억누를 수 없는 호기심을 가리키긴 하지만 과연 벌거벗음 진리와 관련이 있는지 고대 신화에서는 근거를 찾기 어렵다.

종교개혁과 인본주의에 반대하는 수구 세력을 풍자하는 글 모음집인 『비개화주의자들의 서한』1515을 보면 성경 해석의 영향을 받은 중세 후기의 신화 해석을 조롱하는 전거를 찾아볼 수 있다. 그것은 도미니크 교단의 콘라두스 돌렌코피우스라는 가상의 인물이 역시 가상의 인물인 스승 오르트비누스 그라티우스 석사에게 보내는 허구적 편지의 형식을 취하고 있다. 그는 하이델베르크 대학에서 신학 외에 시학도 공부했는데, 특히 시학 공부가 크게 진척되어서 오비디우스의 『변신』에 나오는 모든 이야기들을 네 가지 의미로 요약할 수 있노라고 했다. 그 과정에서 그는 영국의 도미니크 교단 수도사 토머스 월리가 1509년에 출간한 오비디우스 해석을 참고하게 되었는데, 그 책에는 오비디우스의 신화와 구약성경에 나오는 이야기 사이의 일치점이 제시되어 있다고 했다. 아르테미스 여신의 벌거벗은 모습을 훔쳐본 악타이온 이야기도 바로 그런 유사성을 생생히 보여주는데, 구약성경의 에스겔서 16장을 보면 선지자 에스겔 또한 악타이온 이야기와 다르지 않은 예언을 하고 있다는 것이다. "너는 벌거벗은 채 부끄러워했나니, 나는 네 앞을 지나가며 너를 바라보았노라."[2] 훗

날 볼테르는 라블레François Rabelais와 그의 선구자들에 관한 — 특히 『비개
화주의자들의 서한』의 집필자들을 라블레 못지않게 신랄하고 대담하게
글을 썼던 선구자들로 꼽는데 — 서한에서 바로 이 구절을 인용하고 있
다. 볼테르는 신화와 성경의 비교가 영국의 도미니크 교단 수도사에서 유
래한다는 말은 언급하지 않은 채 다름 아닌 선지자 에스겔의 문장을 인용
하면서, 에스겔이 신화의 장면을 환상으로 보았음에 틀림없다고 말한다.
"에스겔은 아르테미스 여신의 벌거벗은 모습을 훔쳐본 악타이온에 대해
이렇게 예언했다. '너는 벌거벗었고, 내가 그곳을 지나가면서 너를 보았
노라.'"[3]

2 *Briefe der Dunkelmänner*. Hrsg. v. Peter Amelung, München 1964. 68.
3 Voltaire, *Kritische und satirische Schriften*, München 1970, 394 f.

레싱

파른하겐 폰 엔제Karl August Varnhagen von Ense●는 1843년 5월 18일 일기
에서 레싱Gotthold Ephraim Lessing을 읽은 소감문 형식으로 레싱이 처했던 상
황과 그의 노년기 생활감정의 특징을 아름답게 묘사한 바 있다.[1] 그에 따
르면 레싱은 노년에 권태와 우울에 빠져서 끔찍한 인상을 주었는데, 그러
면서도 근면해서 꾸준히 작품을 쓰는 것을 보면 고통스러울 정도로 동정
심을 유발했다. "지금도 여전히 그렇지만 당시 독일인들은 자유롭게 공
적인 영향력을 행사할 처지가 못 되어서 학식이 있어도 전혀 소신을 펴지
못했다. 그들은 책 먼지 쌓인 서재에서 나와 시장과 길거리의 먼지 속으
로 나아가려면 투쟁을 해야 했다. 그런 사정은 지금도 마찬가지다!"[2]

호메로스 번역자로 유명한 포스Johann Heinrich Voß는 1776년 레싱이 함

● 독일의 작가, 역사가, 외교관.
1 von Enze, *Tagebücher*, Bd. 2, Hamburg 1861, 180 f.rm
2 같은 책, 181.

부르크에 체류하던 당시 레싱을 만났는데, 그가 레싱의 눈을 묘사한 기록
이 오늘날까지 전해진다. 어느 편지에서 포스는 말하기를, 사람들은 지금
매일 해수욕을 하며 레싱과 에셴부르크Johann Joachim Eschenburg를 기다리
고 "다정다감한 여인들이 이들에게 제발 마음의 평화를 허락하기를"고
대한다고 했다. 그러고는 레싱과 시선이 마주쳤는데, 레싱의 시선을 이렇
게 묘사했다. "내가 지금까지 한번도 본 적이 없는 그의 파란색 눈은 정말
독수리의 눈매 같았다."[3]

　레싱은 ── 날카로운 눈매에도 불구하고, 또는 날카로운 눈매 때문
에 ── 라바터Johann Caspar Lavater의 관상학에는 관심이 없었다. 특히 라바
터의 관상학이 레싱이 못마땅해하는 슈투름 운트 드랑Sturm und Drang *
조류와 관계를 맺고 있어서 더욱 그랬다. 레싱은 청년 괴테와 렌츠Jakob
Michael Reinhold Lenz에 대해 이렇게 신랄하게 말한 적이 있다. 연극을 위해
어떤 상황이나 신나는 장면을 만들어낼 줄 모르는 사람은 (연극의) 규칙
을 따르지 않으려면 맨땅에 머리를 처박는 수밖에 없다고. 레싱은 괴테의
『젊은 베르터의 고뇌』로 인해 몹시 격분했는데, 괴테는 이 소설에서 예루
잘렘Karl Wilhelm Jerusalem **의 성격을 완전히 잘못 묘사했기 때문이다. 레
싱에 따르면 예루잘렘은 결코 '감상적인 바보'가 아니라 진정한 철학자

3 　Voß, *Briefe*, Halberstadt 1829, I, 196.
* 　슈투름 운트 드랑은 인습적인 규칙을 타파하고 작가의 독창성과 감성의 해방을 추구한 문
　　학운동으로 괴테와 쉴러의 청년기(1770년대)에 해당된다.
** 　예루잘렘은 괴테와 함께 제국고등법원에 근무했던 동료였는데, 약혼자가 있는 여성을 사
　　랑하다가 비관하여 자살했고, 이 사건은 괴테가 『젊은 베르터의 고뇌』를 집필한 직접적인
　　계기가 되었다. 레싱은 예루잘렘이 죽은 후 그의 유고를 모아 추모 문집을 간행했다.

였다. 바이세Christian Felix Weiße가 전하는 바에 따르면, 레싱은 바로 이 대목에서 바제도Johann Bernhard Basedow와 라바터가 "한 쌍의 열광적인 바보들"이라고 했고, 특히 라바터의 관상학을 "정나미 떨어지는 짓거리"라고 일축했다. 이런 신랄한 비판에다 한마디 부연하면 레싱의 발언에 함축된 인간학을 발전시켜 볼 수도 있을 것이다. "레싱은 관상학 자체를 완전히 불신하기 때문에 그럴 가치가 있다면 사람을 완전히 발가벗겨 보아야 한다고 주장했다. 몸매는 아주 좋은데 얼굴은 보잘것없는 사람도 흔하기 때문이다."[4]

그러나 레싱은 결코 벌거벗은 진실을 보려고 하지는 않았다. 왜냐하면 벌거벗은 진실과 대면하면 진실에 대한 탐구를 포기하지 않을 수 없었을 테고, 진리를 편안히 소유한 상태에 안주해야 할 텐데, 그는 그런 안주를 혐오했기 때문이다. "누구나 자신이 진리라고 생각하는 것을 말하라. 진리 자체는 신에게 전달된다."[5]

레싱은 또한 자신의 진리를 다른 사람들이 편안히 소유하는 것도 용인하지 않았다. 그런 연유에서 레싱은 야코비Friedrich Heinrich Jacobi를 대할 때 스피노자주의의 가면을 썼다.* 레싱을 스피노자주의자라고 가정하는 것

---

4 Weiße an Garve. *Lessing im Gespräche*, München 1971, Nr. 588.
5 Lessing an Reimarus. GW, Bd. 9, Berlin 1957, 776.
* 야코비는 레싱이 죽기 얼마 전에 레싱을 만났는데, 야코비의 전언에 따르면 레싱은 스피노자주의를 옹호했다고 한다. 그러나 레싱이 실제로 그렇게 말했는지, 그리고 만약 그렇게 말했다면 어떤 뜻으로 그런 말을 했는지는 밝혀지지 않았다. 당시까지만 해도 스피노자의 범신론은 기독교를 부정하는 무신론으로 여겨졌기 때문에 레싱이 스피노자주의를 옹호했다는 야코비의 주장은 레싱의 가까운 지인들을 충격에 빠뜨렸다.

은 그가 기독교 이외의 다른 종교를 믿는 것과 마찬가지로 있을 수 없는 일이기 때문이다. 그는 가면을 벗겨서 가면 뒤에 숨겨진 진리를 찾으려 하지 않았다. 그 반대의 은유가 레싱에겐 훨씬 더 잘 들어맞을 것이다. 레싱의 연극 『자유 사상가』에 등장하는 주인공 아드라스트는 누구나 진리에 접근할 수 있고 도달할 수 있다는 율리아네스의 주장을 반박하기 위해 바로 그런 은유를 사용한다. "모든 민족들 사이에서 진리의 형상으로 통용되는 것은 (…) 절대로 진리가 아니다. 그런 것을 보면 안심하고 손을 들어 그런 진리의 가면을 벗겨도 좋다. 그러면 너무 끔찍한 오류가 벌거벗은 모습으로 드러날 것이다." 여기서 일찍이 벨Bayle이 유일하게 가능한 진리라고 했던 명증함이 드러난다. 물론 야코비는 레싱이 자신의 생각을 숨기는 것을 좋아하지 않았다고 자신의 주장을 변호했다. "레싱이 가면을 쓰면 그것은 자신을 알아보지 못하게 하려는 것이 아니라 자신을 지키기 위한 것입니다. 그리고 레싱은 정말로 가면을 진짜 얼굴이라 믿기를 바라는 만큼이나 가면을 쓰는 것 또한 몹시 싫어했습니다."[6] 레싱은 진리를 위해 고통받는 것도 원하지 않았다. 그는 진리를 위해 비웃음거리가 되는 것도, 진리를 위해 죽는 것도 원하지 않았다. "아무도 그를 비웃어선 안 됩니다. 더구나 그가 자신을 비웃는 일은 절대로 없습니다. 그렇지만 그가 어쩌다가 순교자가 되기라도 한다면 그는 자신을 비웃어야만 할 것입니다."[7]

---

6 Jacobi an Reimarus. *Lessing im Gespräch*, Nr. 847.
7 Jacobi, 같은 곳.

이것은 레싱이 자신을 숨기는 하나의 측면이다. 야코비를 만나서 괴테의 시「프로메테우스」에 대해 언급할 때 그렇게 했다.* 또 다른 측면은 라이마루스Hermann Reimarus의『유고집』관련 논쟁에서 레싱의 역할로 드러난다.** 작센 공국의 드레스덴에 파견된 덴마크 공사관 서기관이자 라이마루스의 친구였던 헤닝스August Hennings는 1776년 1월 27일 레싱과 나눈 대화에서 라이마루스의 '변호 탄원서'Schutzschrift 즉『유고집』을 출판할 가능성에 관해 얘기한 내용을 전하고 있다. 헤닝스는 "진리와 이성의 빛을 추구하는 열정"의 측면에서 자신도 레싱에 못지않다고 고백하고서, 라이마루스의 미완성 유고를 출간하기를 주저하는 레싱의 태도와 마무리 손질에 분명히 불만을 표시했다. 당시에는 라이마루스의 글 중에 첫 번째 부분인「이신론자들을 관용하는 문제에 대하여」만이 발표되었고, 그다음 두 개의 단편은 1777년, 1778년에 나왔다. 헤닝스는 이렇게 말한다. "세속적인 사람들은 비겁하게 주저하는 것을 영리함이라 여기겠지요. 그러면서 시간을 벌고, 진정제를 맞고, 거리를 두고, 이리저리 비춰 보고, 망설이고, 혹은 프랑스어의 관용적 표현처럼 잇속을 챙기겠지요. 그러나 진리의 벗은 자신의 생각을 거리낌 없이 당당히 밝혀야 하며, 자신

• 괴테의 청년기 시「프로메테우스」는 주신(主神) 제우스의 권위를 부정하기 때문에 무신론의 표명으로 읽힐 소지가 다분하다. 야코비는 이 시를 (괴테의 시라는 것을 밝히지 않은 채) 레싱에게 보여주고서 소감을 물었는데, 야코비의 주장에 따르면 레싱은 이 시에 전적으로 공감하면서 스피노자를 옹호했다고 한다.
•• 라이마루스는 계몽사상가이자 개신교 신학자로 이성에 의한 신앙의 규명을 추구한 이신론(理神論)의 대표자였다. 그의 사후에 레싱이 발견한『유고집』에 기독교의 계시 신앙과 예수의 부활을 부정하는 내용이 들어 있어서 큰 파장을 불러일으켰다.

의 생각을 표리부동하게 감추고 뒷짐을 지고 있어선 안 됩니다."[8] 헤닝스
는 레싱이 자기 생각을 미학적으로 포장한 것에 맞서서 학자와 현자의 윤
리 의식으로 레싱을 몰아붙였음에 틀림없다. "예술가는 배우와 마찬가지
로 의상을 자기 역할에 맞추어야 하지만, 사상가와 현자는 그런 어리석은
의상을 걸칠 필요가 없습니다."[9]

라이마루스의 아들은 레싱이 죽은 후에 전하기를, 깨끗한 물을 얻기 전
에는 더러운 물을 버리지 말아야 한다는 격언을 인용하여 (아버지의 유고
출간을 주저했던 — 옮긴이) 레싱에게 이의를 제기했다고 한다. 그러자 레싱
은 이렇게 답했다고 한다. "그릇에 깨끗한 물을 담으려면 정말 더러운 물
을 버려야 하지요."[10] 이 격언, 그리고 격언을 뒤집은 레싱의 말은 계몽주
의의 두 가지 관점을 두 개의 그럴듯한 비유로 표현한 것으로, 그중 첫째
버전은 두 개의 그릇이 있다고 전제하고 있다. 반면에 둘째 버전은 그릇
이 하나뿐인 상황을 가정하고 있다. 이 일화는 레싱이 죽은 지 10년이 지
난 후에 기록된 것으로, 그때부터 대두하는 계몽주의에 관한 새로운 경험
을 이미 집약해서 표현하고 있다.

---

8 Hennings an Reimarus, *Lessing im Gespräch*, Nr. 646.
9 같은 책, S. 376.
10 Johann Albert Heinrich Reimarus an Johann Benjamin Erhardt. Nr. 694.

경험주의

철학자는 절대로 은유를 사용하지 말아야 한다는 것은 영국 경험주의 의 불문율이다. 그러나 베이컨Francis Bacon 이래 그의 모범에 따라 손쉽게 구사한 언어의 달콤한 독을 경고한 철학자들 자신이 — 수많은 사람들이 위험을 경고했지만 — 스스로 만든 규정을 지키지 않았기에 다시 냉정한 사고를 흐리게 하는 것을 경고하기 위해 강력한 은유를 사용했다.

로크John Locke는 『인간 이성에 관한 에세이』 제3부에서 철학적 언어의 명료함의 결여가 모든 악의 뿌리라고 하면서 "무미건조한 진리"를 고수 했다. 심지어 진리조차도 보다 쉽게 이해하고 전파하기 위한 수사학적 수 단을 정당화하지 못한다. 그렇지만 수사학적 수단을 쉽게 포기하지 못하 고, 심지어 말을 미화하는 기술을 속임수라고 해도 소용이 없는 까닭은, 데카르트가 너무 쉽게 무시했던 사실, 즉 사람들은 "누구나 쉽게 현혹된 다"는 사실에 그 근거가 있다. 사람들이 사물에 관해 "있는 그대로" 말하 려는 한에는 "사물의 질서와 명료함을 넘어서는 모든 수사학적 기교가 말의 기교적이고 비유적인 사용이 모두 그러하듯 (⋯) 오로지 판단을 오도하고 순전한 기만을 자행하는 데 기여할 따름이다.""오류와 기만의 막강한 수단"인 달변의 기술이 "확고한 전문가들을 확보한 이래로는" 아주 강력해졌다.[1]

이미 뢰비트Karl Löwith가 지적한 바 있듯이, 로크 저작의 독일어판 편찬자는 바로 앞에서 인용한 제3권 10부에 대한 주석에서 로크가 수사학을 공격하고 있지만 정작 그 자신은 수사학적 어법을 구사하고 있다고 말한다. 로크는 끊임없이 은유를 사용하는데, 단지 그가 말하려는 것을 미화하거나 모호하게 하려는 게 아니라 더 분명히 설명하기 위함이다. 철학자에게 수사학적 문체를 완전히 배제하고 말하라고 요구하는 것은 "마치 여성에게 정부情婦들도 옷을 입고 다니니 벌거벗고 다니라고 요구하는 것과 진배없다."[2]

---

1 J. Locke, *Versuch überd den menschlichen Verstand*, Bd. 2, Berlin 1873, 118 f.
2 다음에서 재인용: Karl Löwith: Hegel und Sprache. In: Neue Rundschau 76, 1965, 284 주석.

알레고리의 후기 형식

"이성이 환상을 꿈꾼다고 자신을 속일 때 알레고리가 생겨난다."[1] 헤
벨Friedrich Hebbel*은 1840년 일기에서 이렇게 썼는데, 알레고리에 대해 이
보다 더 적절히 표현하기는 어려울 것이다. 그렇지만 이성이 환상을 꿈꿀
때 마치 진리를 인식한 것처럼 느끼는 역사적 필요성의 기록물로 알레고
리가 생겨났다고 봐야 할 것이다.

모든 은유가 똑같은 정도로 알레고리로 전환될 수 있는 것은 아니다. 그
렇지만 벌거벗은 진리의 은유는 알레고리로 전환될 가능성이 아주 크다.
벌거벗은 진리는 은유보다는 알레고리로 친숙하다. 은유는 진리에서 역사
성을 제거하고, 진리가 화제가 되지 않게 하기 때문이다. 또한 진리는 가차
없는 속성을 상실한다. 벌거벗음의 알레고리적 표현 양식은 그 자체로 진

---

1 Friedrich Hebbel, WW IV, 386.
* 독일의 극작가.

리의 미적인 표현이기 때문이다. 벌거벗은 진리의 알레고리는 진리의 포기와 무관하다. 혹은 형상성이 배제될 때만 진리의 포기와 관련이 있다.•

라테나우Walther Rathenau는 1899년에 『탈무드 이야기』를 출간했는데, 그중에 들어 있는 「율법학자와 진리에 대하여」라는 글은 1925년에 나온 그의 전집 제4권에 수록되었다. 그 이야기를 보면, 어느 유대인 율법학자가 아무리 경전을 연구해도 율법을 이해할 수 없어서 슬퍼서 운다. "그때 어떤 여인이 문 안으로 들어왔는데, 여인은 벌거벗고 있었다. 여인이 말하기를, 놀라지 말고, 벌거벗은 모습을 보고 부끄러워하지 말라고 했다. 여인이 찾아온 이유는 율법의 말씀을 해석하기 위해서라고 했다." 그렇게 진리 자체가 경전의 말씀을 그에게 해석해 주었고, 날이 샐 무렵에야 떠나갔다. 여인이 보답으로 요구한 것은 더도 덜도 말고 오직 자기를 왕에게 데려가 달라는 것이었다. 그러자 율법학자는 그곳에는 이미 어리석음과 위선과 거짓이 도사리고 있다며 반대했다. 그의 마지막 반대는 이랬다. "당신은 벌거벗었고 자태가 아름다운데, 궁정 사람들의 음욕을 두려워하지도 않는군요."[2] 그러자 진리는 율법학자의 말을 명심하는 것처럼 보인다. 왜냐하면 그가 여인을 왕에게 데려가는 도중에 여인은 늙고 추한 노파로 변신했기 때문이다. 여인은 자신의 아름다운 자태 때문에 욕망의 대상이 되고 싶지는 않았던 것이다. 이렇게 추한 몽골로 노파는 왕의 질

• 만약 알레고리에서 형상성, 즉 비유적 특성을 제거하면 알레고리는 단지 이미 알고 있는 지식이나 개념의 장식적 표현에 불과한 것이 된다. 그런 알레고리를 괴테는 의미의 창조적 생성 능력을 상실한 죽은 비유라고 보았다. 그런 알레고리는 기성 지식 내지 개념의 동어반복에 불과하므로 진리 탐구를 포기하는 셈이 된다.

2 W. Rathenau, Vom Schriftgelehrten und von der Wahrheit. In: GS, IV, Berlin 1925, 353.

문에 불편한 진실을 대답했다. 즉 서쪽에 있는 이웃나라의 왕이 더 힘이 세고, 동쪽에 있는 이웃나라의 왕이 더 지혜롭다고. 어차피 추한 노파의 말은 아무도 믿지 않을 테니까. 마지막으로 왕이 노파에게 백성들이 왕에 대해 뭐라고 말하는지 물었다. 노파는 백성들이 왕을 바보라고 말한다고 대답했다. 그런데 말은 그렇게 해도 왕이 정말 바보인 줄은 전혀 모른다고 했다. 그러나 노파가 보기에 왕은 불쌍하고 비참하다고 말했다. 그러자 왕은 노파를 사슬로 묶어서 십자가에 매달게 했다. "이에 궁정 신하들은 노파가 벌거벗었다고 비웃었다."

그러나 여인은 사슬을 풀어헤쳐 자유의 몸이 되었고, 손에 칼을 들고 핏빛의 붉은 베일을 몸에 두르고서 복수의 여신으로 궁성으로 돌아왔다. 그리하여 진리는 혁명을 일으켰다. 백성들은 왕을 무찔러 죽였다. 이로써 진리는 과업을 완수했다. "백성들이 마음껏 약탈과 방화를 하고 난 후에 여인은 도시의 성문 밖으로 나왔는데, 그 어느 때보다도 아름다운 모습이었다." 이제 처음 마주치는 사람에게 여인은 엄청나게 위협적인 존재가 되어 있었다. 여인은 율법학자와 마주쳤는데, 그는 여인이 폭동을 사주했다고 비난했다. 그러면서 그는 여인에게 이제 그만 정체를 밝히라고 요구했다. 그러자 여인은 하늘 높이 키가 커졌고, 여인의 몸뚱이는 용광로 속의 쇠처럼 시뻘겋게 달아올랐다. 여인은 우레 같은 목소리로 말했다. "나는 여호와의 옥좌 앞을 밝히는 등불이요, 오른손에는 불의 검을 들고 있노라. 내 이름은 진리이다. 이제 너는 죽을 것이다. 세상에 태어난 그 누구도 나를 알아보면 살아남지 못할 것이다."[3] 이에 율법학자는 쪼그라들어 사라지고 재와 먼지만 남았다. 아무도 감히 그를 장사 지낼 엄두를 내지 못했고, 애도하는 자는 아무도 없었다. 그에 대한 기억은 사라졌고, 그의 이름은 잊혔다. 진리를 있는 모습 그대로 본 자는, 그리고 진리가 다른 방식으로는 힘을 행사할 수 없는데도 진리가 힘을 행사한다고 비난하는 자는 그런 운명을 맞는다. 벌거벗은 진리는 제물을 요구한다. 벌거벗은 진리의 미학은 보고 즐기는 것이 아니다.

이 알레고리 이야기가 과연 언제부터 이런 내용으로 서술되었는지, 혹은 언제부터 이런 이야기가 불가능하게 되었는지 궁금할 것이다.

또한 탈무드 스타일을 취한 이 설화의 저자가 과연 이 이야기에서 말하듯이 쉽게 진리를 단념하라고 지어낸 것인지도 분명히 궁금할 것이다. 이 이야기에서 추론할 수 있는 것은 진리에 관여하는 자는 결코 승자가 될 수 없다는 것이다. 진리는 모두를 패자로 만든다. 진리를 탐구하는 사람은 최후의 도움이 필요한 순간에 탐구를 멈추어야 한다.

19세기에서 20세기로 넘어오는 전환기에 쓴 이 이야기는 — 비록 한 개인의 소장품으로 숨겨져 있었지만 — 그 무렵의 전환기에 딱 어울리는 이야기다. 우리는 이 이야기를 이 이야기와 동시에 일어난, 세기 전환기의 신호탄이 된 사건에 대한 경고로 읽을 수 있다. 예컨대 프로이트의『꿈의 해석』1900에 대한 경고이자, 또한 짐멜Georg Simmel의『돈의 철학』1900에 대한 경고라 할 수 있다. 당시에 이 이야기가 출간되었다 하더라도 아무도 그런 경고의 의미를 알아채지 못했을 것이다. 그렇게 유고遺稿로 남겨지는 지혜도 있다.

---

3 같은 책, 355 이하.

테오도어 폰타네

수사학이 진리를 베일로 가림으로써 진리를 직시하려는 시선을 피하고 또한 미학적인 거부감도 완화시켜 준다고 말할 때 흔히 간과되는 것은 그것이 수사학의 가장 중요한 수단인 은유에 관한 이야기이기도 하다는 점이다. 다시 말해 벌거벗은 진리와 진리의 위장이라는 은유 자체가 은유적 기능을 입증하는 것이다. 따라서 은유에 대한 비판 역시 진리에 관한 이러한 은유에 초점을 맞추어야 하며, 은유의 사용이 부적절한지 규명해야 할 것이다.

폰타네Theodor Fontane는 라우베Heinrich Laube의 연극 『카를의 제자』가 1881년 2월 19일 공연된 후 이 연극이 셰익스피어 특유의 비유적 언어를 모방한 것에 이의를 제기했다. 셰익스피어가 구사하는 비유적 언어는 그 위대한 극작가의 이름으로 포장될 때만 제격이라는 것이다. 이 시대의 연극 무대에서 흔히 그러하듯 지적으로나 문화적으로 수준이 떨어지는 욕설이나 듣는 속물 관객에겐 그런 비유적 언어의 범람이 '아름다운 언어'

의 총체로 보이겠지만, 셰익스피어를 잘 아는 '전문가'가 보면 끔찍하기 짝이 없다. 생각을 모호하게 흐리는 것이 아니라 환하게 밝혀주는 진정한 비유적 언어를 구사할 줄 아는 위대한 재능은 극소수의 작가만이 갖고 있다. 폰타네는 그런 작가로 헤벨과 그릴파르처Franz Grillparzer를 꼽는다.

언어의 비유적 특성을 충족해야 한다는 요구는 비유적 언어로만 표현될 수 있고, 충족될 수 없는 역설(패러독스)의 극한까지 이를 수 있다. "비유 속에서 바로 생각이 탄생해야 한다. 그렇게 되면 비유는 단순한 언어보다 더 아름답고 눈에 띈다. 그렇지만 비유가 별도의 의상으로 기워져서 착용되면 어울리지 않게 되며, 장식이 아니라 부담스러운 짐이 된다."[1] 이런 상상을 끝까지 밀고 가자면, 비유 속에서 바로 생각이 탄생해야 한다는 요구는 의상을 지금 막 태어난 아이의 피부에 딱 맞추라는 것으로 이해할 수 있다. 완벽한 위장은 벌거벗은 상태 자체와 동일하다.

폰타네가 말하는 우려는 수사학의 근본 문제일 뿐 아니라 언어 자체의 근본 문제와 닿아 있음을 알 수 있다. 명료함에 대한 모든 요구를 충족하는 인공언어를 염두에 두는 자연언어에 대한 모든 비판은 — 고차원적인 목적을 위해 언어를 정교하게 사용하는 것 자체가 아니라 — 역사화된 언어가 사태를 은폐하고 이해를 오도한다고 간주한다. 그래서 철학적 지성은 그런 상태에서 벗어나야 한다는 것이다. 그렇게 보면 은유라는 것은 굳이 의도하지 않아도 어차피 '잘못된 길로 인도하는' 언어의 수단을 더욱 고조시키는 것에 지나지 않는다. 또한 철학은 본질적으로 언어 비판

1 Fontane, WW II, 495 f.

이므로 수사학의 이차적인 과정을 용인해서는 안 된다는 것이다. 그 반대로 오로지 언어를 통해서만 세계가 인간에게 드러날 수 있고 그 실상이 파악될 수 있다면, 우리는 결코 언어를 우회해서 갈 수 없다. 이 경우 언어는 의상과 피부가 하나로 합쳐진 상태일 것이며, 그런 합일 속에서 진리와 그 효과를 결합할 수 있는 모든 생각이 탄생할 수 있을 것이다. 그렇다면 다시 수사학은 언어의 자연스러운 형상화 능력을 활용하고 그런 능력을 터전으로 삼는 예술로서 존립할 수 있을 것이다. 언어 자체에 대한 이해의 이러한 함의에 근거하지 않는 수사학은 존재할 수 없다.

카를 아우구스트 파른하겐 폰 엔제

벌거벗음의 은유가 어떤 당혹스러운 효과와 충격치, 그리고 시위를 위한 투쟁력을 발휘할 수 있는가 하는 문제는 수사학적인 수단에만 좌우되지는 않는다. 다른 은유들에 비해 벌거벗음의 은유는 더 강하게 문화인류학적 가치 평가와 기대 지평 안에서 고찰되어야 한다. 프리드리히 빌헬름 4세가 통치하는 베를린에서 궁성으로 통하는 다리 위에 고대 조각상의 모조품들이 전시되자 당시 대중의 이목을 끌었다. 파른하겐 폰 엔제는 1853년 9월 30일 일기에서 이 다리 위에 전시된 군상들이 "격앙된 반응을 유발하기 위해 사용되었고, 비웃음과 조롱거리가 되고 있다."[1]라고 썼다. 그렇지만 다리 위에 전시된 고풍스러운 조각상의 벌거벗은 모습 자체가 격분과 비웃음과 조롱을 유발했을까?

조각상들이 격분을 유발하기 위해 '사용되었다'는 표현에서 짐작할 수

---

1 Varnhagen von Ense, *Tagebücher*, X, 284.

있듯이, 이 조각상들은 단지 갈등을 해소하기 위한 구실로 이용되었고, 벌거벗은 모습은 그 갈등을 나타내는 은유라 할 수 있다. 그래서 파른하겐도 비웃는 사람들은 "벌거벗은 모습에서 거부감을 느끼는 것이 아니"라고 말하는 것이다. 그들이 행하는 것은, 벌거벗은 모습을 이용하여, 왕이 공식적으로 복고 체제로 돌아가는 것에 항의하는 것이다. 왕은 경건한 체하는 위선자의 모습을 보이면서, 명절 공휴일을 엄수하는 엄한 규정을 도입하고 교회 축일을 새로 제정했다. 왕이 그런 꼼수를 부리지만 않았어도 조각상을 비웃은 사람들은 누구보다 먼저 복고풍 조각상의 정당성을 인정했을 것이며, 조각상의 "자연스러운 모습을 편견 없는 감수성으로" 감상하라고 권했을 것이다. 벌거벗은 모습이 거부감을 유발한다는 수사학은 당국의 자의적인 권력 행사에 항의하기 위함이며, 자연스러움이라는 모호한 개념을 통해서만 비판적 함축성을 살릴 수 있다. 파른하겐은 이렇게 적고 있다. "관능적인 것, 외설적인 것, 자극적인 것이 경건한 체하는 위선자들의 만용에 맞서기 위해 으뜸가는 가장 효과적인 대처 수단이 되고 있다. 위선자들이 그런 저항을 자초한 것이나 다름없다."[2]

1848년 3월 혁명의 좌절 후 공고해진 복고 체제에 저항하는 자유주의자들이 구사한 수사학의 핵심은, 국가권력이 권위의 과시를 위해 동원한 두 가지 핵심 요소, 즉 한편으로 기독교 이전의 고대적 휴머니즘을 부활시키고 다른 한편으로 경건주의적 우상숭배를 하는 것이 자가당착임을 폭로하는 것이었다. 프로이센의 신고전주의는 벌거벗은 조각상들의 신

2 같은 곳.

성모독적인 모습을 신성시함으로써 경건한 체하는 국가권력의 위선에 맞불을 놓으려 했다. 그런데 그런 수사학이 어떻게 '공공연히' 등장하고 영향력을 행사할 수 있었을까? 파른하겐은 이에 대한 대중의 반응이 온건했던 것은 시민적 미덕을 지키려는 징후라고 파악했다. 그러나 그 자신이 격앙된 반응이라고 표현했던 태도가 전반적으로 감지되지 않았다는 사실은 따지지 않는다. "벌거벗은 조각상들의 혐오스러움에 대해 대중은 대체로 차분하고 점잖은 태도를 보였고, 온건하게 말했다."[3] 이런 맥락에서 다시 볼테르를 상기할 필요가 있다. 사람들은 국가권력이 공공연히 자기모순에 빠졌다고 생각했지만, 그것은 국가권력에 의해 연출된 풍자로서 그 문학적 의의가 제한되는 것이다.

파른하겐이 앞의 일기보다 닷새 전에 언급했듯이, 이것은 '스캔들'이었다. 즉 이 사안을 최대한 이용해서 잔뜩 부풀리고 정권의 자가당착을 공공연히 비웃음거리로 만들려고 했던 것이다. 그래서 파른하겐은 틀림없이 왕이 "밤중에 조각상들의 성기 부분을 절단하라"고 명령을 내릴 거라고 일기에 적었다.[4] 당시 정권은 일요일 휴무를 엄수하라고 엄한 명령을 내리고 이를 감시했는데, 사실 이런 조치는 한 세기가 지난 후에야 노동시간 단축을 위한 영업시간 제한 조치로 환영을 받았지만, 1853년 당시에는 '멍청하고 미친 조치'라고 비난을 받았다. 그러는 와중에 "고대의 벌거벗은 조각상을 모방한 이 입상들을 빽빽이 에워싸고 사람들은 어리

---

3 같은 곳.
4 *Tagebücher*, X, 275.(1853.9.25.)

둥절해했다. 사람들이 해괴망측한 조각상을 보고 즐거워했던 것은 조각상들이 해괴망측해서가 아니라, 이 멍청한 예술적 소동이 본의 아니게 기독교의 경건함을 과시하는 소동과 충돌했기 때문이다."[5]

이 조각상 소동은 그 당시 사람들이 생각했던 맥락보다는 오히려 한 세기 후에 전형적으로 나타나는바 자유의 부재에 대한 격앙의 복잡미묘한 감정을 문학적으로 표현한 것에 더 가까워 보인다. 파른하겐의 일기에서 우리는 두 가지 측면을 읽어낼 수 있다. 첫째, 파른하겐은 이 대수롭지 않은 해프닝에서 여론의 진실이 저절로 드러나는 것을 보고 있다. 다시 말해 여론은 정권의 자기모순이 드러나더라도 그것이 순전히 우발적 사태라면 인정할 용의가 없다. 둘째, 파른하겐이 방금 겪은 일의 추이를 서술하는 태도가 바뀌고 있다. 1853년 10월 30일 일기에서 파른하겐은 트레스코Treskow 부인이 저녁에 찾아와서 나눈 이야기를 적고 있다. 이 자리에서 파른하겐은 "지금 이곳에서는 사교적 대화의 수준이 형편없고" 그저 남들이 한 말을 옮기기만 하고 남들이 한 일을 흉내 내기 급급하다고 했다. 그리고 오래된 단골 화제로 사람들의 저급함에 대해 얘기했는데, 자신의 벌거벗은 모습을 드러내도 지금처럼 호의적으로 봐주는 시대는 일찍이 없었다고 했다(벌거벗은 모습을 보기를 좋아하는 관찰자의 태도를 시대 탓으로 돌리는 일을 언제나 그만둘까?). "사람들의 한심한 작태는 예나 지금이나 똑같다. 그렇지만 지금처럼 후안무치하고, 아무것도 걸치지 않고 완전히 벌거벗은 모습을 보인 적은 일찍이 없었던 것 같다."[6]

---

5 같은 곳.

사람들이 다리 위의 조각상을 조롱거리로 삼았던 일이 차라리 풍자적인 에피소드였다면 파른하겐이 그의 시대를 비판하는 어조는 갈수록 날카로워진다. 1856년 5월 2일 일기에서 그는 의회에서 벌어지는 일에 대해 이렇게 적고 있다.

지금 정부의 기만과 술책이 오늘 국회에서 파렴치하게 벌거벗은 모습으로 백일하에 드러났다. 이런 치욕은 전대미문의 일이다. (…) 결국 국회의원의 다수는 정부의 부정부패에 대한 탄원을 정부 부처가 맡도록 하는 데 찬성했다! 파렴치한 범죄에 가담한 자들이 파렴치한 범죄를 판결하라는 것이다. 그런데 우리의 정치 상황은 너무 열악해서 이나마도 소득이라고 여겨야 할 지경이다.[7]

1848년 혁명이 좌절한 후 그 실망감 때문에 파른하겐은 사태를 비판적으로 바라보고 있다. 특히 단기간 내에 사태가 호전될 거라는 기대를 상실했고, 남아 있는 장기적 가능성으로 위로를 삼았다. 또한 과거를 돌아보면 한때 단기적인 희망을 걸었던 것은 미숙한 판단이었음이 드러났다. 그사이에 사람들은 "미숙한 유년기를 벗어나 원숙한 어른이 되어야 했는데, 이러한 사명감은 희망과 실망이 교차했던 지난날의 환상보다 더 큰 만족감을 준다."[8] 정치적 유년기의 만족감은 오래 지속되지 못했다.

6 *Tagebücher*, X, 328.(1853.10.30.)
7 *Tagebücher*, XIII, 2 f.(1856.5.2.)
8 *Tagebücher*, XI, 447.(1855.3.11.)

"1848년의 몇 개월은 전반적인 상황을 은폐하고 있던 덮개를 찢어버리고 초라하고 비참한 상황을 드러냈으며, 또한 그런 상황을 대체할 좋은 것과 신선한 것도 드러냈다."

여기서 '덮개'라는 정치적 은유는 어떤 종류의 것일까? 그것은 아마 지표면 아래에 묻혀 있는 것을 덮어서 보지 못하게 하는 덮개를 뜻할 것이다. 그런 덮개를 찢어버린다는 것은 한편으로 냉철한 시선으로 사태의 진상을 보게 하는 것이다. 다른 한편으로는 과거와 현재와 미래를 연결해서 그래도 지나온 시간이 헛되지 않았다는 위안을 심어주는 환상을 벗겨내는 것이다. 표면에서 벌어지는 일들은 혼란스럽다. 1848년 혁명의 좌절 이후 불과 10년이 지나지 않아서 1848년 혁명과 연결될 수 있는 맥락은 사라지고 그 혁명의 꿈이 미래로 이어질 가망도 완전히 사라진 것으로 보인다. 그런데 자신의 관점을 임의로 선택할 수 없는 관찰자가 보기엔 그것도 하나의 허상이다. "표면에서 관찰하면 그렇게 보인다. 그러나 표면 아래 깊은 곳에서는 1848년 당시부터 지금을 통과하여 확고하게 미래로 이어지는 보이지 않는 연결의 끈이 있다. 그리고 우리 시대의 깊은 곳에서 진행 중인 내용의 대부분은 이 활동을 은폐하는 덮개가 다시 찢어질 때 비로소 인식될 수 있을 것이다."[9]

그렇지만 땅속 깊은 곳에서 과거와 미래를 이어주는 모종의 사태가 진행 중이라는 통찰의 수혜자는 과연 누가 될 것인가? 파른하겐은 이 모든 문제에 대해 바로 그 자신이 수행하고 있는 역사가의 역할을 염두에 두고

---

9 *Tagebücher*, XIII, 189.(1856.10.17.)

있는 것으로 보인다. 역사적 탐구가 진리를 담보할 수 있는 능력에 대해 그 자신은 어떤 믿음을 가졌던가? 1852년 7월 8일 일기에서 그는 무더위 때문에 잠시 중단한 것을 제외하면 하루 종일 글을 썼다고 적고 있다. 그는 자신을 관찰하면서, 대상을 서술하는 방식이 소재 자체보다 우위를 점하고 소재를 창출한다는 것을 자각했다. 이렇게 해서 벌거벗김의 은유를 철회하게 만드는 진실이 생겨난다. 진실은 역사가의 서술을 통해 은폐되지 않고, 또한 만인의 시선에 다 노출되는 방식으로 제시되지도 않는다. "우리는 고차원적인 의미에서 진실을 다룰 능력이 있는 사람에게서만 올바른 진실을 들을 수 있다. 역사 서술에서 벌거벗은 진실은 존재하지 않는다."[10]

10 *Tagebücher*, IX, 282.(1852.7.8.)

쇼펜하우어

쇼펜하우어의 철학은 강단 철학과 현실 철학 사이의 첨예한 이원적 대립을 보여주는데, 벌거벗은 진리의 은유는 거의 자명하게 그런 긴장 구도 속으로 들어온다. 벌거벗은 진리는 세계 내에서 놓여 있는 위치 때문에, 즉 잘 가꾸고 꾸민 강단 및 대학의 철학과는 구제 불능으로 대립하는 위치에 있기 때문에 벌거벗은 진리가 될 수밖에 없다.[1] 여기서 항상 전제가 되는 것은, 진실함을 위해서는 자기 자신에 대해서나 진리에 대해 가차 없는 단호한 태도가 요구되는데, 진리를 널리 퍼뜨리고 사람들의 마음에 들도록 가꾸어야 하는 사람들은 그런 태도를 수용할 수 없다는 것이다. 소피스트는 자신의 지식을 팔아서 얻은 수입으로 먹고살아야 한다는 소피스트의 기만적 수사학이 여기에도 잠복해 있다. 일찍이 철학이 신학의 시녀로서 — 물론 진짜 시녀가 아니라 그렇게 위장했을 뿐이지만[2] — 자

---

1 Schopenhauer, *Die Welt als Wille und Vorstellung*, WW I, 25.

신을 치장했다면, 당대의 독일 이상주의 철학은 공중公衆의 호감을 사는 시녀의 구실을 하고 있다. 다른 한편으로 독일 이상주의 철학은 어떤 의상도 걸칠 필요가 없고 아무것도 나눠 줄 것이 없는데, 통찰력이 있는 사람이라면 옷이 닳아서 헐거워진 실밥 사이로 그 벌거벗은 모습을 꿰뚫어 볼 수 있다는 것이다.[3]

진리를 궁극 목표로 추구하는 철학자와 달리 대학에서 가르치는 철학자의 허위는 "보란 듯이 엄숙한 표정으로 가장 철저하고 심오하게 진리 탐구를 하는 시늉을 하지만" 실제로는 단지 국가의 종교와 통치자들에게 봉사하고 있다. 1832년 『콜레라 책』에 나오는 이 구절에서 쇼펜하우어는 부적절한 비유를 수정했다. 원래 그가 썼던 내용은, 교수직을 궁극 목표로 추구하는 대학 강단 철학자의 기만은 가장 철저하고 심오하게 "오로지 벌거벗은 진리"만을 추구한다는 것이었다.[4] 그런데 수사학은 그들이 엄숙한 표정으로 진리를 탐구하는 시늉을 할 수 있을 뿐 아니라, 진리 자체의 질적 수준, 즉 벌거벗은 정도의 극치를 보여준다는 것을 제대로 은폐하지 못한다.

진리가 벌거벗은 상태로 서술되는 것은 "아무것도 나눠 줄 수 있는 것이 없고 오로지 진리 자체만을 추구하기 때문이다."[5] 진리를 추구하는 사람이 장사꾼이 될 수는 없다. 진리는 위험한 불청객이기 때문이다. 아무

2 Schopenhauer, *Parerga und Paralipomena. Über die Universitätsphilosophie*, WW IV, 230.
3 같은 책, 189.
4 Cholerabuch(1832), *Handschriftlicher Nachlaß IV/1*, 97.
5 Pandectae II(1837), *Nachlaß IV/1*, 234.

것도 약속해 주지 않는 가난에도 불구하고 진리는 여신이다. 다시 말해 진리의 여신은 자신을 내주겠다고 약속한다. 어떤 것도 추가할 필요가 없는 신성함 자체가 전부다. 진리의 벌거벗은 모습은 뭔가를 덤으로 얻기를 기대하는 사람에겐 실망스러운 일이다. 그렇지만 진리의 여신의 벌거벗은 모습을 보는 것에 대해 덤으로 얻을 게 없다고 실망하는 사람들의 태도는 "벌거벗은 진리 외에 다른 아무것도 약속하지 않는 여신을 최고의 목표로 추구하고" 그런 모습에서 소망이 충족되었다고 생각하는 사람들의 태도와는 다르다.[6] 바로 이런 차이에 에로틱한 함의가 있다.

쇼펜하우어는 동시대 철학자들의 비참한 처지를 개탄하면서 그 자신이 갈 길과 추구하는 가치, 철학적 자의식을 은유로 표현했다. "인류는 앞으로 결코 잊을 수 없는 그 무엇을 나에게서 배웠다. 나는 나 이전의 그 누구보다도 진리의 베일을 활짝 열어젖혀 숨통을 틔웠다."[7]

그런데 쇼펜하우어는 과연 어느 쪽에서 베일을 열어젖히고 숨통을 틔웠다는 것일까? 데카르트처럼 주체를 성찰하는 방향, 그러나 사유하는 주체가 아니라 의지를 가진 주체를 성찰하는 방향이었다. 이러한 의지 안에서 그리고 의지를 통해 주체는 자신을 초시간적 존재로 파악하고, 주체가 하나의 자아인 동시에 개인적 자아를 능가하는 그 한계를 초월한다. "언제나 존재하고 언제나 존재했고 언제나 존재하게 될 존재가 바로 나다. 그리고 오직 나 자신만이 나의 베일을 벗을 수 있다."[8] 의지는 완전히

6 Spicilegia(1843), 같은 책, 279.
7 Spicilegia(1844/45), 같은 책, 291 f.
8 *Nachlaß I*, 458.(1817)

자신을 감추는 원리이다. 자기 자신이 바로 그런 의지라는 것을 발견하는 자, 주체가 나의 의지와 궁극적으로 동일하다는 것을 발견하는 자는 "벌거벗은 주체"와 마주한다.[9] 그리고 이 벌거벗은 주체만이 그 반대의 극인 물질을 향해 상상의 말을 건넬 수 있다. "아직 그 어떤 자의 눈도 너와 내가 벌거벗고 고립되어 있는 것을 보지 못했다."[10] 오로지 의지만이 물자체Ding an sich이며, 모든 현상은 의지가 자신을 감추는 명칭들의 총합이다. "그렇게 의지는 모든 것을 물들이고 가면을 씌운다."[11]

이것을 다른 말로 표현해 보자면, 이론적 주체가 자신의 궁극적 근거가 의지에 있다는 것을 설명할 개념이 없어서 그 궁극적인 것을 나타내는 절대적 은유를 끌어들였다기보다는, 그 궁극적인 것 자체의 본질이 자신을 오직 절대적 은유*로만 세상에 대해 나타낼 수 있다는 것이다. 은유는 고안된 것이 아니라 미리 주어져 있었고, 세계는 의지의 은유, 의지를 위한 은유의 저장고일 뿐이다. 궁극적인 진리는 벌거벗은 채로 다니지 않는다. 주체의 심연 속에서만, 주체의 성찰들이 수렴하는 지점에서만, 주체는 베일을 걷고 숨통을 틔우며, 모든 신비주의에서 그러하듯 말없이 거기에 머문다. 인간은 의지의 은폐성을 구현하는 수단이다. 그래서 인간은 자연계 전체에서 가장 적게 벗은 존재이다. 인간에서 동물로, 동물에서 식물로 하강할수록 벌거벗은 정도는 점점 커진다.[12] 사람들은 의지를 감춤으로

9 WW II, 26.
10 같은 책, 30.
11 *Nachlaß III*, 421.
• 블루멘베르크의 은유 이론에서 '절대적 은유'는 개념으로 설명할 수 없는 사태를 가리킨다.

써 오로지 의지의 의지만 따른다. 그래서 마치 생식기를 감추듯이 의지를 감춘다. 의지와 생식기는 우리 존재의 뿌리임에도 말이다. 사람들이 드러내어 보여줄 수 있는 것은 인식일 뿐이며, 그것은 몸에서 얼굴을 보여주는 것과 같다.[13] 이것은 쇼펜하우어가 알레고리에 부여하는 비중에 걸맞은 표현이다.

알레고리는 체계 속에 깊이 뿌리 내린 원칙에 근거한다. "진리는 백성들 앞에서 벌거벗고 나타날 수 없다."[14] 이것은 계몽의 일시적인 부족함, 철학에 대한 거부감으로 인한 당혹감의 표현만은 아니다. 감추는 것은 세상의 원칙이며, 그래서 쇼펜하우어는 — 진리와 신념의 모든 차이에도 불구하고 — 진리를 신앙론으로 감추는 것에 대해 관대하게 생각했다. 쇼펜하우어는 종교의 특정한 내용을 표현한 알레고리를 수긍했다. 종교적 내용의 논리적 부조리함이 종교적 내용의 완벽함을 위한 본질적 요소라 할지라도 그랬다. 쇼펜하우어는 종교적 역설(패러독스)이 종교가 아닌 다른 체계로는 적절히 표현될 수 없는 그 무엇이, 물자체인 의지가 표현되어야 한다는 본질적 사태를 가리키는 알레고리라고 본다. 그래서 테르툴리아누스Tertullianus●는 쇼펜하우어의 애독서가 될 수 있었다. 신앙의 부조리한 근거에 관한 테르툴리아누스의 유일무이한 명제는 신앙의 본질을 표현하며, 이로써 물자체에 관한 진술이 현상계와는 전혀 다른 질서에

---

12 WW I, 230.
13 *Nachlaß III*, 425 f.
14 WW II, 215.
● 삼위일체설과 원죄론의 기초를 세운 고대 로마의 사상가.

속한다는 것을 나타낸다. 그래서 실제적인 최종 결과를 놓고 보면 신앙론은 신념론이 귀결되는 지점과 동일한 방향으로 귀결되는 일이 가능해진다. 그렇게 되면 무릇 진리가 벌거벗은 채 나타날 수 없다는 더 높은 통찰을 통해 진리가 벌거벗은 채 백성들 앞에 나타날 수 없다는 명제는 훨씬 엄밀해진다. 따라서 진리가 벌거벗지 않은 상태, 즉 그 알레고리가 어떤 것인가는 완전히 대수롭지 않은 문제가 된다. 의지의 자기 경험을 제외하면 오직 현상만 존재하듯이 오직 위장만 존재한다. 의지의 자기 경험은 그것이 경험인 한에는 오로지 알레고리로만 표현될 수 있다. 안데르센의 동화에 나오는 벌거벗은 임금님과는 반대로 의지라는 임금님은 자신이 벌거벗었노라고 주장할 수밖에 없다. 그래야만 임금님이 입은 옷이 우연적으로 선택되었다는 사실이 통치의 모든 정통성을 위협하는 우발성의 충격을 유발하지 않을 수 있기 때문이다. 그럼에도 불구하고 그것은 철학자에겐 종교가 주는 충격이다. 왜냐하면 종교는 종교의 알레고리적 성격을 부인하지만 철학자 자신은 모든 현상의 알레고리적 성격을 인정해야 하기 때문이다. 알레고리는 철학자에게만 투명하게 보이는 베일이다.[15] 이러한 인지 과정은 마치 인쇄에서 교정지가 아니라 활자 자체를 놓고 교정을 보는 과정에 비견될 수 있다.

벌거벗음의 은유는 이상적 상태에 적합한 표현, 직관의 직접성을 나타내는 표현이다.[16] 직관은 모든 개념과 명제의 궁극적 토대를 벌거벗은 상태로 생생히 본다는 뜻이다.[17] 알레고리는 실망한 진리 포고자에게 시간

---

15 WW II, 218.
16 WW I, 323.

이 지나면 언젠가는 벌거벗은 진리의 베일이 벗겨질 거라고 용기를 준다.[18] 이런 비유적 표상 속에서 '진리는 시간의 딸이다'라는 오랜 은유는 벌거벗은 진리와 결합된다. 세계의 상태가 드러나는 기본 형식이 베일로 가려진 상태라면 알레고리적 담화보다는 철학자를 더 많이 신뢰할 때만 그 신뢰의 근거가 이해될 수 있다.[19] 다시 말해 철학자는 주체가 자기 자신에 대해, 그리고 의지 속에 자리 잡은 심연에 대해 직접적인 관계를 맺도록 유도하는 것이다.

다른 한편으로 쇼펜하우어는 "그림으로 그린 알레고리의 어리석음"에 대해 말한다.[20] 그 어리석음은 알레고리가 자기 자신을 해석할 수 없다는 데 기인한다. 우화가 도덕적인 내용을 담아야 하듯이, 알레고리는 해석될 수 있어야 한다. 그런데 그림으로 그린 알레고리는 구성 원리상 굳이 해석될 필요가 없다. 쇼펜하우어는 피렌체의 리카르디 궁전 도서관 천장화로 그려진 조르다노Lucca Giordano의 그림을 설명한다. 그 그림은 어떻게 학문이 무지의 사슬을 끊고 이성을 해방하는가를 묘사하고 있다. 학문은 여성의 형상으로 둥근 공 모양의 물체 위에 앉아 있고, 손에도 같은 모양의 둥근 물체를 들고 있다. 그 여성의 옆에는 진리가 벌거벗은 인물상으로 서 있다. 이 그림에 대해 쇼펜하우어는 이렇게 질문한다. "이 그림의 상형문자를 해석하지 않으면 이 그림은 어떤 의미를 나타낼까?" 인간의

---

17 WW IV, 164.

18 WW I, 334.

19 WW I, 353.

20 *Nachlaß III*, 161.〔Brieftasche(1822/23)〕

이성을 가리키는 남자가 자신을 묶고 있는 사슬을 끊을 거라고는 아무도 생각하지 못할 것이다. 둥근 물체 위에 앉아 손에 둥근 물체를 들고 있는 여인이 성모 마리아가 아니라 근대 과학을 가리킨다는 것은 상상도 하지 못할 것이다. 이 그림의 메시지를 이미 알고 있는 사람만이, 또 다른 여성이 벌거벗고 있는 모습이 진리의 알레고리라는 것을 알 수 있다. 왜냐하면 다른 두 인물과 달리 이 여성에 대해서는 몸에 아무것도 걸치지 않은 채 바라볼 때 가장 아름답다는 은유적인 요소가 추가되기 때문이다. 그렇지만 은유의 의미 역시 알레고리의 전체적인 구상을 파악할 때만 그것에 유추해서 파악될 수 있다. 이 알레고리의 전체적인 구상은 과학을 가리키는 인물만 가지고도 파악될 수 없고, 이성을 가리키는 인물만 가지고도 파악될 수 없다. 쇼펜하우어는 벌거벗은 모습을 미학적인 특징으로 보지 않는다.[21] 따라서 그에게는 진리가 벌거벗은 여성으로 등장하는 것은 오로지 언어에 근거해서만 이해될 수 있다. 유럽의 언어들은 진리를 나타내는 에로틱하고 미학적인 형상을 가지고 있는데, 여성 혐오증 관찰자에겐 그런 형상이 자명하지 않으며, 따라서 그런 형상의 언어적 표현은 순전히 우연적인 것이다. 그럼에도 불구하고 독일어에서 진리를 여성과 연결하고 벌거벗은 여성으로 보는 통념은 벌거벗은 진리가 엄청나게 충격적인 것이고 도저히 감당하기 힘든 것이라고 사고하기를 무척 어렵게 만든다. 그런 사고에 도달하기 위해서는 진리의 여성적 형상을 여신이라고 간주하는 신비적·종교적 계기가 반드시 요구된다.

---

21 같은 책, 164.

칸트

은유는 일관성 있는 사고의 전개 과정에서 단편적인 한 부분을 이루며, 다소 쉽게 수정될 수도 있다. 리히텐베르크Georg Christoph Lichtenberg에 따르면 그런 은유는 사고의 자극제로서 머리를 맑게 해준다. 또 다른 경우에는 은유가 일종의 진정제가 될 수도 있다. 개념이 가로막히는 것을 덮어주기도 하고, 단지 다른 사고방식을 통해 개념적 사고의 부족한 부분을 보충해 주기도 하기 때문이다. 그렇다면 학술적인 글을 쓰는 저자들의 언어는 은유를 자극제로 취하는가 아니면 진정제로 취하는가 하는 관점에서 검토해 볼 수도 있을 것이다. 그러나 그것은 단지 양적인 기준으로 파악할 수 있는 사실들을 확인하는 것을 뜻하지는 않는다. 그런 검토와 확인은 어떤 저자가 과연 어떤 이유에서 사안의 절박함 때문에 또는 이론적 상황의 곤경 때문에 은유를 자극제로 취하는가 아니면 진정제로 취하는가 하는 결정적인 문제로 접근하기 위한 실마리일 뿐이다. 사고의 주체는 다소 부득이한 이유 때문에 그리고 다소 불가피한 조건하에 일정한 상황에 처하게 되는데, 그 상황은 어떻게 은유로 표현되는가?

칸트의 저작에서는 은유를 자극제로 끌어들이는 경우를 거의 찾아볼 수 없다. 그렇기 때문에 그의 철학은 은유적 특성을 갖는 몇 가지 진정제를 동원하여 이성의 역할을 완화하는 조치를 취할 개연성이 그만큼 더 커진다. 그것은 아직도 형이상학에 몰입하는 18세기 동시대인들이 이성의 활동 성과에 경악하는 것을 방지할 뿐 아니라, 철학의 특정한 의무적 역할을 절제된 이성으로 수행하기 위한 것이기도 하다. 오성Verstand의 개념들, 특히 범주들의 순수한 핵심 개념들이 직관에 의존하는 것이 체계적으로 확정되고 충족되었다면, 이성Vernunft의 개념들 역시 어떤 기능을 수행하든 간에 직관에 의존하는 것이 불가결하다. 그렇지만 그런 기능이 쉽게 납득될 수 있는 것은 아니다. 그래서 칸트 자신의 어법을 빌리면 사례 증명Demonstration 대신 예시Illustration가 등장한다. 그리고 바로 이 예시가 진정제 역할을 한다. 다시 말해 이성의 역할을 축소해서 안심시키는 것이다.

직관에서 떠오르는 어떤 것도 이성의 개념에 부합하지 않는다면 이 공백을 채워야 한다. 그런 경우에는 직관을 다른 곳에서 빌려 와서 이성 개념에 부합하는 대체물로 삼아야 한다. 이런 이유에서 이성 개념은 상징을 필요로 한다. 칸트는 그 자체로는 아무것도 의미하지 않지만 직관과 결합되어 개념과 연결되는 그런 기호를 특성Charakter이라는 개념으로 사용한다. 그래서 그는 표상의 수단이 뭔가를 의미하고, 직관의 대상이 되고, 그러나 그 본래의 의미로는 사용되지 않는 그런 영역에서 상징(또는 비유) 개념을 도입한다. 따라서 깃발이나 문장紋章은 상징이 아니다. 그런 것들은 이미 그 특성을 포괄하는 상위 범주의 종種, Gattung이 정해져 있기 때문이다. 특성은 오로지 논증적인 기능(즉, 계산)으로만 사용될 수 있다. 반면에 상징은 그 자체가 인식 기관의 역할을 한다. 그렇지만 그것이 상징의 강점은 아니다. 상징은 개념이 결여된 곳에서만 등장하기 때문이다. 칸트는 개념의 결여 상태를 체계적으로 고찰할 뿐 아니라 역사적으로도 고찰한다. 개념의 결여 상태가 역사적으로 발전하는 단계는 예컨대 원시인들의 경우 평화협정을 맺는다는 개념 대신에 무기인 도끼를 땅에 묻는다는 말로 표현된다. 또한 칸트는 호메로스에서 오시안Ossian•에 이르는, 오르페우스에서 예언자들에 이르는 문학의 역사에서도 개념을 대체하는 상징적 어법을 발견한다. 그런 문학작품에서 도처에 등장하는 "빛나는 표현들은 개념을 표현할 수 있는 수단의 부재에 힘입은 것이다."[1] 상징적인 것, 그리고 그것과 일체를 이루는 미적인 것은 이런 방식으로 언젠가는 개념의 형성에 의해 극복될 과도기의 보조 수단이 된다. 칸트는 이렇게 말한다. "상징은 오성의 수단일 뿐이다. 그러나 단지 간접적인 방식으로 유추를 통해 일정한 직관과 연결되며, 오성의 개념은 어떤 대상의 묘사를 통해 의미를 창출하기 위해 그 직관에 적용될 수 있다."[2] 이런 방식으로 상징은 그 자체로는 개념적으로 파악되지 않지만 어떻게든 이해되어야 할 그 무엇을 표현한다. 그렇기 때문에 상징은 특정한 내용을 표현하는 장식적 기능이나 대리적 기능에서 벗어나 본질상 개념적으로 파악

• 고대 켈트족의 전사이자 시인.
1 WW VII, 191.(Anthropologie § 38)
2 같은 곳.

될 수 없는 어떤 것을 나타낼 수 있다. 그런 경우 상징은 환상Schwärmerei의 도구가 되는데, 칸트는 감각으로 파악할 수 있는 세계 현상들이 그 배후에 감추어진 예지적 세계의 상징에 불과하다고 주장한 스베덴보리의 학설이 그런 환상이라고 입증한다.[3] 물론 도덕성이 배후에 감춰진 그런 세계를 요청하는 경우에 역사적 과정에서는 그것을 환상이라고 비난할 수 없을 것이다. 왜냐하면 직관적인 것이 직관될 수 없는 대상과 관계를 맺는 것이 곧 모든 종교의 본질이며, 종교에서 순수이성에 속하는 — '이념'이라 일컬어지는 — 개념들은 경험 가능한 상징(즉, 제의)으로 나타나기 때문이다. 특히 이와 관련하여 계몽주의는 '사물'의 외피를 벗겨내고 '사물'과 외피를 구별하려 했을 뿐 아니라, '사물'과 외피의 결합이 유익하고 필요하다는 것도 인정했다. 적어도 "한동안은 그랬다. 계몽주의는 사물 자체와 유익하고도 필요한 외피를 구별하면서" 외피의 불가결함도 인정했다. 왜냐하면 외피가 없다면 사물은 상징이 아니라 전혀 다른 어떤 것, 즉 우상에 의해 대체될 것이며, 그렇게 되면 사물의 궁극 목표, 즉 순수한 실천적 이성의 이상은 완전히 붕괴할 것이기 때문이다. 그렇게 보면 상징은 그 기능상, 역사적으로 아직은 이상이 실현될 수 없는 자리를 맡아 우상에 내주지 않고 지키는 역할을 한다. 칸트의 계몽 개념에서 이러한 사고의 범례는 지금까지 거의 주목받지 못했다. 더 일반화해서 말하면, 상징은 이념과 이상을 대신 표현하고, 총체성과 궁극의 단계에 대한 표상을 나타내고, 세계와 국가를 나타내면서 자리 지킴이의 역할을 하고 우상화

---

3 같은 곳.

경향을 막아내는 구실을 한다. 그리고 바로 이 점을 깨우치려는 것이 외피와 사물을 구별하는 것에 못지않게 계몽의 본질적 구성 원리이다. 그렇지만 계몽의 궁극 목표는 이성적 인식으로 파악한 의미이며, 그런 의미는 오로지 상징적으로만 이해될 수 있는 것을 문자 그대로 해석할 때 오히려 제한된다. 형식적 의례와 관습에 따른 의미는 "실천적 이념에 부수되는" 것일 뿐이다.[4]

따라서 칸트의 상징 이론에서 핵심적인 문제는, 개념의 결여 그리고 개념이 직관과의 관련성을 결여한 상태를 과연 체계적이고 원리적인 결함으로 이해할 것인가, 아니면 이성의 활동에서 극복 가능한 역사적 과도기 단계로 이해할 것인가 하는 점이다. 인간의 인식능력 중에 판단력은 잘못을 바로잡고 일정한 제한을 가한다는 점에서, 자연스럽게 확장을 추구하는 이성의 기능을 제어하는 역할을 한다. 그런데 확장의 능력 역시 고유한 실현 수단을 갖고 있는데, 위트Witz, 기지가 그것이다. 위트의 재능은 "상이한 종류의 사물들 사이에 유사성을 발견하고 오성 개념을 보편적으로 확장하기 위해" 오성에 적절한 소재를 제공하는 것이다.[5] 그런데 칸트가 판단력과 위트 각각의 속성을 열거한 목록을 보면 결코 위트가 유리한 위치에 있지 않다. 위트가 생산적이라 할 수는 있지만, 진지함보다는 유희적 속성이 강하며, 연륜의 원숙한 열매보다는 청춘의 꽃에 가깝고, 통찰보다는 기발한 착상을 좇는다.

---

4 WW VII, 192.(Anthropologie § 38)
5 WW VII, 221.(Anthropologie § 55)

칸트에 따르면 위트는 특히 "유행을 잘 만들어내며, 그런 특성 자체만 보면 오로지 새로움을 통해 쾌감을 추구하는 규칙"이라 할 수 있다.[6] 위트의 작동 방식은 다양한 생각들을 마구 뒤섞는 것이다. 그렇지만 위트가 "자신을 위장해야 할 진짜 중요한 원칙"을 추구하면 ── 흔히 풍자가들이 그렇다고 하는데 ── 그런 위트는 "마음을 짓누르는 위트"라 일컬어지며, 흥미보다는 경탄을 유발한다. 전체적으로 보면 위트는 철저함이 모자란다. 그리고 철저할 경우에는 사고의 질적 수준이 "도덕적·실천적 이념을 다루는 이성을 표현하거나 감추는 수단 내지 외피"의 기능에 달려 있다.[7]

칸트는 이성이 생산적 위트를 통해 아무것도 얻지 못한다고 강조한다. 그가 이런 입장을 견지하는 것은 '잠정적 판단iudicium praevium의 재능'이라 일컬어지는 판단력의 재능에서 나오는 책략을 통해 가능하다.[8] 여기서 인용하고 있는 『인간학』은 1797년 판본으로, 이 책은 칸트의 생애 마지막 강의록이다. 이성 또한 자신을 포장할 표현 수단 내지 외피를 필요로 한다는 생각은 후기 칸트의 체념을 보여주는 지점이자 후기 철학에서 인간학이 차지하는 위치를 보여주는 고백이라 할 수 있을 것이다. 이 마지막 강의와 거의 동시에 칸트는 그의 생애 최후의 위대한 논쟁을 펼쳤다. 1796년 《베를린 월간 학보》 5월호에 칸트는 플라톤주의의 아류를 공격하는 논쟁적인 글 「철학에서 최근에 제기된 고매한 목소리에 대하여」를 발표했다. 이 글은 슐로서Johann Georg Schlosser가 1795년에 출간한 『시

---

6 같은 곳.
7 WW VII, 222.(Anthropologie §55)
8 같은 책, 223.(Anthropologie §56)

라쿠사의 국가 혁명에 관한 플라톤의 서한』에서 표명한 견해를 비판하는 것이었다. 슐로서가 이 책에서 표방한 견해는 초기 낭만주의의 신비주의에 길을 터주었는데, 슈톨베르크Friedrich Leopold zu Stolberg 백작 역시 플라톤을 끌어들여 그런 신비주의를 옹호했다.

칸트 자신의 이념 개념도 플라톤주의와 관련이 있지만, 그럼에도 칸트는 플라톤주의가 이성의 활동을 오도할 위험이 있다고 보았다. 그 위험이란 개념으로 파악할 수 없는 직관을 상징과 은유로 대체하는 데 그치지 않고 상징과 은유를 문자 그대로 받아들이는 것이다. 그렇게 되면 이성이 경험에 의존한다는 것을 무시하고 경험을 뛰어넘어 현상의 이면에서 — 플라톤이 이데아론에서 가정하듯이 — 존재자의 궁극적 근거 Seiendseiendes를 인식할 수 있다고 가정한다. 플라톤은 상기론Anamnesis에서 신중하게 근원적 형상을 직접적 소여가 아닌 것으로 다루었다. 그런데 나중에 『국가』의 「파이드로스」 편에서 이데아 직관의 역할을 강조하면서 그런 신중함은 망각되었고, 플라톤의 논란 많은 일곱째 편지의 신비주의로 귀결되었다. 칸트는 슐로서와 슈톨베르크에 대한 강경한 비판에서 바로 그런 신비주의와 연결된 부류의 철학을 겨냥하고 있다. 여기서 베일을 벗긴다는 개념은 계몽주의가 허상과 베일 뒤에 가려진 것을 밝혀낸다는 의미가 아니라, 현상을 꿰뚫고 현상을 넘어 본질적인 것으로 진입할 수 있다고 생각하는 그런 철학의 핵심 개념이 된다. "철학이 삶의 지혜에 관한 학문적 탐구라는 일차적 의미를 벗어난 이후로 철학이라는 명칭은 범상하지 않은 사상가들의 지성을 장식하는 명칭으로 차용되었는데, 그들은 철학을 일종의 비밀의 베일을 벗기는 것이라 상상한다."[9] 그런 신비주의는 지적 직관을 통해 대상을 직접적으로 단번에 파악하고 표현할 수 있다고 믿는다. 칸트는 그런 신비주의를 노동하지 않는 철학, 마음속에 신탁을 소유하고 있다고 믿는 철학이라고 비판한다.

플라톤에게 진리로 나아가는 여정의 종착점은 자기 분야만 아는 편협한 전문가의 시선에 의해 가려지지 않은 태양을 보는 것이었다. 그런데 신플라톤주의자들은 더 이상 그런 모험을 감행하지 않는다. 그 대신에 신플라톤주의는 구름 뒤에 가려진 태양을 어렴풋이 느끼면 감각을 초월해야 한다는 요구를 충족한 것이라 여긴다. 그런데 태양이 그런 느낌의 대상이 되어야만 하는가? 칸트는 이런 생각을 반박하면서 "평소에 이미 태양을 본 사람이 아니면 그 누구도 태양을 그런 식으로 느낄 수 없다."라고 비판한다. 늘 구름이 끼어 있고 규칙적으로 밝음과 어둠이 교차하는 하늘에 대해 유일하게 생각할 수 있는 것은 "천체가 그런 모양새일 거라는 가정"뿐이며, 그런 가정은 운 좋게 맞을 수도 있지만 진리와 어긋나는 것일 수도 있다. 유일하게 옳은 것은, 가려지지 않은 태양을 향해 황홀하게 눈부신 상태로 가는 길은 결코 갈 수 없는 길이라는 사실이다. 이것은 신비주의를 비판하는 사람과 신비주의자가 공유하는 인식이다. 그러나 칸트는 "플라톤을 흉내 내는 감정 철학자"가 끝없이 사용하는 비유적 언어에 냉소를 보낸다. 신비주의자는 예컨대 진리의 여신에게 아주 가까이 다가갈 수 있어서 여신의 옷자락이 바스락거리는 소리도 들을 수 있고, 진리의 여신의 베일을 벗기지는 못해도 그 베일을 아주 얇게 만들 수는 있

---

9 WW VIII, 389.

어서 그 베일 뒤에 숨은 여신의 존재를 느낄 수 있다는 식으로 비유적 언어를 사용한다. 아주 얇게? 칸트는 과연 얼마나 얇은지 신비주의는 말하지 않는다고 논박한다. "짐작하건대 그 베일은 여전히 너무 두꺼워서 그들은 허깨비를 가지고 마음 내키는 대로 무엇이든 만들어낼 수 있다. 왜냐하면 그렇지 않다면야 직접 눈으로 보는 것은 피해야 할 터이기 때문이다."[10]

그런데 진리의 여신의 베일을 느낄 수 있을 만큼 얇게 만드는 대신에 벗길 수 있다면 그 베일 뒤에는 과연 무엇이 있을까? 칸트는 슐로서의 신비주의 철학이 감정으로 느낄 수 있는 것을 — 인간의 도덕적 원칙을 인식하게 해주는, 그러나 그 원칙을 직접적인 경험으로는 파악할 수 없는 — 본래적인 것에 대한 착각이라고 간주한다. 이로써 칸트는 첨예한 비판을 평화적인 결론으로 마무리한다. 그 이유는 이성에 입각한 그의 비판이 계속되면 결국 플라톤주의적 감정론으로 빗나가는 흐름에 말려든다는 것을 분명히 자각하고 있기 때문이다. 베일은 진리의 여신이 모습을 드러내는 것을 방해하지만, 여신의 목소리를 도덕법칙으로서 듣는 것을 방해하지는 않는다. 그런 점에서 신비에 대한 숭배는 공통된 것이지만, 신성의 계시에 대한 기대는 상이하다. "우리가 피차 무릎을 꿇고 경배하는, 베일에 가린 진리의 여신은 우리 마음속에 있는 도덕법칙이며, 그 도덕법칙은 불가침의 존엄한 것이다." 여신을 가리는 베일은 자애롭다. 그 베일은 신성의 경외를 감추기 때문이다. 하지만 그 베일은 또한 위험하기

---

10 WW VIII, 399.

도 하다. 왜냐하면 그 베일은 신성을 숭배할 마음의 준비가 되어 있는 사람들이 자신들에게 드러나기를 기대하는 호의를 무너뜨리기 때문이다.

우리는 신성의 목소리를 듣고, 그 계명도 알아듣는다. 그렇지만 신성의 목소리를 들으면서도 우리는 과연 우리 자신의 이성의 완벽한 권능에 의해 들을 수 있는 것인지, 아니면 우리가 그 본질을 알 수 없는 다른 존재가 그 자신의 이성을 통해 우리 인간에게 말하는 것인지 분간할 수 없는 의혹에 빠진다. 근본적으로 어쩌면 그런 사후적 탐구를 하지 않는 편이 더 나을지도 모르겠다.[11]

여기서 벌거벗은 진리라는 것은 전혀 의미가 없을 것이다. 왜냐하면 설령 벌거벗은 진리를 얻는다 해도 여기서 문제시되는 사태는 전혀 바뀌지 않기 때문이다. 물론 "우리 마음속에 있는 도덕법칙을 논리적 교육 방식에 따라 분명한 개념으로 옮기는 교육적 변환 과정은" 철학적으로 의미가 있을 것이다. 그렇지만 그 도덕 원칙을 인격화하고 "도덕을 명하는 이성을 베일에 가린 이시스로 바꾸는" 것은 미학적인 표상 방식일 뿐이다. 이미 확보한 이념을 감각적 유추적 서술을 통해 '활성화'하기 위해서는 그런 미학적 표상 방식을 활용해야 할 것이다. 예감은 항상 미리 느끼는 것이다. 반면에 미적인 표현은 사후에 활성화하는 것이다. 이 결정적 차이를 유념하면 "모든 철학의 죽음인 몽상적 환상에 빠질" 위험은 적어도

---

11 같은 책, 405.

줄어든다.[12]

벌거벗은 진리의 은유는 칸트의 경우에도 철학에서 은유가 필요하고 실제로 사용되는 문제를 보여주는 은유이다. 칸트가 비판한 슐로서는 저물어가는 18세기의 청춘을 이성의 비판에 맞서 지키려 했고 베일에 가려지지 않은 진리의 예감으로 이성의 비판을 대체하려 했다. 칸트는 경험적으로는 도달할 수 없는 이성의 순수한 요청인 도덕성을 슐로서와 공유하는 원칙이라고 인정함으로써 철학적인 화해를 모색했다. 그렇지만 이처럼 합의를 위해 이론적 측면을 도외시함으로써 칸트의 순수이성이 이론적 이성으로서 요구하는 과제가 실종되었다는 사실은 망각된다. 그 이론적 이성의 요구란, 현상계 이면에 경험의 유일한 대상으로 존재하고 지적 호기심을 자극하는 그 무엇을 인식하고 표현하고, 적어도 예감해야 한다는 것이다. 그렇지만 『순수이성 비판』이 다음 사실을 주지시키고 있음도 잊지 말아야 한다. 즉 현상계의 이면에 존재하는 것은 그 명칭이 무엇이든 간에 ― '물자체' 또는 '부정적 의미에서의 본체Noumenon●' 등 ― 경험을 넘어서고 경험을 충족하지 못할 뿐 아니라, 안개처럼 모호하고, 파악할 수 없고, 거품처럼 실체가 없어 보이고, 뭐라 규정하기 어렵고, 혼돈스럽고, 대기처럼 보이지 않을뿐더러, 또한 오성의 핵심 개념으로는 규정할 수 없기 때문에 '나는 생각한다'라는 사유 원칙으로는 더 이상 도달할 수 없는 주체의 동일성을 파괴할 수밖에 없다는 것이다. 그렇기 때문에 자유

---

12 같은 곳.
● 플라톤 철학에서 정신에 의해 인식되는 세계. 감각에 의해 지각되는 현상계와 대비되는 개념.

를 긍정적인 의미에서 본체로 경험하는 내적 경험은 존재하지 않으며, 다만 자유에 대해 인식의 근거ratio cognoscendi에 따라 자유의 내적 경험을 추론할 뿐이다. 따라서 칸트의 철학에서 현상 개념은 그 실재가 축소되지 않는다. 그리고 일찍이 루크레티우스Lucretius가 말한 격언, 즉 "인물의 가면은 사라지고 진짜 얼굴은 남는다."라는 격언은 적용되지 않는다. 칸트는 『유작遺作』에서 신에 관한 서술과 직접 관련지어 그 격언을 인용한다. "신은 인간의 감각을 통해 인식될 수 있는 존재가 아니다. 어떤 존재가 과연 신인가 여부는 현상의 차원에서는 그 어떤 인식 가능한 특성도 없다. 신은 가장 위대한 내적·외적·실천적 실재에 관한 이성이념Vernunftidee일 뿐이다."[13] 가면을 벗긴다는 것은 가면 뒤에 실재가 존재한다고 믿는— 그렇지 않다면 가면은 아무런 의미도 없다. — 모든 실재론의 전형적 사고이다. 가면을 벗긴다는 것은 실제로 가면을 벗기는 주체와는 다른 차원에서 유래하는 명령이다. 그 명령은 도덕론에 속하며, 인간이 아무리 공적인 존재라 해도 자신의 모든 것을 내놓으려 하지 않으며 그럴 수도 없다는 생각과 결부되어 있다. 그렇지만 그런 생각을 모든 관계에서, 특히 자기 자신에 대해, 확고하게 견지할 수는 없다. 우리의 모든 철학적 전통에서 공인하듯이 자기 인식이라는 예외 상태는 전혀 해롭지 않고 아무런 문제도 없는 것으로 간주된다. "너 자신을 알라. 너의 도덕적 자질에 비추어 볼 때 네가 어떤 인간인지 도덕적으로 탐구하라. 너의 성격을 연극처럼 연출하는 가면을 벗고, 혹시 너 자신을 혐오하거나 경멸할 만한 이유

---

13 WW XXI, 142.(Opus posthumum, 1. Convolut)

가 없는지 너 자신을 직시하라."[14] 칸트는 루크레티우스의 격언을 자기 인식 외에 죽음에도 적용하고,[15] 남녀 관계에도 적용한다. 칸트는 표상을 만들어내는 과정에서 감각성보다는 상상력이 우월하다는 유명한 염세주의적 견해를 표방했는데, 그렇기 때문에 루크레티우스의 격언에 들어맞는 실재론적인 행위Akt가 결혼에서 성립된다. "왜냐하면 이것이 진리이니…."[16] 루크레티우스의 격언을 자기 인식, 죽음의 공포, 남녀 관계에 적용하는 세 가지 경우 모두에서 가면과 자기 보존의 관계, 가면을 벗기는 것과 안정적 자기 보존을 방해하거나 파괴하는 것의 관계가 분명히 드러난다. 철학자가 가면을 벗기는 것을 목격할 때 아무리 냉소적이라 할지라도, 대개의 경우 삶에 유익한 자비로운 가면이 이따금 벗겨지거나 얇아질 때 철학자는 단지 구경꾼일 뿐이다.

칸트는 1764년에 『아름다움의 감정과 숭고의 감정에 대한 고찰』을 간지를 넣어 출판했고, 2년 후에 내용을 보충하거나 고치지 않고 주석을 덧붙인 2판을 출간했다. 칸트 철학의 초기에 해당되는 이 무렵에 이미 칸트는 남녀 관계에서 가상Schein의 기능을 거의 냉소적으로 단호하게 절대적 은유로 표현한 메모를 작성했다.

사람은 오로지 가상에 혹하지만 진실을 사랑한다. 만약 대부분 사람

---

14 XXIII, 403.〔Vorarbeiten zur Elementarlehre I (Metaphysik der Sitten)〕

15 XXIII, 267.〔Vorarbeiten zur Einleitung in die Rechtslehre〕

16 WW VII, 180.〔Anthropologei § 33) Lukrez, De rerum natura, III, 58. 여기서 이 구절은 죽음의 공포와 관련되어 언급된다. 죽음의 공포는 최악의 불행에 처했을 때 가장 막강한 위력을 발휘한다. 인간은 그래도 가장 쉬운 죽음보다는 비참한 삶을 선호하기 때문이다.

들의 가상을 들춰낸다면 그들은 마치 비단처럼 예쁜 눈썹, 상아처럼 하얀 치아, 가슴을 받쳐주는 옷감, 근사한 가발과 장신구를 다 떼어낸 신부가 신랑을 경악케 하듯이 그런 신부처럼 보일 것이다.[17]

물론 가상에 혹한다는 것은 어떤 관계에서나 진실을 사랑하는 것에 못지않다. 칸트는 같은 글에 덧붙인 두 개의 메모에서 가상을 그 기능에 국한해야 한다고 말한다. "가상은 사물 자체와 대질하면 허상이다. 그렇지만 여성이 결혼생활의 사랑을 얻기 위한 수단으로 가상을 꾸미면 그것은 허상이 아니다. 그러나 이런 용도를 벗어나면 아마 허상일 것이다."[18] 이제 은유의 장식적 사용에 바로 제동을 걸어야 한다. 칸트에게 현상은 가상이 아니다. 그것은 인간이 현상 대신에 사랑할 수 있는 진리가 존재하지 않기 때문은 아니다. 현상을 사물 자체로 간주한다는 것은 알 수 없는 '물자체'로 대체할 수 없는 사물 자체로 간주한다는 것 이외의 다른 무엇도 아니다. 왜냐하면 물자체가 사물 자체를 대체하면 사물 자체를 물자체로 간주할 수 있는 지성을 파괴할 것이기 때문이다. 망상은 결코 일어나지 않으며, 따라서 현상을 사물 자체라고 간주하는 것은 이 경우 망상일 수 없다. 다양성의 종합을 통해 대상을 관찰하지 않는 원형적인 지성의 가능성을 고려할 때만 자신의 주체에 치명적인 어떤 것을 다른 주체의 작용이라고 간주하는 것은 의미가 있다. 이론적 역할들은 형이상학적

---

17 WW XX, 181.
18 같은 곳.

으로 그리고 최종적으로 분산되어 있으며, 따라서 결코 단일한 주체로 귀속되는 것이 아니다. 벌거벗은 진리는 오랜 부정신학을 계승하는 한 부분이다. 내적 경험에 주어지는 것도 다름 아닌 현상일 뿐이라는 칸트의 테제는 다른 모든 것을 해명해 주는 매우 의미심장한 중요성을 갖는다. 만약 주체가 자기소여Selbstgegebenheit에 대한 반성적 성찰을 갖고 있다면 주체는 사실상 스스로를 지양할 것이다. 그것은 단지 도덕적 주체가 자기 자신을 벌거벗은 모습으로 대면할 때의 충격 때문만은 아니다. 칸트는 '형이상학의 진보'라는 현상공모 주제에 대해 이렇게 쓰고 있다. "만약 내가 나에게 보이는 모습의 내가 아니라 있는 그대로의 나를 인식한다면 나의 변화는 내 안에 모순을 불러일으킬 것이다. 나는 결코 동일한 인간일 수가 없을 것이다. 나의 동일성은 지양될 것이다."[19] 자기 인식의 실재는 존재할 수 없고, 현상성만이 자기 인식의 궁극적 보호처이다. 그것은 이미 이성 비판의 변증법에서 형이상학적 심리학의 잘못된 추론으로부터 확인했던 사실이다. 즉 주체가 있는 그대로의 자기 자신을 인식할 수 없는 것은, 주체가 죽어 없어질 존재라는 것의 명백함도 주체가 불멸의 존재라는 것의 명백함도 주체를 도덕적으로 파멸시킬 것이기 때문이다. 그런 자기 인식은 주체를 조금 전과는 다른 존재로 계속 변화시킬 것이다. 그런 한에는 자기 인식이 이율배반에 빠지는데, 내적 경험의 근거를 현상으로 상정할 때만 그런 이율배반이 제거된다. 불멸성에 대해 타당한 것이 칸트의 종교론에서는 인간에 내재하는 악한 성향의 근원에 대해서

19 XX, 338.

도 타당하다. 다시 말해 인간 자신이 그의 악한 성향에 대해 책임을 져야
한다. 그러지 않으면 도덕적으로 용인될 수 없을 것이기 때문이다. 그렇
지만 인간은 자신이 어떻게 이 죄를 범하게 되었는지 알 수 없다. 인간이
그것을 알 수 없는 것은 그 죄가 주체의 예지적 전사前史에 속하기 때문이
다. 또한 이 세상의 조건하에 이루어지지 않은 그런 도덕적 태초의 행위
에 대한 인식은 도덕적 당위를 인식능력으로 환원하는 것에 대한 모든 도
덕적 신뢰를 파괴할 것이기 때문이다. 칸트 종교철학의 도덕적 주체는 플
라톤의 상기Anamnesis처럼 망각한 기억을 되살릴 수 없다. 성경적 맥락에
서 말하자면, 원죄의 역사를 기억할 수 없다는 뜻이다. 왜냐하면 원죄의
역사는 낙원 상태에서, 따라서 이 세계와 무관한 순전한 악에 의해 진행
되었을 것이기 때문이다. 이러한 벌거벗은 진리 또한 자비롭게 베일로 가
려져야 한다.[20]

칸트는 그의 생애 마지막 10여 년 동안 유행한 감정의 플라톤주의와
대결했는데, 여기서 잊지 말아야 할 사실은 칸트의 비판에서 현상 개념만
이 플라톤적인 색채를 띨 수밖에 없었다는 점이다. 또한 그래서 플라톤이
말한 현상은 근원적 형상(이데아)의 모상模像이었고, 따라서 근원적 형상
을 통해 정당화되었지만, 동시에 불가피하게 격하되었으며, 그리하여 플
라톤의 철학에서 현상은 원형적 존재로 되돌아가야 한다는 요구에 직면
하게 된다. 그런데 칸트의 현상 개념은 현상의 방식으로 보면 더 순수하

---

20 WW XX, 338. 이 부분의 인용은 칸트가 프로이센 학술원의 현상공모 과제를 위해 서술한
   메모에서 발췌한 것으로, 이 메모는 칸트가 죽은 지 1년 후인 1804년에 편찬본으로 간행되
   었다.

고 더 지속성을 갖는다는 차이밖에 없는 그 무엇으로 되돌아가는 것을 배제하며, 이로써 칸트의 현상 개념이 불러일으킨 기대를 충족하지 않는다. 그런 이유에서 칸트의 반대자들뿐 아니라 그의 추종자들과 제자들까지도 칸트의 저작에서 적어도 표현상으로라도 플라톤주의의 흔적을 찾아보려고 애쓰는 것이다. 따라서 칸트가 신플라톤주의 철학을 비판할 때 비꼬는 어조로 사용하는 은유를 그들이 칸트에게 적용하는 것도 우연은 아니라 하겠다.

괴팅겐 대학교 철학부의 전임강사 부터베크Friedrich Bouterwek는 1792년 9월 17일 칸트에게 보낸 편지에서 자신이 "이 대학에서 칸트의 체계에 따라 『순수이성 비판』을 강의하는 최초의 인물이며, 이 대학에서 이런 시도는 여러 측면에서 과감한 시도"라고 밝혔다.[21] 이 편지에는 '1792년 미하일 축일부터 1793년 부활절까지 칸트 철학 강의 공고'가 첨부되어 있었다. 편지의 발신자는 이 공고문의 어조가 "온건한 문서의 어조"라고 밝히고 있다. 이런 어조는 무엇보다 칸트 철학의 노선이 최종적인 승리를 거둘 거라고 판단할 자신감의 결여를 뜻할 것이다. 부터베크 자신의 논변은, 칸트 철학이 옳다고 가정하면 한계를 돌파하는 이성의 변증법적 본성을 멈출 수 없을 거라는 기대를 갖게 된다는 것이었다. 또한 칸트 철학이 "인간사의 모든 문제의 끝까지" 추종자를 얻게 될 거라고 기대했다.[22] 또한 앞으로 철학자들은 민주주의 체제에서와 마찬가지로 두 부류의 철학

---

21 WW XI, 368.
22 WW XIII, 329.(Anzeige, 27 f.)

을 따라 활동하게 될 거라고 했다. "자유로운 사고를 하는 이성의 숭배자는 (…) 독재가 들어서지 못하게 하려면 휘그당과 토리당이 함께 필요하다는 것을 이해할 것이다." 따라서 통찰력 있는 이성의 숭배자라면 철학에서 두 개의 당파가 형성될 전망을 진심으로 기뻐해야 하며, 이성은 "변증법적 결론에 의해 매료되는 성향을 상실하지 않을 것"이라고 했다.[23] 부터베크가 칸트에게 보낸 첫 번째 편지는 만약 칸트 선생님께서 '강의 공고문'의 내용에 동의해 주신다면 자신은 "플라톤의 대화 형식으로" 칸트의 순수이성 비판 체계의 대중적인 버전을 만들어서 칸트의 "체계적인 서술의 단호한 논리 전개에 겁을 먹고 벌벌 떠는 사람들의 손에 쥐여줄" 계획을 실행하겠노라고 깜짝 제안을 했다.[24] 여기서 '플라톤의 대화 형식'을 제안하는 것은 '강의 공고문'에서 향후 철학이 언제까지나 두 개의 당파로 전개될 거라는 ─ 대화의 형식으로 변증법적 사고를 해야 할 필연성의 근거가 바로 여기에 있다. ─ 독특한 진단과 무관하지 않음을 알 수 있다.

바로 다음 해에 벌써 부터베크는 칸트에게 보낸 편지에서 '칸트의 가르침에 따른 이성 비판의 벗들에게 보내는 아포리즘' 원고를 동봉했다. 부터베크 자신은 이 원고를 "상상력의 경쾌한 화환"으로 장식한 소품이라 일컬었다.[25] 그런데 이 원고는 애초의 약속과 달리 플라톤의 대화 형식이 아니었고, 동시대인들이 칸트 철학에 대해 제기한 두 가지 거부감, 즉

---

23 같은 곳.
24 WW XI, 370.
25 WW XI, 446.(1793년 8월 25일 칸트에게 보낸 편지)

칸트 윤리학의 가차 없는 비타협성과 감정이 결여된 종교철학에 대한 거부감을 알려주는 내용이었다. 이런 면에서도 부터베크는 주위 여론의 압박에 시달렸던 것으로 보인다. 그는 칸트의 종교철학에 대한 주위 사람들의 견해를 격정적 어조의 거창한 은유적 답변의 형식으로 칸트에게 전해 주었다. "이 양반들은 이렇게 말합니다. '어디서나 계몽하라고 하면서 라이프니츠 같은 철학자에게나 어울리는 말을 한다. 진리의 횃불은 어김없이 온 사방으로 빛을 발산하며 그 빛에 비하면 라이프니츠의 모나드 세계 전체는 희미한 연기에 지나지 않는다는 것은 생각하지 못한다.'"[26] 이처럼 빛이 널리 발산되는 것을 증명이라도 하듯이 부터베크는 단 한 문장에서 리히텐베르크를 거명한다. "여기서 선생님의 진정한 숭배자 중 한 분은 고명하신 리히텐베르크입니다." 그러나 리히텐베르크가 칸트에 대한 거부감을 느껴 압박 여론을 조성하는 인물 중 하나였을 가능성은 매우 희박하다.

그리고 나서 2년 후에 부터베크는 정말로 플라톤의 대화 형식으로 글을 썼는데, 시대의 분위기에 어울리게 '파울루스 셉티미우스Paullus Septimius, 또는 엘레우시스 사제의 마지막 비밀'이라는 제목을 붙였다. 이 대화에서 테오프라노르 사제는 칸트의 이론이성과 실천이성 이론을 어느 로마 청년에게 입문 교육의 형식으로 전수해 주는데, 그 청년은 다소 야코비의 모습을 떠올리게 한다. 부터베크가 오랫동안 숙고해서 집필한 결과를 스승 칸트에게 바친 이 저작은 — 여기서는 먼저 바친 아포리즘

---

26 같은 곳.

에서 조급하게 서둘렀던 모습은 전혀 없다. — 벌거벗은 진리의 은유와 연결되며, 이 은유는 칸트가 불과 몇 달 뒤에 슐로서에 대한 신랄한 비판에서 풍부한 암시를 하면서 다루는 신비주의의 모호한 분위기를 암시한다. 부터베크는 자신의 저작의 플라톤적 대화 형식에 대해 이렇게 서술했다.

> 내가 진리에 입혀준 옷에 대해 논쟁을 벌일 필요를 느끼지는 않습니다. 이 옷으로 인해 진리가 왜곡되지만 않는다면 말입니다. 그러나 선생님께서 순수한 인식 형식의 개념을 발견했을 때, 그리고 범주들의 분류표를 제시했을 때, 선생님에게 나타난 보이지 않는 불멸의 진리, 옷을 벗은 순수한 진리는 과연 저의 엘레우시스 사제의 가르침 안에서 인식될 수 있을까요?[27]

추측하건대 칸트는 편지 발신자의 질문에 대해 몇 달 후 집필한 글에서 굳이 답변하고 싶지 않았을 것이다. 왜냐하면 편지 발신자는 자신의 저작에 칸트가 제시한 이성의 한계를 넘어선 사변적 사고의 혼란이 있지 않은지 의혹을 품고 있었기 때문이다. "제가 이성의 한계에 관한 진리를 물을 수만 있다면! 아니면, 선생님께서 테오프라노르의 가르침이 선생님의 『순수이성 비판』에서 벗어났다는 것은 전혀 근거가 없다고 인정해 주시는 말씀을 제가 들을 수 있다면!" 여기서 부터베크가 염두에 두는 것은 무

---

27 XII, 44.(1795.9.29.)

엇보다 라이프니츠의 이론에서 최상의 세계에 대한 믿음의 근거를 감정의 확고함에서 찾는 것을 가리킨다. 그런데 칸트에게 그런 생각을 피력하고 있는 것이다. 칸트가 불과 4년 전에 변신론을 믿는 모든 철학적 시도는 실패했다고 천명했는데도 말이다.

칸트의 『순수이성 비판』은 주해서가 필요한 책이지만 이 책에 대한 일급의 주석자가 없었다. 이 책에 대한 가장 중요한 주해서인 파이힝거Hans Vaihinger*의 주해서도 일반적으로 칸트를 처음 읽는 사람들이 도달하는 지점 이상으로는 나아가지 못했다. 파이힝거는 칸트가 사물을 베일로 감추는 대가라고 보았고, 그런 점에서 칸트가 무엇보다 형이상학자라고 보았다. 칸트가 신중한 계몽주의자였다는 것은 계몽에 대한 불안 때문만은 아니었다. 칸트는 올바른 인식의 기회가 계몽에 의해 너무 쉽게 순식간에 그르쳐질 수 있다는 것을 잘 알았고, 계몽이 사람의 마음에 너무 엄격한 체념을 요구한다는 것도 잘 알았다. 사물을 베일로 감추는 것은 이성이 이성의 가능성을 과장해서 인간의 마음에 약속한 것을 감당하기에는 계몽이 취약하다는 것을 고려한 결과이다. 파이힝거가 1902년에 파울젠Friedrich Paulsen**의 저서와 논쟁을 벌인 것은 은유학의 탄생을 알리는 사건과도 같다. 파이힝거는 파울젠이 형이상학자 칸트와 비판철학자 칸트를 분리해서 당시에 주목받기 시작한 칸트의 형이상학에 대한 관심을 칸트의 자기 이해에 맞추고 또 『순수이성 비판』이 형이상학을 준비하

---

* 신칸트주의 철학자.
** 신칸트주의 철학자, 교육학자.

는 이성 비판적 기능의 측면을 조명하고 평가하는 데 맞추고 있다고 이의를 제기했다. 여기서 베일로 감추기와 베일 벗기기의 은유를 통해 파이힝거는 칸트의 사유의 궤적에서 『순수이성 비판』을 마치 지구가 태양에서 가장 멀어진 지점을 통과하여 다시 태양을 향해 가까워지듯이 다시 형이상학으로 접근하는 변곡점처럼 평가하려는 시도에 대해 정교한 반론을 제기했다. "사물은 우리가 원하는 대로 그렇게 단순하게 돌아가지 않는다." 파울젠의 서술이 들어맞지 않는 이유는 그가 "칸트가 수많은 유보조건을 달아서 감추는 것을 벌거벗겨서 공공연히 드러내기 때문이다." 칸트를 다룰 때는 베일과 미광微光이라는 중간적 색조와 중간값을 고려해야 한다는 것이다. 그럼에도 파울젠은 칸트가 "오로지 베일을 통해 희미하게 비치도록 한" 것을 한낮의 눈부신 빛으로 비추고 '비판적 베일'로 가리지도 않고 조명한다. 칸트의 저작에서 베일은 단지 해명되지 않은 잔여물만은 아니며, 베일을 벗기는 고통스러운 과정에서 아직 벗기지 못한 나머지만은 아니다.

칸트가 예지계 앞에 씌우는 베일은 그의 비판적 체계의 필수적 구성요소이다. 그런데 파울젠은 그 베일을 그냥 벗겨버린다. 그러는 순간 칸트의 본래적인 비판철학은 더 이상 온전히 남아나지 않는다. 칸트는 예지계를 베일로 감추고 동시에 베일을 통해 은은한 빛으로 비치게 하는데, 칸트의 비판철학의 고유한 특색은 바로 여기서 찾을 수 있다.[28]

---

28 Hans Vaihinger, Kant – ein Metaphysiker? In: *Kant-Studien 7*, 1902, S. 111.

파이힝거는 벌거벗은 진리의 은유를 칸트에 적용하여 비판주의와 형이상학주의의 복합성을 칸트 해석자들의 근본 문제로 조명한다. 뿐만 아니라 파이힝거는 그런 복합성이 베일 벗기기와 베일로 감추기의 은유를 배경으로 하고 있으며, 그런 점에서 칸트 자신이 형이상학과 은유의 상관성을 의식하고 있었다고 본다. 바로 그 상관성에 힘입어 칸트는 비판 철학자의 단계에서 교조주의자의 단계로 추락하지 않을 수 있었다. 이렇게 보면 칸트는 — 이것이 파이힝거의 핵심 논지인데 — 노년기에 동시대인들의 플라톤주의를 단호히 거부했음에도 불구하고 칸트 자신은 플라톤주의자였다는 것이다. 이런 통찰에 이르기 위해서는 물론 플라톤 자신이 교조주의를 경계한 비판철학자였고 "궁극적인 최고의 문제들은 우리 인간에게 오직 은유로만 남아 있다."라는 입장을 취했다는 것을 인식할 필요가 있다.[29] 아마 플라톤은 이 은유를 신화라 일컬었을 테고, 칸트는 은유를 유추 또는 상징이라 일컬었을 것이다. 그렇지만 그런 명칭의 차이는 중요하지 않고, 단지 플라톤의 '이데아'라는 용어를 수용하는 것보다 훨씬 더 큰 의미가 있는 긴밀한 실질적인 상호 연관성이 있다는 사실이 중요하다. 철학에서 과연 궁극적 결론에 도달할 수 있는가 하는 문제에서 은유는 한편으로 체념을 요구하고 다른 한편으로 용기를 북돋우는 역설적인 역할을 한다. "이런 자각은 칸트의 경우에도 플라톤에 못지않게 강했다. '형이상학자 칸트'라는 구호와 나란히 '은유학자 칸트'라는 구호도 성립된다."[30]

---

29 같은 책, 117.

이런 통찰을 ― 혹은 적어도 신중한 고려를 ― 바탕으로 우리는 칸트가 베일 벗기기의 은유를 사용하는 더 대담한 표현에 접근해 볼 수 있을 것이다. 가장 유명한 사례는 칸트가 1766년 4월 8일 모제스 멘델스존Moses Mendelssohn에게 보낸 도발적인 편지에서 찾아볼 수 있다. 여기서 칸트는 동시대의 여러 학파들이 추구하는 형이상학을 자신은 존중하지 않는다고 언명한다. 그는 "지금 시대에 이런 부류의 생각들을 가득 담은 수많은 책들이 부풀려 과장하는 주장들을 지켜보노라면 거부감이 들고 심지어 혐오감도 생긴다."[31]라고 말한다. 상상의 산물인 그런 견해들과 "전혀 바라지 않는 수확물"을 가득 담은 몽상적인 학문은 완전히 없애버려도 전혀 해롭지 않다고도 했다. 그런데 멘델스존은 그전에《일반 독일 도서》잡지에 기고한 서평에서 칸트의「심령술사의 몽상」의 어조에 이의를 제기한 적이 있다. 즉 칸트가 "농담조로 말하는 깊은 뜻"은 독자로 하여금 "칸트 선생이 형이상학을 조롱하고 심령술을 믿게 하려는 것인지" 의구심을 자아낸다는 것이다.[32] 그러자 칸트는 멘델스존이 말한 '생소한 느낌'에 대답하면서 설명하기를, 표현의 모호함에 서평자가 느낀 거부감이 칸트 자신에겐 "소중하고 편안하다"고 했다. 그리고 그런 느낌을 회피할 이유가 전혀 없다고 했다. 칸트는 자신이 생각하지 않는 것은 결코 말하지 않지만, 생각할 때는 "많은 문제를 가장 분명한 확신을 갖고 생각하지만 말로 표현할 용기가 나지 않는데, 그런 상태에 아주 만족한다."[33]라

---

30 같은 곳.
31 WW X, 69.
32 Zitiert nach Kant. XIII, 35.

278

고 했다. 명시적 진술과 감추기에 대한 이런 생각은 스베덴보리를 비판하는 맥락을 넘어서 자신이 평생 견지한 원칙이라고 밝힌다. 이것은 칸트가 사물을 유보적으로 서술하는 문체에 관해 많은 것을 해명해 준다. 칸트는 솔직히 고백하기를 "사람들의 비웃음을 초래하지 않고 나의 생각을 베일로 감추는 방법을 고안하는 것"이 어렵다고 했다.[34] 물론 칸트가 스스로에게 부과하는 과제가 그가 호소하는 다른 사람들의 독창성Genie에 똑같이 적용되지는 않는다. 그는 독창적 사고로 불모의 형이상학에서 "획기적인 전환점을 마련하고, 아직도 하늘의 운에 맡긴 채 되는대로 진행되는 형이상학 분야를 새로운 각오로 장인의 솜씨로 재건할 계획"[35]을 촉구했다. 그러나 칸트 자신은 형이상학 분야에서 공적으로 공유하는 축적된 지식에 관심을 기울이는 역할만 하겠다고 했다. 그리고 자신은 객관적으로 형이상학을 존중하며, "인류의 진정한 지속적인 안녕이 형이상학에 달려 있다"고 생각한다고 했다. 그런데 다른 사람이 형이상학의 새로운 기초를 세우기 위해서는 기존의 지식에서 "교조적 의상을 벗겨내고 기존의 통찰을 비판적으로 검토하는 것"이 무엇보다 유익하다고도 했다.[36] 멘델스존이 물리학 분야에서 획기적인 진전을 이루기를 기대한다는 말도 멘델스존이 지적한 반어적인 중의성을 띤다. 왜냐하면 교조적 의상을 벗겨내야 한다는 말에 이어서 칸트는 자신이 물리학 분야의 중요한 통찰을 습

---

33 X, 69.
34 69 f.
35 70.
36 같은 곳.

득했기에 물리학에 대한 일반적인 조망에 머물지 않고 물리학의 방법을 확실히 파악했으며, 그래서 자신의 물리학적 통찰은 — 여기서 칸트는 멘델스존에게 올바른 자기 인식을 위해 제시했던 것과 동일한 은유를 사용한다. — 다른 분야에 적용할 때도 '고유한 표준 척도'로 활용할 수 있다고 했기 때문이다.[37]

이 모든 진술에 비추어 볼 때 교조적 의상을 벗겨내야 한다는 은유에 대해 그렇게 벗겨내면 벌거벗은 진리가 나올 거라고 기대할 수는 없을 것이다. 그런데 만약 칸트가 멘델스존에게 고백한 대로 평생 중의성重義性을 고수한 입장을 포기하고 자신의 양도 불가능한 형이상학적 소신을 단정적으로 표명했더라면 과연 어떻게 되었을까? 여기서 이 문제를 칸트 해석학의 문제로 본격적으로 다룰 수는 없다. 다만, 명시적 진술과 유보적 진술 사이의 가능한 긴장을 잠시 떠올려볼 수는 있을 것이다. 칸트에 관한 가장 예리한 주석자로서 — 멘델스존을 당혹스럽게 만든 —「심령술사의 몽상」의 배후에 깔려 있는 생각을 해명했던 파이힝거가 쓴 하나의 문장으로 집약해 보자. '실제적인 현실성'으로서의 자연에 대한 칸트의 직관은 근본적으로 그의 생애 내내 변하지 않았다. "현실 자체는 목적론적 관계를 통해 통일성으로 수렴되는 '사고 대상이 되는 존재들의 체계'이다. 그런 사유 존재들은 신적 지성에 의해 직관적으로 사유되고, 바로 그렇게 함으로써 현실적인 것으로 설정된다."[38]

---

37 71.
38 Vaihinger, 110 f.

여기서 보듯이 생각하는 것을 말하지 않는 지점에서부터 생각하지 않는 것을 말하는 지점에 이르기까지의 거리는 칸트가 멘델스존에게 진실성의 기준으로 제시한 범위만큼 그렇게 멀지는 않다.

칸트는 18세기의 마지막 10년 동안에 볼프Wolff주의자였던 에버하르트Johann August Eberhard와 충돌했다. 그 맥락에서 나온 말을 살펴보려면 칸트가 평생 동안 엄밀한 의미에서 지적 유보와 아이러니를 원칙으로 견지했다는 말을 새겨들을 필요가 있다. 에버하르트는 그가 발행한《철학 잡지》에서 칸트의 이성 비판이 라이프니츠에 비해 뒤처져 있다고 주장했다. 칸트에게 이 잡지는 '오만한 허풍선이 어조'로 호언장담하는 도발이었을 뿐 아니라, 칸트 자신에 맞서 형성되는 철학적 반대 전선의 기관지 격이었다. 그런 반대 전선이 형성되고 있었다는 사실 자체가 칸트의 평생작업과 이성 비판을 결산하는 마지막 10년이 봉착한 난관을 보여주는 징후였다. 에버하르트의 공격으로 인한 칸트의 당혹감과 이어지는 분개심은 칸트가 자신의 이성 비판에 대해 걸었던 기대를 고려할 때만 이해될수 있는데, 여기서 그 전모를 다룰 수는 없을 것이다.[39] 여기서 우리의 관심을 끄는 것은 칸트가 ― 라인홀트Carl Leonhard Reinhold에게 한 말에 따르면 ― 에버하르트를 '술수'에 능한 인간이라고 보았다는 것이다. 칸트에 따르면 "정직한 구석이라고는 없는 에버하르트는 그 자신은 약하고 적수는 강한 모든 문제를 능란한 술수로 모호하게 조명하는 데 이골이 난"[40]

---

39 여기서 블루멘베르크는 주석에 'LN'이라는 메모만 남겼는데, 자신의 저서 『근대의 정당성』 중 다음 부분을 가리키는 것으로 보인다. Blumenberg, *Die Legitimität der Neuzeit*. Frankfurt a.M. 1988, pp. 503~509.

인물이다. 에버하르트의 사람됨에 대한 이러한 평가는 에버하르트가 라이프니츠에게서 빌려 온 생각의 하나, 즉 지적 대상을 수학과 형이상학에 공통된 형상 언어로 표현하려는 생각을 강조하는 대목과 자연스럽게 연결된다. 칸트는 자신의 저작을 논쟁에 말려들지 않게 하려는 마음에서 그리고 연로한 탓에 뜨겁게 달아오르는 논쟁을 제자인 라인홀트에게 맡기려 했지만, 결국 자신이 직접 나섰다. 그리하여 1890년 『판단력 비판』의 출간과 동시에 에버하르트를 논박하는 격문 「순수이성 비판의 모든 새로운 내용이 과거의 이성 비판에 의해 무용지물이 되었다는 주장에 대하여」를 발표했다. 에버하르트는 공간과 시간에 관한 표상이 인간이 만들어낸 '불특정한 이미지'라고 규정했고, 그런 점에서 시공간의 표상은 칸트의 『순수이성 비판』의 미학적 원리와 일치한다고 주장했다. 이런 주장에 대해 칸트는 거세게 논박했다. 공간과 시간은 그 속에서 이미지를 떠올리려면 먼저 전제되어야만 하며, 게다가 '불특정한 이미지'라는 것은 그 이미지를 그리는 전제 조건으로 개념을 필요로 한다. 예컨대 삼각형은 세 개의 선과 모서리의 각도가 정해지지 않더라도 삼각형이라는 개념을 시각화한 명확한 이미지로 떠올릴 수 있다. 따라서 에버하르트는 인식능력의 구성에서 이미지가 개념보다 더 근원적이라는 주장을 하고 있는데, 그것은 칸트 자신의 입장과는 부합하지 않는다는 것이다. "에버하르트는 '감각적'이라고 해야 할 것을 '이미지적'이라고 표현하는 기만적인 술책을 고안해 내어 매사에 이 표현을 들이대는 것이다."[41] 다시 말해 칸트에

---

40 Kant an Carl Leonhard Reinhold, XI, 33~40.(1789.5.12.)

게 공간과 시간을 통해 순수 직관의 대상으로 떠올릴 수 있는 것들이 에버하르트에겐 공간과 시간 자체가 되는 것이다. 쾨니히스베르크 궁정 목사이자 수학 교수였던 슐츠Johann Schultz가 에버하르트와의 논쟁에 개입했을 때 칸트는 자신의 저작 중 몇몇 대목을 활용할 수 있도록 슐츠에게 제공했는데, 그 핵심은 모든 교조적 형이상학에 대한 비판을 분명히 밝히는 것이었다. 어떤 개념을 규정할 때 모순이 없는 상태라고 해서 "그 개념이 성립될 수 있다거나 그 개념이 어떤 사물이라고 간주할 수 있는 정당성이 주어지는 것은 아니다."[42] 이로써 시각적 이미지와 객관적 실재 사이의 관계도 논의되는 셈이다. 에버하르트의 입장에서 이 관계는 경험의 대상이 될 수 없는 것을 인식할 수 있는 가능성을 열어주는 것으로 중요한 역할을 한다. 칸트는 에버하르트를 비판하는 격문에서《철학 잡지》의 제1권에 대해서만 비판을 가했다면, 몇 주 후에는《철학 잡지》제2권에서 이성 비판의 옹호자들을 논박하는 주장의 모순을 밝히는 데 주력했다. 칸트는 1790년 6월 29일 슐츠의 서평 집필을 지원하고자 슐츠에게 보낸 편지의 서두에서 비판의 목표를 명확히 밝히고 있다. "에버하르트는 '이미지적'이라는 현혹적인 말로 자신을 포장하는데, 그가 최대한 신속히 자신의 벌거벗은 모습을 드러내도록 최후의 통첩을 밝힐 필요가 있어 보입니다."[43]

에버하르트가 말하는 '시각적 이미지'에 대해 칸트가 동료 슐츠에게

41 VIII, 222.
42 XX, 381.
43 XI, 183.

보낸 안내 자료에는 모든 논쟁을 종결짓는 한 문장이 들어 있다. "그런데 이 시각적 이미지가 무엇인지는 하느님이나 알 것입니다."[44]

---

44 XX, 392. 이 안내 자료에는 "예지적인 것을 감각적으로 표현할 수 있다는 주장, 또는 감각적인 것을 예지적인 것으로 연결할 수 있다는 주장"을 통해 에버하르트가 수학과 형이상학을 통합하려 한다는 문장도 들어 있다.

계몽주의

벌거벗음은 결코 불변의 상태가 아니다. 진리의 은유로 쓰일 때는 더더욱 그렇다. 중요한 것은 단지 감춤과 노출의 비율이 아니라 감춤과 노출을 수행하는 수단의 질적 수준이다. 진리가 널리 통용되고 안착하기 위해서는 진리를 감싸는 베일이 과연 얼마나 투명해야 하고 또 얼마나 불투명해도 무방한가?

유럽 역사에서 모든 문학 장르 중에 가장 오래되고 지속적인 전통을 지닌 이솝 우화는 어떤 사람들에겐 진리의 영악한 위장의 진수처럼 보일 것이다. 그 위장은 우화에 담겨 있는 이야기를 통해 해명될 수 있다. 그런가하면 이솝 우화는 벌거벗은 진리를 가차 없이 냉정하게 전달하는 아주 오랜 표현형식으로 보일 수도 있다. 근래에 와서는 그런 이야기를 듣거나 읽는 독자들이 어떻게 받아들이느냐 하는 문제가 중요하다는 견해도 있다. 프리기아의 노예 이솝이 지어낸 이야기들은 대부분 동물 이야기 형식으로 진리를 전달하므로 이솝과 같은 노예 계층을 위해 지어낸 이야기라 할 수 있을 것이다. 그런가 하면 이미 당시에도 피억압 계층 사람들 중에 지적인 인물이 있어서 상류층의 문학적 취향과 서사시를 이해했을 거라는 추측도 가능하다. 그런 경우라면 저자와 같은 수준의 식견이 있어야 이해하고 받아들일 수 있다는 원리가 적용된 하나의 사례라 할 수 있다. 그렇지만 이솝 우화에 담겨 있는 술책이 상류층을 겨냥하는데도 상류층 사람들이 어째서 그런 이야기에서 미적 쾌감을 느끼는가 하는 수수께끼는 그런 원리로는 설명되지 않는다. 그런 원리는 다른 것을 기대하지 않았고 기대할 수 없었던 사람들만을 만족시킬 뿐이다.

우화가 사람들의 마음을 사로잡는 데는 복잡한 내적 이유와 소박한 외적 이유가 있다. 소박한 외적 이유로는 이야기가 짧고 메시지가 단순해서 번역하고 운문으로 개작하는 연습을 하기에 안성맞춤이라는 점을 꼽을 수 있다. 그래서 우화는 아직 주인이 없는 인간 기억의 저장고를 최대한 일찍 차지하기 위한 형식과 소재들을 발굴하는 은밀한 경연이 된다. 가장 먼저 기억 저장고에 도달하는 사람이 승자가 되는 것이다.

사람의 마음이 우화와 친화성이 있다는 낭만적인 추측은 우화의 전통이 인류의 선사시대에까지 — 어쩌면 동물에 이름을 부여하고 동물이 말을 했던 낙원에까지 — 소급된다는 사실과 관련이 있다. 죽을 각오가 되어 있는 소크라테스가 이솝을 입에 올렸으니 이솝이 철학의 역사에 등장한다는 것은 의문의 여지가 없다. 하지만 가장 오랜 인류의 지혜가 그의 이름으로 보존되고 전수되어 왔다는 사실도 철학사에 등장할 이유가 되지 않을까? 거의 모든 민족의 문학에서 도덕 교훈을 담은 동물 이야기가 비슷하게 등장한다는 사실에서 우리는 위장이나 벌거벗음의 대립과는 거리가 먼 고대의 정신적 기반을 추론해 볼 수 있다. 위장이나 벌거벗음의 대립은 훨씬 나중 시대의 문화적 산물인 것이다.

"최초의 작가 이솝의 우화에 담긴 오랜 진리는 소박하고 가식이 없다."[1] 볼테르가 『무지한 철학자』에서 이솝에 관해 서술한 대목에 나오는 이 문장은 굳이 계몽을 통해 인식될 필요도 없는 근원적 진리를 다루고 있다. 볼테르는 인류의 역사를 최초의 정점에서 출발하여 후대로 올수록 몰락한 역사로 간주하지는 않았다. 그렇긴 하지만 문화가 형성되기 이전 시대의 근원적 정신이 진리에 대한 편견 없는 개방성과 긴밀한 상관성이 있다는 것을 볼테르는 자명하게 생각했다. 계몽의 필요성은 전적으로 역사의 산물만은 아니지만, 역사의 산물이라는 것도 분명하다. 고결한 원시 부족이 유럽 문명의 우스꽝스러운 모습을 보고 어리둥절하는 것은 달리 설명될 길이 없다. 이솝의 우화에 뉴턴의 물리학을 가리키는 알레고리가 들어 있지는 않지만, 정의에 관한 영원한 — 그러나 쉽게 망각되는 — 가르침이 들어 있다. 그것은 단순하지만 나름의 수사법을 구사하고 있다. "그것은 우화의 매력을 겸비한 진리 자체이다."[2]

진보적 역사철학의 창시자인 볼테르가 고대인의 진리 친화성을 강조하는 것은 놀라운 일이다. 물론 그는 평소에는 못마땅해했던 파스칼의 '심연'이라는 은유를 끌어들여 이솝 우화가 탄생했던 시대가 얼마나 아득히 '심연처럼' 멀리 떨어진 옛적인지 언급했다. "문화의 근원은 고대에

---

1 Voltaire, Le Philosophe ignorant XLVII. WW XLIV, 148.
2 같은 곳.

사라졌고, 우리는 그 고대의 심연을 규명할 수 없다."[3] 비록 파스칼과 볼테르의 저작에서 심연이라는 은유의 용법은 상반되지만, 어떻든 심연이라는 것은 모든 것을 설명해 주고 또 설명될 필요가 없는 어떤 것을 가리킨다. 신들의 조상이 탄생했던 태고의 카오스는 입을 벌리고 있는 심연이다. 그 이후에 일어난 모든 일은 개념으로 파악될 수 있지만, 태초의 혼돈만은 그럴 수 없다. 우화는 바로 그런 불특정 상태에서 생겨난 것이다. 우화는 메시지를 전달하기 위해 베일로 감출 필요가 없다. 우화는 말해야 할 내용을 제대로 전달하지 못하기 때문에 도덕적 교훈을 별도로 첨가해야 한다고 주장하는 것은 후대의 편협한 오해일 뿐이다. 그래서 후대 사람들이 생각하는 도덕은 자연스럽게 이야기와 맞아떨어지는 경우가 드물다. 우화의 전통은 우화가 진리를 베일로 감추고 있다는 억측을 통해 왜곡되었다. 우화는 후대 사람들이 보기에는 불가사의하게 '벌거벗은' 상태이기 때문에 벌거벗은 상태가 아니라 베일로 감추고 있다고 오해해서 "도덕적 결론"을 덧붙이는 것이다.

그러나 우화는 그 본성상 도덕적이다. 그런데 도덕의 기반을 무너뜨린다고 의심받는 계몽주의가 생각하는 진리는 어떤 모습인가? 이 경우에도 관건이 되는 것은 모든 인간 사회의 질서가 붕괴하지 않으려면 과연 어느 정도까지 진리를 베일로 감추도록 허용할 것인가 하는 문제이다. 여기서도 파스칼을 참조할 수 있는데, 인간 사회의 질서라는 것은 진리에 기반을 둔 것이 아니라 가상에 기반을 둔 것이기 때문이다. 계몽주의자는 말

---

3 같은 곳.

해야 하는 모든 것을 과연 말할 수 있을까? 이 문제는 극단적인 경우를 가정할 때 가장 명확하게 다루어질 수 있다. 예컨대 무신론자를 도덕적으로 신뢰할 수 있을까? 볼테르는 무신론이 광신주의만큼이나 도덕을 해치는 위험 요인이라고 보았다. 볼테르는 『스피노자에 관한 서한』의 수신자는 무신론과 광신주의의 양극단에서 똑같이 멀리 떨어져 있노라고 꾸며낸다. 그래서 이 서한의 수신자에게는 그가 해야 할 모든 말을 할 수 있으며, 이미 말했노라고 주장한다. 마치 이름도 모르는 어떤 군주에게 쓴 편지를 다음과 같은 말로 마무리하는 격이라는 것이다. "다시 정신을 차리고 생각해 보니 제가 이 편지에서 말씀드린 모든 내용을 폐하께 다 말씀드리지는 말았어야 하지 않을까 저어됩니다. 그렇지만 (제가 무슨 말을 해도 이해하실) 폐하의 분별심을 믿어도 되겠지요?" 볼테르가 쓴 편지의 수신자는 무신론과 광신주의로부터 똑같이 멀리 떨어져 있어서 — 그렇다면 그 둘 사이의 중간에 있다는 말인가? — 볼테르는 진실을 완전히 벌거벗긴 상태로 말할 용기를 얻었다고 말한다. "바로 이것이 내가 당신의 눈앞에 한 치의 위장도 없이 진실을 보여주는 자유를 허용한 이유입니다."[4] 그러나 벌거벗은 진리를 공공연히 제시하는 보편적인 계몽은 존재하지 않는다. 계몽주의자는 자신이 믿고 말하는 사람이 과연 그의 지위를 위태롭게 할 수도 있는 진술 과정을 견뎌낼 능력이 있는지 확인해야 한다. 라블레에서부터 스피노자에 이르기까지 기독교를 경멸한 사람들에 대해 서술한 일련의 편지를 받는 수신자가 과연 이런 내용을 감당할 수 있을까를 고려한

---

4 LXIX, 52.

책략이야말로 최고도의 수사학적 장치를 필요로 한다. 모든 것을 다 말하고 나서 과연 그렇게까지 말할 필요가 있었을까 하는 의문을 던졌을 때 후회 없다고 긍정적인 답변을 하려면 말이다. 믿고 털어놓는 고백의 수사학이 복잡할수록 계몽의 메시지는 불가항력의 것이 된다. 그러면 메시지의 수신자는 진리를 완전히 발가벗긴 상태로 드러내 보이는 가장 강력한 처방도 소화해 낼 수 있는 상태로 최적화되기 때문이다. 허구적인 서간체 형식은 독자에게 편지 수신자의 입장에서 편지 내용에 몰입하게 만든다. 이 사례를 언급하는 이유는 이성의 기술은 이성의 개념과는 별개의 사안이라는 것을 보여주기 위해서다.

무신론과 광신주의 사이의 중간? 그렇지만 볼테르의 글을 계속 읽어보면 정확히 중간은 아니라는 것을 알 수 있다. 볼테르의 「제니의 이야기」에 나오는 주인공은 말한다. 혼란과 끔찍한 일들로 가득한 이 세상에서 무신론과 광신주의는 양쪽 극단이며, 미덕이 통하는 좁은 지대는 양극단 사이의 중간에 있노라고. 그런데 자신이 늘 관찰한 바로는, 무신론자는 치료될 수 있지만 광신주의자는 치료될 수 없다. 왜냐하면 무신론자는 허기를 채우기 위해 모든 것을 집어삼키는 괴물이지만, 광신주의자는 의무감으로 인간을 갈가리 찢어버리는 괴물이기 때문이다. 따라서 무신론과 광신주의는 그 중간에서 균형을 잡을 수 있는 대칭 관계가 아니다. 그 이유는 무신론자는 계몽주의자와 한 가지 특성을, 즉 스스로 생각한다는 특성을 공유하는 반면에 광신주의자는 의무적으로 추종하는 다른 사람의 생각에 지배당하기 때문이다. "무신론자는 스스로 생각하는 정신의 소유자인데, 다만 자기는 그런 사람이 아니라고 속일 뿐이다. 미신을 믿는 광신주의자는 다른 사람의 생각 외에는 어떤 생각도 해본 적이 없는 잔인한 바보다."[5] 이러한 비대칭 관계는 어디서나 함부로 적나라하게 말할 수는 없는 진리에 속할 것이다.

자연은 스스로를 감추기를 좋아한다. 신비의 베일에 싸인 헤라클레이토스가 그런 말을 했다고 전해진다. 그 명제보다 더 포괄적이고 깜짝 놀랄, 철학의 종말에 관한 테제, 즉 존재는 자유의지에 따라 스스로를 감춘다, 라는 테제에 이르기까지는 장구한 역사가 가로놓여 있다. 계몽주의도 이 문제를 어느 정도 의식하고 있었다. 왜냐하면 계몽주의는 오래도록 제기하지 않았던 이 문제를 다루려고 시도했기 때문이다. 볼테르의 「이성의 여정」에서 이성은 자신의 딸인 진리에게 길고 긴 감금 생활 끝에 이제 진리의 통치가 시작된다고 말했다. 예언자 몇 명이 숨어 지내던 진리를 찾아왔고, 그때부터 말과 실행이 성공적으로 진행되었다는 것이다. 모든 일은 뒤늦게 풀리는 법이며, 이성과 진리의 길은 무지와 거짓의 심연을 통과해 왔다. 그런 점에서 이성과 진리가 겪은 일은 자연에 닥친 일과 비슷하다. 자연은 헤아릴 수 없이 오랫동안 보기 흉한 베일에 가려져 왜곡되었다가 마침내 갈릴레이, 코페르니쿠스, 뉴턴이 등장하자 "이들에게 벌거벗은 모습을 보여주고 자연을 사랑하게 만들었다."[6] 자연에 베일을 씌우고 왜곡했던 사람이 누구인지는 밝혀지지 않았는데, 자연 자신도 다른 이들도 이 일에 관여한 것 같지는 않다. 중요한 것은 이 과정을 베일이

---

5 Histoire de Jenni XI. LXVI, 154.
6 Voyage de la Raison. LXVI, 282.

자연을 왜곡하고 보기 흉하게 만들었다고 함으로써 살짝 에로틱하게 표현하고 있다는 것이다. 그러나 이제 거의 감추지 않은 자연의 모습을 묘사함으로써 자연에 대한 잘못된 상像을 바로잡았을 뿐 아니라 인간을 자연을 사랑하는 연인으로 만들었다. 이성은 우물 속 너무 깊은 곳에 갇혀 있던 이성의 딸 진리가 마침내 다시 지상으로 올라와 '빛의 성'으로 들어오는 것을 바라보면서, 자연의 운명에서 진리의 운명을 읽어낸다. 진리의 운명은 자연의 운명을 조금 뒤늦게 따라가는 것처럼 보인다. "이성과 진리는 모든 일이 뒤늦게 풀리는 것을 지켜보면서, 자연에서 일어난 일이 우리에게 일어난다고 말한다."[7]

볼테르가 생각한 광신주의에는 철학 학파 특히 뉴턴주의를 맹렬히 반대한 데카르트주의도 포함된다. 그러니까 경험적 판단이 작용하는 분야에서도 광신주의를 적용했던 것이다. 그렇긴 하지만 광신주의가 주로 적용되는 분야는 경험적 판단이 불가능한 영역이다. 나중에 칸트가 선험적 변증법을 통해 그 영역마저 해체하는 것은 아직 시야에 들어오기 전이었다. 1751년『백과전서』제1권이 나왔을 때 이봉Abbé Yvon은 이 책을 위해 '영혼'에 관한 항목을 집필했다. 그러나 디드로Denis Diderot는 파장이 우려되는 이 증보판에 특별 표시를 해놓고 입장 표명을 보류했다. 볼테르는 1770년에『백과전서에 관한 문제 제기』에서 이 항목에 대해서도 입장을 밝혔다. 그는 당연히 형이상학과 관련된 모든 항목에 대해서 일단 교회의 명확한 교리를 따라야 한다는 견해를 표명했다. "계시가 모든 철학

---

7 같은 곳.

을 합친 것보다 더 우월하다는 것은 의문의 여지가 없다."[8] 이 말을 액면 그대로 받아들이면 그다음에 이어지는 문장의 반어적 어조를 간과하기 쉽다. 그다음 문장에서 계몽이라는 명칭은 계몽이 복종하는 태도를 취해야 하는 교회 교리의 편에 서 있고, 그 반면에 철학 체계는 단순히 지적 단련이라는 하급의 기능에 머물러 있기 때문이다. "철학 체계는 정신을 단련시켜 주고, 신앙은 정신을 밝혀주고 이끌어준다."[9] 그렇지만 이런 대립이 볼테르의 글에서 주된 것은 아니다. 그의 글에서 주요 논지는 신앙의 문제를 다루는 이론이 생산적인 성과를 내기 어렵다는 사실과, 이론적 능력의 실질적 단련 사이의 대립이다. 그래서 다음과 같은 말이 나온다. 즉 기술자들은 정신적인 것에 대해 철학자들처럼 토론을 해본 적이 없지만, 어떤 공작실에서는 수공업 기술자들이 기계에 정신적인 속성을 부여할 줄 안다는 것이다.[10] 우리는 정신에 대해 너무나도 모르며, 그래서 정신을 '실체'Substanz라고 일컫는데, 실체라는 말은 '사물의 바탕에 있는 어떤 것'이라는 뜻일 뿐이다. 그렇지만 사물의 배후에 또는 바탕에 있는 것은 우리가 영원히 알 수 없는 창조의 비밀에 속하는 것이다. "그러나 바탕에 있는 이것을 우리는 영원히 알지 못한다."[11] 그런 면에서 정신은 물질보다 더 오묘하지도 않으며, 자연에 대한 인식이 형이상학보다 덜 당혹스러운 것도 아니다. 물질과 정신, 물리학과 형이상학을 이처럼 동렬에 놓

---

8   Voltaire, *Dictionaire Philosophique*, ed. R. Naves, Paris 1954, 424.
9   같은 곳.
10 같은 책, 424.
11 같은 책, 426.

는 발상은 양쪽 모두에 파장을 미쳐서 결국 해명되어야 할 절박한 필요성을 면제받게 된다. 정신과 물질에 대해 열심히 토론을 벌여도 결국 자기 자신을 이해할 수 없게 된다. 그렇지만 자연은 전혀 다르게 활동한다. 즉 토론을 하는 대신에 실행으로 어떤 결과를 산출하는 것이다. "어떤 철학자도 자연이 사물의 모든 근본원리를 감춘 베일을 자신의 힘으로 벗겨내지 못했다. 철학자들은 토론하고, 자연은 실행한다."[12] 칸트는 10년 후에 순수한 실천이성에는 그 원칙의 불확실함이 존재하지 않고 존재해서도 안 되며, 반면에 이론이성에서는 현상의 배후에 대한 인식이 가로막힐 수도 있다고 했다. 그리고 인간이라는 생물의 실존적 제약을 제대로 인식하면 이론이성의 그런 한계를 납득할 수 있다고 했다. 그런데 볼테르는 『백과전서』와 관련하여 자연이 그 궁극적 근거를 인간에게 드러내지 않고 숨기는 것이 자력으로는 아무것도 밝혀내지 못하는 철학자들을 위해서는 오히려 자연의 은총이라고 천명했다. 자연은 철학자들의 이론적 인식의 요구에 맞서서 자신을 베일로 숨김으로써 끊임없이 활동하는 영향력의 모범을 인간에게 제시하기 때문이다. 이것은 볼테르의 『캉디드』 결말에서 주인공이 정원을 가꾸기로 결심하며 선언하는 기본 공식의 영원한 반복이다. 칸트 역시 그 기본 공식을 볼테르 못지않게 강렬한 인상을 주는 비유로 표현했다. "만약 디오게네스가 통나무 속에서 빈둥거리지 않고 밭농사를 지었더라면 위대한 인물이 되었을 것이다."[13]

---

12 같은 책, 428

13 Kant, *Bemerkungen zu den Beobachtungen über das Gefühl des Schönen und Erhabenen*. WW XX, 104.

볼테르 역시 근래에 우화의 사회적 기능으로 곧잘 거론되는 해석을 제시했는데, 그것은 그의 『철학 사전』의 '우화' 항목이 아니라 『백과전서에 관한 문제 제기』에 나온다. 여기서 그는 우화의 기원이 아시아라는 가설을 제시한다. 왜냐하면 우화가 탄생할 수 있는 전제 조건은 예속 상태에 있는 민족들의 창의적 정신이기 때문이다. 다시 말해 자유로운 인간들은 진실을 굳이 베일로 감출 필요를 느끼지 않는다. 그렇지만 폭군에게는 우화로 말해야 하며, 교묘하게 에둘러 말해도 위험하다.[14] 볼테르는 생각이 흔들리는 것 같다. 왜냐하면 선사시대 사람들이 본래 이야기를 좋아하고 형상과 비유를 좋아하므로 우화를 창작하는 데 중요한 역할을 했다고 주장했다가, 다시 폭군의 치하에 시달리는 '노예의 언어'에서 우화가 생겨났다고 주장하기 때문이다. 어떻든 상상력과 자유의 연관성은 본질적인 것을 전수하는 데는 가장 쓸모없는 것도 유용하다는 것이며, 그것은 '노예의 언어'에 대한 이야기에서 인상적으로 암시되고 있다. 진리는 위장을 통해 살아남는다. 그리고 외적 자유의 상실은 그런 위장과 불가분의 관계에 있다. 이런 연관성은 너무 자명해 보여서 부자유 상태에서 표현하는 비유의 세계가 해방의 날에는 과연 어떤 의미를 가질 수 있는가 하는 문제는 전혀 제기될 필요도 없었다. 다시 말해 그것은 해방된 이후에는 진리가 과연 누구 앞에서 자신을 위장해야 하는가 하는 문제이다. 아마도 자유를 찾은 사람들 자신 앞에서 위장해야 할 것이다. 이들은 자유로워졌지만, 그럼에도 자신들이 과거에 폭군 앞에서 숨겨야 했던 것을 베일로

---

14 Voltaire, *Dictionaire Philosophique*, 530.

가리지 않은 채 직시하는 것을 아직은 제대로 감당할 수 없기 때문이 아닐까?

24

키르케고르

개념의 지배가 최종적으로 결판나면 그런 상황에서는 벌거벗은 진리
가 존재하지 않는다. 왜냐하면 그 반대 형식인 은폐와 위장, 우회적 진술
과 생생한 직관적 진술 중 어떤 것도 더 이상 존재할 이유가 없기 때문이
다. 다만 그런 은유에 관한 이야기들의 역사만 이야기될 수 있을 것이다.
물론 누군가 그런 이야기에 진지한 관심이 있다면 말이다. 그런데 무엇
때문에 아직도 그런 관심을 가지겠는가? 은유를 어디에서 가져왔고 어디
까지 구사했는가를 확인하기 위해서는 결코 아닐 것이다. 아름다움이 그
배후에 또는 그 바탕에 진리를 감춰놓은 베일이었다면 이 명제는 예술이
결코 진리를 최종적으로 표현하는 형식이 될 수 없다는 것, 그리고 개념
의 지배가 예술에 치명적이라는 것을 내포한다. 예술의 종말을 기정사실
로 간주하는 사람은 그것을 최종적인 상태라고 믿도록 예술의 베일을 걷
어치울 것이다. 벌거벗은 상태 다음에 또 무엇이 나올 수 있겠는가? 헤겔
은 개념의 역사를 그 역사의 논리적 맥락에 따라 다룸으로써 개념의 역사

성과 개념의 추정적 대체물의 역사성을 소멸시켰다. 그가 '외적 형태화'
라 일컫는 것의 "의상을 벗겨내고 이념 자체를 그 논리적 개념에 따라 규
정하는 단계들을 설정함으로써" 그렇게 했다.[1] 그렇게 의상을 벗기는 일
은 당연히 의상을 입히는 일을 이미 시대착오적인 것으로 간주하는 관점
에 의해서만 수행될 수 있다. 따라서 외피를 벗기는 일은 더 이상 외피가
필요하지 않은 최종적 상태를 전제하고 그 이전의 외피를 입힌 과도기적
상태와의 관련 속에서만 완수된다.

루터가 말한 '벌거벗은 신'deus nudus의 정태적인 사고에 헤겔은 거부감
을 느꼈다. 왜냐하면 신이 자신을 감춘 베일을 벗어던지는 계시의 최종적
상태는 역사를 — 계시가 일어나게 하는 — 성경에서 예언한 종말의 시
간에 고정하는 것이며, 그 이후에는 어떤 일도 일어날 수 없기 때문이다.
헤겔은 그러한 "신학의 무거운 중압"을 견딜 수 없었다. "고딕의 신전을
공고히 하기 위해 비판적인 건축 도구를 도입한 신학자들은 개미처럼 부
지런히 방해하고, 모든 것을 어렵게 만들고, 탈출구를 더 이상 찾을 수 없
을 때까지 몰아댔으며, 그리하여 마침내 자신들의 벌거벗은 모습을 백일
하에 드러내야만 했다."[2]

'계시하는 신'을 '벌거벗은 신'으로 상정하는 정태적인 역사적 사고
는 헤겔이 규정한 철학의 관점에서 볼 때 신학의 핵심적인 골칫거리였다.
이 점을 인정한다면 그런 정태적 사고를 대체하는 것은 당연히 논리학을

---

1 Hegel, *Vorlesungen über die Geschichte der Philosophie*, Wintersemester 1820~21, Leipzig
  1940, 34.
2 Hegel, *Briefe*, Hamburg 1952, I 16 f.

통해 이루어질 것이다. 왜냐하면 논리학은 신학이 생각한 계시하는 신의 역사를 신에게 외피를 씌워서 오인하게 만든 역사로 — 따라서 한번도 제대로 경험하지 못한 역사로 — 판정하기 때문이다. "순수한 사고의 왕국"은 완성을 추구하는 열정을 멈춘 적이 없고, 그 어떤 전거에도 안주하지 않았으며, 납득할 수 없이 경직된 계시의 신이 순수한 사고의 왕국에 합당하게 항상 스스로를 표현할 수 있게 했다. "이 왕국은 베일로 숨기지 않고 그 자체로 존재하는 진리이다. 그런 이유에서 이 왕국의 내용은 자연과 유한한 정신을 창조하기 이전에 이미 영원한 본질로 존재하는 신을 나타내는 것이라고 표현할 수도 있는 것이다."[3] 헤겔은 역사를 개념이 자신을 드러내는 과정이라고 파악했는데, 키르케고르Sören Kierkegaard는 최초로 이것이 무엇을 뜻하는지 더욱 엄밀히 인식했다. 이것이 뜻하는 바는 무엇보다도 인간에게 도움을 주거나 뭔가를 촉구하는 일회적이고 기념비적인 신적 계시 행위에 대해 그 역할을 인정하지 않겠다는 것이다. 키르케고르가 1837년 1월에 쓴 일기에는 다음 문장이 나온다. "철학은 발걸음을 옮길 때마다 피부를 한 꺼풀씩 벗기는데, 점점 더 야윈 추종자들이 그 피부 속으로 기어들어 간다."[4] 이 문장의 전반부는 헤겔주의를 떠올리게 하지만, 후반부는 역사의 발걸음을 옮길 때마다 벌어지는 일을 반어적인 어법으로 비웃고 있다. 여기서 피부를 벗긴다는 비유의 핵심적 요점은 무엇보다 벌거벗은 진리의 행복한 결말은 존재하지 않는다는 것이다.

3 Hegel, *Wissenschaft der Logik*, Leipzig 1934, I, 31.
4 *Kierkegaard*, ed. Haecker, 76.

왜냐하면 삶 자체가 계속 피부를 벗기는 과정의 연속이고, 동시에 세계사는 지나간 삶의 텅 빈 껍질을 다시 사용해서 이미 과거로 지나간 상태를 미라처럼 연명케 하는 가상의 목숨을 이어가는 것이기 때문이다.

벌거벗은 상태는 그 이전의 인간의 과도기적 상태와 마찬가지로 결코 최종적 상태가 아니다. '벌거벗은'이라는 수식어를 막연한 기대를 위해 남김없이 써버려서는 곤란하다. 인간의 벌거벗은 모습은 낙원에 살았던 시절의 무구함을 나타내는 벌거벗음이 아니라, 옷을 다 벗어 던지는 대가를 치르고서야 겨우 해안에 닿아 목숨을 건진 ── 그러나 목숨을 건진 대가로 다시 벌거벗은 모습을 속수무책으로 드러내야 하는 ── 조난자의 벌거벗은 모습이다. 키르케고르는 소크라테스의 아이러니 개념에 대해 쓴 석사 학위 논문에 담은 열다섯 개의 테제 중 열한 번째 테제에서 소크라테스에게 이의를 제기한다. 소크라테스는 모든 인간을 그 본질상 벌거벗은 조난자처럼 현존재의 해안으로 내동댕이쳤다. 이로써 소크라테스는 현실을 전도시켰고, 이상을 단지 멀리서 보고 살짝 접촉은 했지만 결코 파악하지는 못했다는 것이다.

소크라테스는 모든 인간을 똑같이 그 본질상 조난자처럼 벌거벗은 상태로 삶의 해안으로 몰아갔다. 이로써 그는 현실을 전복했고, 먼 곳에서 이상을 바라보았으며, 이상을 포착했지만 움켜쥐지는 못했다.[5]

---

5 *Über den Begriff der Ironie mit ständiger Rücksicht auf Sokrates*, dt. H. H. Schaeder, München 1929, XI.

인간 실존을 나타내는 표현은 망각되었다. 왜냐하면 에라스무스는 불쌍한 인간이 세상에 태어났을 때 완전히 벌거벗은 상태였다고 과장하는 어법의 평범한 경구가 인간이 구조된 조난자처럼 벌거벗었다는 고대의 경구와 차이가 없다고 보았기 때문이다.[6] 키르케고르는 현존재의 은유가 가난의 은유로 격하된 것이 소크라테스 탓이라고 여기지는 않았지만, 그러면서도 소크라테스가 현존재의 은유를 철저히 사고하지 못했다고 책망한다.

벌거벗은 상태는 벌거벗은 진리에 — 자신이 그 진리와 비슷한 상태로 되면서 — 도달하기 위한 전제 조건으로 파악될 때는 이상이 된다. 소크라테스가 이야기하는 신화에서 죽은 자들은 자신들과 마찬가지로 벌거벗은 심판자들 앞에서 심판을 받아야 한다. 1854년 일기에서 키르케고르는 이렇게 쓰고 있다.

> 진리는 벌거벗은 것이다. 헤엄칠 수 있으려면 옷을 다 벗어야 한다. 진리를 탐구하려면 훨씬 더 내면적인 의미에서 자신의 옷을 벗어야 한다. 훨씬 더 내면적인 옷에 해당하는 생각과 상상과 이기심 따위를 벗어던지고, 그렇게 해서 완전히 벌거벗은 상태가 되어야 한다.[7]

현존재의 은유인 상상력 역시 자신을 드러내는 이상의 추구를 위해 포

---

6 Erasmus, *Ausgewählte Schriften*, Bd. 7, Darmstadt 1972, 539.
7 Kierkegaard, 같은 책, 638.

기되어야 한다. 조난당한 불쌍한 인간은 조난 상태에서 벗어나 뭍으로 오르려 하지 말고 모든 것을 벗어던지고 그를 진리로 인도해 주는 물속으로 잠수하여 여러 겹의 카타르시스를 완수해야 한다. 이것은 소크라테스 이전 철학의 인식 원리, 즉 비유는 비유를 통해서만 파악될 수 있다는 원리를 적용한 사례의 하나다. 키르케고르의 문맥에서 벌거벗은 진리는 오로지 벌거벗은 자에 의해서만 인식될 수 있다. 이처럼 벌거벗은 진리에 다가가기 위해서는 똑같이 자신을 벗기고 드러내야 한다고 대등한 조건을 요구하는 것은 은유의 역사에서 선례가 없는 유일무이한 경우다. 그렇지만 이런 요구는 진리에 대해 말할 수 있는 것은 변함이 없고 다만 벌거벗은 진리에 접근하려는 사람에 대해 말할 수 있는 것만 변화한다는 사태를 보여준다. 다시 말해 진리를 추구하는 자는 벌거벗어야 한다.

앞에서 인용한 일기는 키르케고르가 생애 마지막 해에 쓴 것이다. 따라서 그것은 그 자신의 벌거벗은 삶에 대한 성찰이기도 하다. 그의 벌거벗은 삶은 무엇보다 아버지가 물려준 유산이 사라졌다는 데 기인한다. 벌거벗음의 은유를 진리의 은유에서 가난에 가까운 의미로 전용하는 조짐은 이미 1850년 11월 13일 일기에서 찾아볼 수 있다.

아니다, 나는 고대 이집트의 청년처럼* 신성의 베일을 벗기려는 것이 아니라, 인간이 걸친 모든 의상을 찢어버리려는 것이다. 나는 인간이 진리 탐구를 좋아하노라고 자신과 남들에게 믿게 하려는 모든 상상과 자

---

* 이 책의 23쪽 참조.

기만족의 베일을 찢어버리려 한다. 인간은 진리 탐구를 좋아하지 않고, 누구나 진리 앞에서 다소간 두려워하며, 바로 그것이 인간적인 모습이다. 왜냐하면 진리는 '정신적 존재'가 되라고 하기 때문이다. 피와 살과 감각적 인식 욕구를 지닌 인간에게 그런 요구는 너무나 감당하기 어렵다. 진리와 인간 사이에는 말라 죽는 길이 놓여 있다. 보라, 그래서 우리는 모두 진리 앞에서 다소간에 두려워하는 것이다.[8]

모든 진리 탐구자가 두려워하는 위험, 즉 자신이 말라 죽고 소멸할 위험은 단지 역사의 문제만은 아니다. 키르케고르가 헤겔과 다른 점은 모든 논리학이 역사철학에 그대로 적용될 수는 없다고 본다는 것이다. 더 큰 차이는, 진리를 통해 얻는 모든 이익의 실효성은 인식의 변함없는 동일한 매개체인 개념을 매개로 해서만 전달될 수 있는데, 그런 의미에서의 실효성은 성립할 수 없다는 데 있다. 키르케고르가 플라톤이 해석한 소크라테스와 연결되는 지점은 의미 전달이 그 전달 수단에 의존한다는 입장으로 물러섰다는 것이다. 그것은 소크라테스가 이야기하는 신화에서 개념적 설명이 불가능한 극한적 사례로 알 수 있다. 그런 면에서 키르케고르는 자신을 소크라테스에 견주는 것도 불사하는데, 물론 그러면서도 소크라테스의 결정적인 권리 중 하나는 포기하고 단념하지 않을 수 없다. 즉 소크라테스처럼 순교할 권리는 포기해야 한다. 키르케고르가 소크라테스와 연결되는 양상은, 말할 수 없는 것을 말할 수 있게 하려면 속뜻을 감

8 같은 책, 489.

추고 — 소크라테스가 창안한 '아이러니'는 바로 그것을 뜻하기 때문이다. — 말할 수 있게 해야 한다는 것이다. "나는 소크라테스와 닮은 데가 있다고 말할 수 있다."[9] 그렇다면 키르케고르가 자신이 소크라테스와 닮았다고 생각하는 근거는 무엇일까? 그 자신의 설명에 따르면 그것은 "간접적인 의미 전달"의 기술이며, 그 기술이 자신의 "타고난 자질"이라는 것이다. 키르케고르가 생각하는 전달 가능성은 헤겔이 개념에 부여했던 의미 전달 기능을 그 자신은 믿지 않는다는 것을 뜻한다. 그렇다고 감히 신화를 끌어들이려 하지도 않는다. 소크라테스가 도저히 알 수 없었던 무한성의 신화로 돈 후안의 신화를 언급한 것이 유일한 예외이다.

키르케고르가 말하는 '간접적인 의미 전달'이란 직접적인 의미 전달이 불가능한 유일한 예외가 존재한다는 사태를 달리 표현한 것이다. 그 예외는 계시의 역사적 사실이다. 만약 계시가 없다면 모든 의미 전달의 수단을 불신할 이유가 넘친다. "만약 내가 이교도라면 나는 아이러니의 정신을 가진 신이 인간에게 언어의 재능을 주신 까닭은 인간이 언어를 통해 자기기만을 일삼는 것을 재미있게 구경하기 위해서라고 말할 것이다."[10] 그렇지만 언어가 단 한 번이라도 진리에 봉사할 수 있을 거라고 믿지 않는 사람만이 다음 세기를 지배하게 될 새로운 악령genius malignus을 주시할 수 있었을 것이다. 그런데 언어가 진리에 봉사한다는 것을 한 번 입증했기 때문에 나머지 모든 언어 사용은 모호하며, 오랜 정의에 따르면 로고

---

9 같은 책, 427.(1849년 일기 중에서)
10 같은 책, 633.(1854년 일기 중에서)

스를 가진 존재인 인간은 언어와 더불어 모호한 존재가 되는 것이다. "만약 내가 인간은 수다쟁이이며, 언어의 도움으로 그렇게 되었다고 말한다면, 어쩌면 가장 정확한 표현은 아닐 수도 있다."[11] 키르케고르는 인간이 언어의 도움으로 수다쟁이가 되었다고는 해도 다름 아닌 언어 때문에 그렇게 되었다고는 하지 않는다. 자신을 플라톤이 해석한 소크라테스에 견주면서도 말이다. 키르케고르는 덴마크 국교회의 궤변, 문제의 핵심을 피하는 수사학과 사생결단의 투쟁을 벌였고, 그래서 덴마크 국교회가 믿고 자신도 믿는 신은 인간에게 언어의 재능을 선물한 결과를 '슬퍼하며' 바라보는 존재라고 생각했다.

그런데 소크라테스는 과연 어떻게 키르케고르의 영웅이 될 수 있을까? 소크라테스는 신화에서 인간에게 언어를 선물해 주고는 자기기만을 일삼는 것을 보면서 재미있게 구경하는 신과 아이러니 정신을 공유하고, 그 아이러니는 인간들의 혼란을 뒷전에서 구경하지 않는가? 인간의 자기기만을 구경하는 신과 소크라테스의 친화성은 얼핏 보기보다는 훨씬 더 설명하기 어려운 문제다. 신화가 더 이상 가능하지 않게 된 — 또는 가능하지 않다는 주장이 제기된 — 이후부터 간접적 의미 전달의 기술은 아이러니의 뒷받침 없이는 가능하지 않다. 소크라테스는 신화에서 피난처를 찾은 이후로는 아이러니를 구사하지 않았다. 이때부터 그는 소박하게 이야기했고, 『정치』의 마지막에서 운명적 선택을 통해 구원받는 이야기처럼 그가 직접 들은 것만 이야기하고 허구를 덧붙이는 것을 좋아했다. 만

---

11 같은 곳.

약 그런 이야기를 하지 않으면 소크라테스의 변증법은 막다른 골목으로 내몰리게 된다. 인간이 자신의 약점을 어쩔 수 없이 시인할 수밖에 없는 것은 자신의 약점에 빠져서 도저히 헤어날 수 없는 상태를 직접 체험할 때, 특히 자신이 강하다고 느끼는데 그런 일을 경험할 때이다. 그런 점에서 키르케고르는 소크라테스와 일치한다. 키르케고르가 보기에 헤겔은 자신의 변증법 안에서 자기가 강하다고 느끼는 철학자다. 그리고 그가 헤겔을 바라볼 때 자기 자신에게 허용하는 것, 그가 평소에는 대개 단념하고 심지어 언어의 결과를 보고 슬퍼하는 신에게도 가능하다고 믿지 않는 어떤 것, 그것은 바로 웃음이다. 키르케고르는 아마 신화의 신들이 헤겔을 보면 웃을 거라고 생각한다.

그런데 헤겔! ─ 아, 제발 고대 그리스 방식으로 사고하자! ─ 신들이 헤겔을 보았더라면 얼마나 웃었을까! 만물의 필연성을 속속들이 꿰뚫어 보고 그 모든 것을 쓸데없는 잡담이라고 가르친 역겨운 교수! 오, 신들이여![12]

그런데 이것은 키르케고르 자신이 1850년에 거의 이와 비슷한 말로 바로 자신의 모습이라고 주장했던 것이다.

헤겔이 기독교를 파악하는 방식을 생각하면 나는 웃음을 참을 수 없

---

12 같은 책, 604.(1854년 일기 중에서)

다. 그건 도저히 이해할 수 없다. 나는 언제나 헤겔이 철학 교수이지 사상가는 아니라고 말했는데, 그건 진실이고 앞으로도 진실일 것이다. (…) '교수'라는 개념이 우스꽝스러운 인물에게 어울리는 날이 언젠가는 틀림없이 도래할 것이다. 기독교를 생각해 보라! 불굴의 신앙 고백자들이 살던 시대가 지나간 이후로 얼마나 달라졌는가! 지금은 매사에 굽신거리는 교수들이 활보한다.[13]

트라키아의 하녀가 철학자 탈레스를 비웃은 이래로, 낮은 처지에 있는 사람은 세계 이성과 지적으로 대등하다고 우월감을 느끼는 사람을 비웃어도 무방하다. 그런데 플라톤은 소크라테스를 남을 비웃는 사람이 아니라 비웃음을 당하는 사람과 동일시했다. 키르케고르의 약점은 자기 태도의 실재적 근거를 입증하지 못한다는 것, 자신을 베일로 감추면서 확장하지 못한다는 것이다. 소크라테스는 그런 약점을 무지의 앎으로 바꾸어놓았다.

그런데 소크라테스는 어떻게 자신이 갖지도 못한 진리를 위해 죽을 수 있었을까? 근본적으로 보면 소크라테스는 오로지 자신이 아무것도 모른다는 것을 알기 위해 죽었을 뿐이다. 왜냐하면 그러한 체념은 다른 세상에서 — 그가 불멸의 신화로 지어낸 다른 세상에서, 단지 있을 법한 정도를 넘어서 가능하다고 생각했던 다른 세상에서 — 자신이 안다고 생각하는 것과 거의 똑같이 존재하고 사는 것을 가능하게 해주었기 때문이다.

---

13 같은 책, 448 f.(1850년 일기 중에서)

무지에 관해 아는 범위 안에서 진리를 알고 있다면 그런 진리를 위해 죽을 수 있다. 오로지 그런 진리와 더불어서만 죽을 수 있기 때문이다. 그러나 이 연결 고리는 키르케고르에겐 해체된 상태다. 무지의 앎은 앎을 소유할 때 앎으로 통용되었던 것과는 비교될 수 없는 다른 무엇에 자리를 내주었기 때문이다. 무지의 앎을 대체한 앎에 대한 과도한 확신은 이제 그것을 위해 누구도 죽을 필요가 없다. 이미 그것을 위해 단 한 번으로 족한 죽음이 있었기 때문이다. 즉 원형적인 상징적 죽음으로 소크라테스가, 실재적인 죽음으로 그리스도가 그런 확신을 위해 죽었기 때문이다.

플라톤은 한때 소피스트였던 — 스스로 그 점을 전적으로 부인하지 않았던 — 소크라테스를 수사학에 대한 단호한 반대자로 묘사했다. 그와 마찬가지로 키르케고르가 소크라테스를 대하는 태도에도 일차적인 오해가 가로놓여 있다. 둘의 유사한 징후에도 불구하고 가장 두드러진 차이는, 평생 글만 썼던 키르케고르가 단 한 줄의 글도 쓰지 않았던 소크라테스에게 주저 없이 자신을 투사했다는 것이다. 게다가 소크라테스와 달리 키르케고르는 아테네의 길거리와 광장에서 자신이 쓴 글을 읽어줄 광범위한 독자층이 없었다. 키르케고르 자신도 일기라는 은밀한 형식으로 고백하기를, 자신은 "작가를 위해 쓰는 작가"라고 했다.[14] 그는 오로지 자신의 목소리만 남기를 바랐으며, 그런 점에서 소크라테스와 닮은 점은 전혀 없다. 소크라테스는 다름 아닌 경고의 말을 속삭여준 '신들의 목소리'daimonion를 전했다. 키르케고르는 언제나 자기가 한 말의 주체인 자기

---

14 같은 책, 430.(1849년 일기 중에서)

자신을 제외하고 목소리만 남기를 바랐다. 그는 어떤 영감의 유일무이성에 외경심을 느꼈기 때문에 목소리의 이미지를 개념으로 옮기기를 꺼렸다. 그가 목소리의 이미지의 바탕으로 삼는 근본 체험은 자기 자신의 목소리에 귀 기울일 때 찾아오는 소박한 놀라움이다. 설교자들과 달리 그는 목소리로서, 그 목소리를 듣는 사람은 그 자신을 제외하고 또 한 명이 있는데, 그 청취자는 자신에게 놀라는 또 다른 자아다.[15]

키르케고르의 진리 은유에서 그런 '놀라움'은 시사하는 바가 많다. 그는 벌거벗은 진리를 감당하기에는 아직 충분히 벌거벗지 못한 상태이다. 비록 레기네 올센Regine Olsen과 헤어진 것을 회상하며 다시 망망대해에 뛰어들고 싶다고 했지만 말이다.[16]

진리와 진리 탐구자 사이의 대질이라는 벌거벗음의 은유는 플라톤적 함의를 갖는데, 키르케고르는 그런 함의를 회피한다. 그 함의란 벌거벗음과 은폐 이전에 진리가 존재했고 몸속에 감춰진 기억으로 남아 있든지, 아니면 지적 삶의 명징함을 체험하는 순간에 진리를 직접 황홀하게 체험하든지 한다는 것이다. 키르케고르에게 주체가 벌거벗는 과정은 더 이상 삶에 내재하지 않는 지점에 이르기까지 진리와 합치되는 과정이다. 그렇게 진리와 합치될 때의 황홀경은 그에게 그냥 낯설기만 한 것이 아니라, 그 반대로 역전된 형태의 생생한 체험으로 아버지와 아들에게 짙은 그늘을 드리웠다. 그의 아버지는 윌란Jylland의 황야에서 힘들게 양들을 키우

---

15 같은 책, 433.(1849년 일기 중에서)
16 같은 책, 255.(1847년 1월 20일 일기)

던 청소년 시절에 가혹한 신을 원망한 나머지 언덕에 올라가서 신에게 저주를 퍼부었다. 열두 살 소년의 그런 행위는 이중적 삶을 점지하는 신화적 행위였다. 왜냐하면 아버지는 나중에 사업에 성공했을 때도 그런 성공이 자신이 떨쳐낼 수 없는 신의 저주의 징후라 생각했기 때문이다. 그래서인지 아들은 아버지가 거둔 성공의 성과를 평생토록 문제 삼았다. 1840년에 아들은 아버지가 일찍이 양을 키웠던 장소들을 찾아갔다. "아버지의 설명에 따르면 내가 향수를 느꼈던 장소들"[17]이었다. 이로써 아들은 아버지의 마지막 소원을 들어주었다. 아들은 아버지에 대해 말하기를, 아버지의 사랑이 무엇인지 아버지에게서 배웠고, 삶에서 유일하게 요지부동의 가치인 신의 아버지 같은 사랑의 개념을 "진정한 아르키메데스의 점"으로 알게 되었노라고 했다. 그리고 키르케고르의 개인적인 형이상학이 탄생한 근원지인 그 장소들을 찾아가면서 그는 일찍이 아버지가 신에게 드러내 보였던 벌거벗은 모습을 체험하기에 이른다.

황야는 강력한 혼령들을 불러내기에 딱 좋은 곳이다. 여기서는 모든 것이 베일을 벗고 벌거벗은 모습으로 신 앞에 놓여 있다. 여기서는 집에서와 달리 온갖 잡다한 것들로 인해 정신이 분산되지 않으며, 의식이 자신을 감출 수 있는 외진 구석들도 없고, 진지한 정신으로 흐트러진 생각들을 모으기 힘든 그런 곳도 아니다. 여기서 의식은 고통스러울 정도로 확고하게 자기 자신을 에워싸야만 한다. '하느님, 당신이 보는 앞에서

17 같은 책, 136.(1840년 일기 중에서)

제가 어디로 도망치리까.' 이곳 황야에서는 진실로 그렇게 말하지 않을 수 없다.[18]

나중에 아들은 이러한 신비 체험의 과정을 다른 방식으로 반복할 터였다. 그는 레기네와의 약혼을 파기함으로써 그녀의 가족의 저주를 고스란히 받게 되는 것이다. 그런 터무니없는 횡포는 일찍이 아버지가 황야에서 퍼부었던 저주의 경악스러움과 역대칭을 이룬다.[*] "나에 대한 한 소녀의 비난. 파혼은 그녀의 죽음이 될 거라고, 아버지의 근심은 어쩔 거냐고, 자기는 벌써 죽을 것 같다고! 인간의 온갖 언어로 나를 공격하는 한 가족의 저주!"[19]

진리 탐구 주체와 진리 사이에서 벌거벗은 상태를 직접 체험하고 싶은 플라톤적 유혹은 종말론의 징후인 조바심 내지 경솔함의 또 다른 형태, 즉 벌거벗음을 제의祭儀로 삼으려는 유혹과 상통한다. 1838년 10월 29일 일기에서 키르케고르는 다음과 같이 적고 있다. "열성파 신도들은 바깥에서 훤히 비치는 속옷 차림으로 다니기를 고집한다. 그런 차림을 하면 생각도 있는 그대로 드러나 보인다는 것이다. 아담을 숭배하는 나체주의자들은 (…) 완벽하게 자유로워지기 위해서는 실오라기 하나 걸치지 않고 벌거벗어야 한다고 주장한다."[20] 그들은 낙원에 살았던 인간과 후대의

---

18 같은 책, 137.(1840년 7월 일기)
* 아버지의 저주가 신에 대한 원망과 한탄이었다면, 여성의 가족이 파혼에 대해 퍼부은 저주는 근거 없는 전횡이라는 뜻.
19 같은 책, 418.(1849년 일기 중에서)

인간들 사이의 특수한 차이가 바로 그 점에 있다고 생각했을지 모른다. 키르케고르는 그의 동시대인들 사이에서 좀 더 순화된 사례를 발견한다. "북구의 정신을 재건하겠다고 목을 다 드러내놓고 다니는 사람들이 지금은 부쩍 늘었다."[21] 이런 풍조는 기존의 관습에 대해 어느 정도 차별화하는 모습을 보이면서 새로운 시대정신을 새로운 모습으로 드러내기 위해 필요한 만큼 몸을 드러내는 거창한 의식儀式의 한 단면이라 할 수 있다.[22]

---

20 같은 책, 109.(1838년 일기)

21 같은 곳.

22 같은 책, 200: "월란의 황야를 돌아다니며 양을 키웠던 어린 소년 시절에 굶주리고 미천해서 많은 고초를 겪었고, 언덕에 올라가서 신을 저주했던 한 남자의 무서운 모습 ― 그는 82세가 되어서도 그 시절의 일을 잊지 못했다."(1846.1.7.)

25

리히텐베르크

라이마루스와 마찬가지로 리히텐베르크 역시 위대한 계몽주의자가 될 수 없었다. 왜냐하면 그의 생각을 담은 방대한 자료는 계속되는 어둠을 밝히는 것보다는 지적인 자극을 중시한 후대에 가서야 비로소 제대로 조명될 수 있었기 때문이다. 리히텐베르크가 남긴 노트에 포함된 방대한 메모는 그중 극히 일부만《괴팅겐 학보》에 기고하기 위해 활용되었다. 《괴팅겐 학보》는 너무 튀는 계몽적인 글을 수록할 수 없었고 그래서도 안 되었다. 왜냐하면 리히텐베르크는 학문적인 기틀을 갖춘 이성만 신뢰했고, 소수만이 이해할 수 있는 내용을 배울 자질을 갖춘 독자를 위해 글을 썼기 때문이다. 그는 세상에 대한 진리를 적절히 전파하면 그릇된 생각의 유혹에서 정신을 확실히 해방할 수 있다는 것을 자신의 삶에서 한번도 경험하지 못했다. 아무리 이성의 빛이 밝게 빛나도 그 변두리에는 얼마간 어둠이 들어설 공간이 충분하다. 리히텐베르크는 당대에 가장 많이 읽힌 물리학 교과서의 저자였기에 급속히 늘어나는 지식이 그에게 흘러들어

왔지만, 정작 그런 지식을 궁극적으로 신뢰하지는 않았다. 그렇지만 그런 지식의 대안을 제시하지도 않았고 수용하지도 않았다.

리히텐베르크는 진리가 아름다운 시적·수사학적 의상을 벗기를 딱히 기대하지 않았는데, 그의 그런 태도는 진리에 대한 온건한 낙관주의의 맥락에서 이해될 수 있다. 그는 진리가 과연 스스로를 감추는 베일이 필요 없을 정도로 품격이 있고 인간을 기쁘게 하는 것인지 확신할 수 없었다. 게다가 그는 진리의 전달은 어떤 경우에도 언어에 의존한다는 확실한 직감을 갖고 있었다. 오직 언어만이 세계에 대한 우리 지식의 단순한 내용 자체에 순응하는 것을 막을 수 있다. 어떤 진술이 전달하려는 내용이 이미 오래전부터 존재했다면, 결국 중요한 것은 단지 진술의 새로움이 아니다. 그러나 사람들은 지난 일을 너무 쉽게 잊고, 더 냉엄한 사실은, 뻔한 진실에 금방 적응한다는 것이다. 진리는 나이를 먹으면 위험에 직면한다. 그래서 진리는 영향력을 행사하기 위해 의미의 충전을 필요로 했을 뿐 아니라, 퇴색하고 마모된 색깔과 윤곽을 다시 신선하게 쇄신할 필요도 있었다. 너무 무미건조한 내용을 치장하는 고전적 수단인 은유는 리히텐베르크에게 소박하고 단순하게 말할 수 있는 대상의 자연 상태와 구별되는 인위적 기교의 첫 번째 단계가 아니다. 오히려 그 반대로 은유는 "자의적이지만 특정한 낱말들로 구성된 자연스러운 언어의 일종"이다.[1] 이러한 테제보다 더 놀라운 것은 이 구절을 매듭지으며 덧붙이는 다음 문장이다. "그래서 은유는 우리의 마음에 쏙 든다."[2] 말을 장식하는 인위적 기교가

---

1 WW I, 301.

독자에게 쾌감을 제공해야 하고, 그럼으로써 진리에 — 소피스트의 말이라면 거짓에 — 접근하는 것을 더 용이하게 해야 한다. 리히텐베르크가 독일 슈투름 운트 드랑 문학 운동의 절정기에 언어의 인위적 수단과 자연스러움의 결합을 주장하는 것은 결코 우연이 아니다. 그는 다름 아닌 은유야말로 인위적으로 습득한 언어와 로코코풍의 장식적 언어를 자연과 연결하는 것을 더 수월하게 해주며, 실제로 자연과 연결된 상태로 표현하고 있다는 것을 믿어 의심하지 않는 것으로 보인다. 리히텐베르크의 생각에 담긴 역설(패러독스)은 벌거벗은 상태가 진리의 자연스러운 모습이 아니라는 것이다.

리히텐베르크의 생각은, 정확하게 표현하려면 은유를 가능한 한 피하라는 철학자들의 조언과 모순된다. 그렇지만 위대하고 숭고한 철학적 구상을 위해 사용되는 말 또한 나이를 먹게 되고 그러면 힘이 빠진다. 리히텐베르크는 '이성적'이라는 말을 예로 들어, 이 말에 "새겨진 모든 특색"이 사라졌다고 말한다. 물론 이 말이 무슨 뜻인지는 알지만 그 뜻을 실감하지는 못한다는 것이다. 이성적인 사람들 또는 그렇게 일컬어지는 사람들이 너무 많아서 실감할 수 없다는 것이다. 예컨대 "이성적인 아이는 느긋하고, 신앙심이 있고, 아무짝에도 쓸모가 없지만 고자질 잘하는 아이인데, 그런 아이에 비하면 비이성적인 아이가 훨씬 낫다"는 것이다. 낱말의 운명이 그런 식으로 추락한다고 해서 체념하고 철학적 구상과 의도를 폐기하지 않으려면 그런 사태를 방지할 처방이 필요하다. 이를 위해서는 개

---

2 같은 곳.

넘이 그 근원의 산실로 되돌아가서 개념적 표상의 상상력이 살아 있는 터전에서 힘을 충전해야 한다. "우리가 사용하는 은유를 욕하지 마라. 언어의 강한 특색이 빛바래기 시작하면 언어에 다시 활력을 불어넣고 생명력과 온기를 충전할 수 있는 유일한 길이 곧 은유이다."[3] 이것을 다음과 같이 병리학적으로 표현해 볼 수도 있을 것이다. 진리는 벌거벗은 채 다니는 것을 견딜 수 없다. 그러면 금방 감기가 들어서 전혀 효력을 발휘하지 못하기 때문이다.

은유는 어디에서 유래하며, 은유를 통해 특색 있게 표현하고자 하는 사고와는 어떤 관계가 있는가? 리히텐베르크는 『메모장』 시리즈 중 1768년부터 1771년 사이에 집필한 제2권에서 이 문제에 대해 대화 형식으로 단편적인 기록을 남겼다. 그 시작은 이렇다. "친애하는 친구여, 그대는 그대의 생각에 너무나 이상한 옷을 입혀서 이제 겉모습에 가려 생각이 보이지 않네." 이 말에 대해 친구는 그 반대의 극단적인 경우를 가정하여 응수한다. "내 하인들은 모두 벌거벗고 그 대신에 그들이 내 생각에다 그들의 복장을 입힐 텐데, 이런 생각은 유별난 옷을 입은 게 아닌지 어디 말해보게나."[4] 언어 사용자는 누구나 이미 사용되었던 도구를 물려받으며, 따라서 언어의 올바른 사용과 남용과 오용 사이의 경계는 유동적이라는 것이다. 바로 이런 생각을 보여주기 위해 리히텐베르크는 그가 고지한 특이한 복장의 대담한 사례를 제시한다. 우리가 사용하는 대부분의 낱말은

---

3 I, 411.
4 I, 136.

그처럼 "잘못 사용된 도구이며, 그 도구에서는 흔히 악취가 풍기는데, 전에 이 도구를 사용했던 사람이 그런 악취로 도구를 망가뜨렸던 것이다." 이런 사태에 대처하는 방법은 하나뿐이다. "새로운 도구로 작업하겠다"[5]는 결심이 그것이다. 그러기 위해서는 생각에 옷을 입히기 전에 — 옷을 입힌다는 것은 감각적인 것과 정신적인 것의 관계를 나타내는데 — 생각을 미리 시연試演해 보아야 한다. 아마도 이 대화는 자기 자신과의 대화, 즉 혼잣말일 것이다. 왜냐하면 이 단상의 마지막 문장에는 — 아마도 이 메모장의 용도를 설명하기 위하여 — 언어를 쇄신하기 위한 결심이 "오로지 자기 자신과 영원히 이야기하기"를 원한다고 대안을 제시하고 있기 때문이다.[6] 그렇다면 생각이 아직 언어로 포장되지 않고 생각 홀로 존재하는 형식은 바로 이 메모장에서 스냅사진처럼 단편적인 단상의 형식으로 서술하는 방식일 것이다. 그렇다면 리히텐베르크에게 말을 거는 상대는 바로 이 단상 메모이며, 그 메모가 그 자신에게 경고를 하는 셈이다. 그렇다면 생각의 벌거벗음이라는 은유는 자기 자신과 대화를 하는 내적 대화의 내밀한 형식을 통해 지양되는 셈이다. 일기 형식으로 서술한 이 메모장은 생각이 언어로 표현되기 이전의 버전을 보여준다. 그 메모는 완벽함을 추구하는 저자가 언어로 표현되기 이전의 생각을 독자에게 감추는 수단이다. 그는 자신의 생각을 담고 있는 은유를 표현하지 않고, 그가 사고의 집처럼 들어가는 은유를, 그리고 이 은유와 더불어 계속 진입할 그

---

5 같은 곳.
6 같은 곳.

런 은유를 표현하고 있는 것이다.

리히텐베르크는 초기의 메모에서 수사학적·교육적·계몽적 의도로 벌거벗은 상태를 추구하는 것을 거부했다. 예컨대 그는 관상학을 거부했는데, 관상학은 동료 인간들의 영혼을 가려주는 '커튼'을 걷어내려 한다는 것이다.[7] 생각을 오직 자기 자신의 눈으로 관찰하는 경우에만 벌거벗은 상태로 용인하는 것은 그런 소신의 일관된 관철이다. 오로지 자기 혼자서만 자기 자신에게 벌거벗은 모습을 보일 수 있는 것이다. 따라서 인식론이 확고부동한 토대로 확립했다고 믿는 자기 인식의 승리는 도덕철학자에겐 존재하지 않는다. 왜냐하면 도덕철학자는 만약 그런 자기 인식이 존재한다면 과연 어떤 사태를 감당해야 할지 잘 알기 때문이다.

리히텐베르크가 그의 메모장에서 보여주는 자기 서술의 계획은 바로 그런 맥락과 닿아 있다. 그는 이미 오래전부터 "나의 정신의 역사와 나의 비참한 육체*의 역사"[8]를 서술하는 작업을 해왔다고 적고 있다. 그리고 그 작업은 그의 독자가 짐작하는 것보다 더 정직하게 이루어져야 한다고 했다. 바꾸어 말하면 저자의 정직함을 판단할 수 있는 독자의 기준은 없고, 반면에 자신이 얼마나 정직한가는 오직 저자만이 알 수 있다는 뜻이다. 벌거벗은 진실을 드러내는 것이 진실의 낙인이 될 수 없다면, 그런 자기 서술의 목적과 의도는 과연 무엇일까? 리히텐베르크는 정직한 자기 서술을 통해 추구하는 효과를 소박하게 적고 있다. 그런 정직한 자기 서

---

7 I, 548.(F 637; 1777)
• 리히텐베르크는 척추 장애를 갖고 있었다.
8 I, 575.(F 811)

술은 "어쩌면 다른 사람들에게 일종의 공감 어린 수치심Mitscham을 불러일으킬지도 모르겠다."[9]라는 것이다. 이런 발상은 리히텐베르크 이전에는 누구도 생각하지 못했다고 해도 무방할 것이다. 왜냐하면 가차 없이 자기 서술을 하는 저자들은 언제나 자기 자신에 대한 단호한 태도의 명백함이 진리를 위한 서술임을 보증한다고 확신했기 때문이다. 자기 자신을 서술하는 사람이 대부분 진리를 위한 전제 조건을 결여할 수 있다는 생각은 다음 세기가 끝나는 무렵 니체와 프로이트를 통해 서서히 지배적인 사고로 자리 잡게 된다. 리히텐베르크에게 중요한 것은 자기 자신에 대해 느끼는 경악을 의심하는 것이 아니라, 그런 경악이 과연 독자에게도 전달될까 하는 의구심이다. 왜냐하면 독자는 독서를 통해 관상학과 별로 다르지 않은 것을 수행하기 때문이다. 리히텐베르크는 관상학을 이론적으로 철저히 경멸했지만, 그 자신의 삶에서 관상학은 거듭 출현한다. 그가 고안해 낸 '공감 어린 수치심'을 과연 그의 글을 읽는 다른 사람들이 공감할 거라고 그는 믿었던 것일까?

그런 말을 만들어내는 것 자체가 이미 리히텐베르크 자신의 언어 이론을 입증하는 것이다. 근본적으로 '공감 어린 수치심'이라는 말은 '공감'Sympathie이라는 개념 속에 감춰져 있는 가능성들을 독특한 정서로 변환하는 은유라 할 수 있다. 이 독특한 정서는 무엇보다 '감정이입'이나 '함께 느끼기'를 배제한다고 봐야 할 것이다.* '연민'Mitleid의 감정은 쉽

---

9 같은 곳.
* 리히텐베르크가 말하는 '수치심'은 저자가 자기 서술을 통해 자신을 관찰할 때 느끼는 수치심이므로 정직한 자기 인식을 통해서만 가능하다. 따라서 저자의 자기 서술을 보고 '공감 어

게 떠올릴 수 있겠지만 '공감 어린 수치심'은 도저히 도달하기 힘든 —
리히텐베르크가 자기 서술의 단편적 단상이라는 새로운 문학 형식으로
나 추구할 수 있는 — 극한의 감정일 것이다. 이 새로운 문학 형식이 시도
하는 자기 서술의 정직함에 대해 리히텐베르크는 마음속에서 우러나오
는 확신을 갖고 있다. 어떻든 '공감 어린 수치심'이라는 독특한 말은, 그
말의 요구가 엄청난 긴장을 유발하긴 하지만, 귀를 기울이게 만든다. 언
어가 오랜 사용으로 의미가 퇴색하는 현상을 교정하려면 무엇보다 그렇
게 주의를 기울이도록 해야 한다. 리히텐베르크는 참조할 만한 언어 역사
의 이론을 터득하고 있는데, 특히 고대 그리스 로마의 가장 오랜 문학의
유일무이한 사례에 관한 이론을 참조할 만하다. 고대 그리스 로마의 초기
문학은 그들의 언어가 아직 아무것도 말하지 않는 상태였기에 오히려 모
든 것을 표현할 수 있었다. "고대인들은 나쁘게 글을 쓰는 거창한 기술이
아직 고안되지 않았던 시기에 글을 썼고, 그냥 쓰는 것이 잘 쓰는 것으로
통했다. 어린아이들이 진실하게 말하는 것처럼 그들은 진실하게 썼다."[10]
이미 남김없이 써먹은 기성의 언어를 거부하고 "다시 자연언어를 사용한
다는 것은 자연스럽게 글을 썼던 고대와 비교하면 지금은 훨씬 힘든 일이
다. 지금은 자연스럽게 글을 쓰는 것이 거의 부자연스러운 일이 되어버린
것이다." 은유의 경우와 마찬가지로 의식적인 자연스러움은 역설적인 사

린 수치심'을 느낄 수 있는 것은 단지 저자의 자기 관찰과 자기 인식에 감정이입을 하거나
추체험(함께 느끼기)해서 이루어지는 것이 아니라, 독자 자신이 저자와 똑같이 정직하게
자기 인식을 할 때만 가능하다.
10 II, 155.(G 117)

태이다. "오늘날 훌륭한 작가들은 모두 치명적인 기술 즉 자신이 글을 잘 쓴다는 사실을 아는 것을 배워야만 한다."[11]

관상학의 문제에는 두 가지 상반된 측면이 있다. 하나는 다른 사람이 누군가의 얼굴에 나타나는 징후적인 특성을 보고 그 사람의 숨겨진 자질을 들여다보는 것을 용인하는 문제이다. 반면에 그런 관찰 과정에 내맡겨진 사람의 입장에서는 타인의 관찰을 거부하고 전형적인 관상 특징들을 모아놓은 카탈로그를 보고서 자신의 관상이 없다는 것을 확인하고 절망할 수도 있다. 리히텐베르크는 첫 번째 문제와 관련하여 관상학의 집요함에 대해 모든 강경한 수단으로 비판했다. 다른 한편 자신의 실제 모습과 다르게 자신을 드러내 보일 권리, 남의 내면을 들여다보려는 타인의 집요한 관찰을 거부할 권리를 그는 자신을 있는 그대로 보여주기를 "끔찍하게 싫어하는 인간의 속성"이라 일컫는다. 그런 면에서 인간은 물리적인 신체와 한 몸이기를 거부한다. 물리적인 신체의 부분들이 어우러져서 그 이상의 무엇이 될 수 있는데도 말이다. 인간은 그렇지 않다. "인간은 그가 되지 말아야 할 그 무엇에 더 가까운 것처럼 보인다. 자기 자신을 감추는 기술, 또는 정신적으로나 도덕적으로 자신의 벌거벗은 모습을 보이기 싫어하는 거부감은 놀라울 정도로 끈질기다."[12] 리히텐베르크는 자신을 벌거벗기는 자기 묘사를 자기 분석과 자아 해방의 수단으로 여기지 않았고, 아주 오랜 신학적 논변을 끌어들였다. 즉 하느님은 인간의 마음속을 들여

---

11 같은 곳.
12 II, 144.(G 56)

다 보고, 심판자인 하느님 앞에서 인간이 벌거벗은 모습을 드러내는 점에서 모든 인간은 평등하며, 인간들의 상호 관계는 바로 그런 평등에 근거할 수 있고 근거해야 한다는 것이다. 그렇게 되면 겉으로 드러나는 행동거지와 오직 그 자체로만 알아볼 수 있는 어떤 실재의 내면성 사이의 차이는 사라질 것이다. 그러나 그 내면의 실재는 의례화된 명망으로 자신을 드러내는 다른 사람들과 자신이 평등하다고 믿을 가능성을 개개인에게 부여하지 않는다. 누구나 스스로 감당해야 하는 이러한 실망감 때문에 자기 인식의 의지가 위축된다. "우리는 우리 자신만을 안다. 아니, 오히려 우리가 원할 때만 우리 자신을 안다고 해야 할 것이다. 우리는 다른 사람들을 오직 유추를 통해서만 안다. 마치 달나라 사람이 이러저러할 거라고 유추하듯이."[13] 이전과 다른 부류의 새로운 정직성을 표현하는 문학 형식인 자기 서술은 — 리히텐베르크는 루소의 『고백록』을 통해 이런 형식이 자기 시대의 고유한 특징이라고 확신했던 것으로 보인다. — 다른 사람도 다르지 않을 거라는 사실에 대한 놀라움을 불러일으킨다.

우리가 명예욕에서부터 가장 저열한 악덕에 이르기까지 우리 자신의 약점을 모조리 드러내는 방식으로 우리의 삶을 서술하지 않는 한에는 우리는 결코 서로 사랑하는 법을 배우지 못할 것이다. 이 점에 대해 나는 모든 인간이 평등하기를 바란다. 시류에 맞서 완강하게 저항할수록 자기 자신에 대해서 그만큼 더 충실해야 한다. 이것은 특히 우리 시대에 필

---

13 II, 148.(G 83)

요한 덕목인 것 같다.[14]

철학자는 철학을 위해 세속적인 명망을 포기해야 한다. 하물며 하느님 앞에서라면 최악의 상황도 불사해야 한다. 리히텐베르크는 누구나 자기 자신에 관해 아는 지식이 다른 사람에 대해 아는 지식에 비해 더 나을 게 없다는 생각을 개연성이 있다고 보지도 않고 또 위험하다고 보지도 않는 다. 의혹이 생길 때면 그는 언제나 우리가 아직 '세계의 유년 시절'에 살 고 있으니 아직도 모든 것이 가능하고 모든 것을 해볼 수 있다고 생각하 는 것으로 만족한다. 리히텐베르크는 관상학의 대표자들에 대해서는 가 차 없이 비웃지만 관상학의 인식 원리는 은밀히 용인하는데, 그것은 관상 학의 인식 수준이 어떤 면에서 세계의 유년 시절과 비슷한 데가 있다고 보기 때문이다. 관상학이 가망이 있는 것은 평등의 원칙을 고수할 뿐 아 니라 동일한 질적 기준을 적용하기 때문이다. 무지가 우리에게 제공하는 장점에 관한 메모 중에는 다음 문장이 나온다. "내 생각에 가장 완벽한 관 상학은 결국 유추 추론이 귀결되는 지점과 동일한 결론으로, 즉 모든 것 은 좋다는 결론으로 귀결될 것이다. 그렇지만 인간의 관상학은 금방 그런 결론에 도달하기 어려울 것이다."[15] 그럼에도 자기 인식이 자기 서술로 전환되고 평등의 원칙이 적용될 수 있는 이 영역에서만 누구나 자신을 위 한 권리로 행사할 수 있고 오직 자유의지로 포기할 수 있는 것, 즉 자신의

14 같은 곳.
15 I, 548.(F 637)

내면을 들여다보는 것을 타인이 하지 못하게 막을 수 있다. "이웃 사람의 영혼을 가려주는 막膜을 우리는 우리의 운명을 가려주는 막과 마찬가지로 걷어내려고 해서는 안 될 것이다. 설령 걷어내려 한다 해도 소용없을 것이다."[16] 결국 타인의 영혼을 가려주는 막을 걷어내는 것은 불가능하다는 뜻이다. 관상학이 계속 자기 쇄신을 해도 종국에는 어떤 모습일지 진단하는 이 두 문장은 무지의 장점을 논하는 대목에 들어 있다. 우리 자신의 무지의 장점은 다른 사람들에 대해 우리를 지켜준다는 것이다. 그리고 만약 철학자들이 철학에 바치는 제물로 그 막을 걷어내려 한다면, 죽음에 가까워서 자신의 삶에 손해가 될까 걱정할 필요가 없는 그런 철학자에게 우리가 그저 권고하는 방식으로 막을 걷어내 보라고 할 수 있지 않을까?

리히텐베르크는 인간을 잘 안다고 호언장담하는 관상학자들의 처지를 우리가 달나라 사람들과 마주쳤을 때의 — 우리가 달나라로 갔든 그들이 우리를 찾아왔든 상관이 없다. — 가상의 상황에 견주는데, 그런 비교는 우연이 아니다. 그런 상황에서 우리는 오로지 우리 자신에 대해 아는 지식에 유추하여 달나라 사람들을 평가하고 대할 수밖에 없을 것이다. 이 경우 세상에서 처음 보는 낯선 달나라 사람들의 언어적 표현과 행동거지 사이에 어떤 경험적 질서가 성립할 때만 그들에 대한 관상학적 이해는 성공할 것이다. 그러나 인간은 이 일에 실패할 수밖에 없다. 그 이유는 무엇보다 그런 경험적 질서를 아는 사람이라면 누구나 예측 가능한 특정 행동거지의 표현임을 이미 알고 있는 인상을 유발하기 위한 수단으로서 그

---

16 같은 곳.

런 질서 자체를 통제하는 법을 배울 것이기 때문이다. 이처럼 특정한 인상을 유발하기 위한 수단으로 낯선 타자의 표현을 통제하는 것이 성공에 근접하는 것처럼 보일수록 오히려 관상학의 전망은 어두워질 것이다. 관상학의 이러한 자기모순을 리히텐베르크는 "관상학은 몸집을 불리면 질식사한다."[17]라는 짧은 경구로 표현하고 있다. 다른 사람의 표정 이면에 감춰져 있는 영역으로 뚫고 들어가는 관상 해석의 기술이 실패하는 것이 아니다. 오히려 그것은 자기 자신을 의식하기 시작하면서 인간이 되어가는 생명체의 원초적 능력, 즉 표정과 몸짓을 자신과 같은 부류의 다른 인간들 태도에 영향력을 행사하기 위한 수단으로 변환할 수 있는—그러면서도 표정에 상응하는 내면적인 정신 상태와 일관된 태도가 존재하지 않는 상태에서—능력이다. 내면적 감정과 겉으로 드러나는 표정의 이러한 분리, 내밀한 감정과 가시적 표현의 분리를 통해 인간은 잠재적으로 자신의 생각을 감추고 다 드러내지 않으면서 늘 다른 사람의 똑같은 유보적 태도를 허물어뜨리고 싶어 하는 존재이다. 관상학이 가망이 없는 것은 바로 그 때문이다. 이것을 리히텐베르크는 그의 청년기 동료 중 한 사람이 우주 탐험 가능성에 대해 궁리한 것에 견주었다. "관상학에 대해 희망을 품는 것은 마치 퐁트넬이 달나라 비행을 꿈꾸었던 것과 아주 흡사하다. 그런데 여성들은 그의 공상을 믿었다."[18] 관상학은 완성이라는 목표에 도달하면 완성의 정도에 비례하여 스스로를 해체하는 지식이 될 것이

17 II, 150.(G 95)
18 II, 150.(G 94)

다. 왜냐하면 원래 타자에 관한 인식인 관상학은 결국 자기 서술의 기술이 되기 때문이다. 관상학은 결코 이러한 운명을 피하지 못할 것이다.

이것은 언어의 '자연스러움'이 불가피하게 겪는 운명과 유사한 면이 있다. 언어적 형상의 신선함은 시간이 지나면 낡은 것이 되고, 다시 쇄신되어야 한다. 리히텐베르크는 자연과학의 역사에서 개념 형성을 위해 은유의 사용이 불가피하면서도 우려스럽고 위험하기도 하다는 것을 인식했다. 이러한 양면성 때문에 그는 은유에 대한 유명한 비판자들을 조심스럽게 평가했다. 1772년 에륵스레벤J. Chr. P. Erxleben이 초판을 출간한 교과서『자연과학의 기초』는 그의 사후에 리히텐베르크가 개정 작업을 맡아서 3판을 출간했고, 이때부터 이 교과서는 널리 공인받기 시작했다. 이 책의 제4판 주석과 부록에서 리히텐베르크는 물리학의 용어 문제를 다루었다. 예컨대 '인력'引力, Attraktion이라는 실감 나는 표현을 고안해 낸 것은 행운의 성공작이다. 그렇긴 하지만 이 개념이 무엇을 뜻하는지 설명을 찾으려다 보면 "완전한 무지를 고백하지 않을 수 없다." 이 사례에서 보듯이 미지의 원인에 이름을 부여하는 것은 좋지만, 그것은 이름일 뿐이지 설명은 아니라는 점을 잊어서는 안 된다는 것이다. "비유적 언어가 미신을 만들어내기도 하듯이, 물리학에서 은유의 사용은 신중하지 못한 사상가에게는 철학과 종교에서 매우 해로울 수 있는 그런 부류의 오류를 종종 유발할 수 있다. 만약 뉴턴이 이 현상을 '그리움'이라 명명했더라면 숱한 사람들이 이 용어에서 온갖 추론을 하지 않았겠는가!" 그렇다고 용어 자체가 논증되어서도 안 되고 그럴 필요도 없다. "왜냐하면 부인할 수 없는 현상을 있는 그대로 지켜보면 단지 명칭에서 뭔가를 추론하려는 비철학적인 수고를 할 겨를도 없이 한순간도 다툴 여지가 없이 명백하기 때문이다."[19] 물론 용어에 대한 비판으로 문제가 해결되는 것은 아니다. 흔히 우리 자신도 모르는 사이에 새로운 비유적 언어가 쉽게 낡은 비유를 대체하여 확산되기 때문이다. 할러Haller는 우리의 눈이 사물을 치장하는 의상에 끌린다고 했지만, 리히텐베르크는 "우리의 눈이 겉으로 보이지 않는 것을 꿰뚫어 보기도 전에 사물의 의상 위에 또 다른 의상을 입혀서 상상력을 자극하는"[20] 일이 없도록 조심해야 할 거라고 말한다. 이런 경우 개념적 정의는 별 도움이 되지 않을 것이다. 왜냐하면 개념적 정의는 우리의 감각이 느끼는 것을 제압해야 하기 때문이다. 예컨대 앞에서 언급한 '인력'의 경우 물체끼리 서로 접근하면 "서로 끌어당기고, 접촉하려 하고, 또는 서로 부딪치고 충돌하려 하는 (그 밖에 또 뭐라고 표현하든 간에) 힘들을 통해"[21] 인력의 작용을 생생하게 감각적으로 느낄 수 있는 것이다. 따라서 물체도 '끌어당기는 힘'을 갖고 있다고 개념적인 표현처럼 들리는 말을 하는 것은 "탐구를 중단하는 것"과 다를 바 없다. 그런 말로 인력을 파악했다고 믿고 '무지의 고백'은 피할 수 있다고 생각하는 것이다. 여기서 중요한 것은, 어떤 현상에 옷을 입히는 것에 대한 비판이 그 옷 대신에 다른 옷을 입히는 것이 아니라는 보장은 없다는 것이다. 현상을 벌거벗은 상태로 드러내면서도 그 현상에 대해 말한다는 것은 분명히 엄청나게 어

---

19 Johann Christian Polykarp Erxleben, *Anfangsgründe der Naturlehre*. Mit Verbesserung und vielen Zusätzen von G. C. Lichtenberg, IV §113 b, Göttingen 1794, 86.

20 같은 곳.

21 같은 책, 87.

려운 일이기 때문이다.

리히텐베르크는 철학적 언어 비판의 선구자 중 한 사람이다. 비트겐슈타인은 리히텐베르크의 저작을 읽었고, 특히 1784~1788년에 집필한 『메모장』에서 가장 유명한 다음 부분에 대해 논평을 남겼다. "우리의 잘못된 철학은 언어 전반의 문제와 불가분의 관계에 있다. 우리는 잘못 사고하지 않고서는 사고할 수 없다. (…) 우리의 모든 철학은 언어 사용을 바로잡는 것이다. 따라서 언어 사용을 바로잡는다는 것은 철학을 바로잡는 것, 게다가 가장 보편적인 철학을 바로잡는 것이다."[22] 그런데 바로 여기에 문제가 있다. 도대체 어떤 언어로 언어 사용을 바로잡을 것인가. 이 문제와 관련해서는 리히텐베르크도 확인했던 다음의 사태를 피할 길이 없다. 즉 "우리는 언제나 잘못된 철학 언어로 진정한 철학을 가르쳐왔다."[23] 그렇지만 이런 생각은 리히텐베르크가 언어의 역사와 관습을 통해 진부해진 언어에 다시 신선한 활력을 불어넣는 문제와 관련하여 인식한 통찰을 단순화하는 측면이 있다. 이와 관련하여 무리 없이 인정할 수 있는 것은, 언어의 신선한 활력소가 쇄신되어야 할 모든 언어보다 오히려 더 잘못된 것일 수 있다는 사실이다. 사용 가능하고 대체 가능한 언어의 역사적 선택에 거슬러서 언어 쇄신을 위해 그런 식으로 도입되는 은유는 전혀 의도하지 않은 의미를 문자 그대로 이해하여 잘못 이해하는 방향으로 오도할 온갖 위험을 내포하고 있다.

---

22 II, 197 f.(H 146)
23 같은 곳.

언어 사용을 바로잡는 과제를 철학의 총괄 개념으로 간주하는 것이 일상 언어와 학교식 언어의 친숙한 오류에 동참하는 어려움에 직면한다는 사실을 직시하면 그러한 역설(패러독스)은 해소될 것이다. 일상 언어와 학교식 언어는 매끄럽게 잘 다듬어져서 오히려 친숙한 오류를 제대로 관찰하지 못할 우려가 크기 때문이다. 수명을 다한 언어의 세계에 은유를 도입하는 것은 모든 형태론적 인식에서 나타나는 전형적인 문제, 즉 과도한 명료함이라는 문제에 직면하게 된다. 예컨대 개념이 형성되기 이전 상태의 은유인 '인력'(끌어당기는 힘)이라는 용어는 태양과 그 행성들 사이의 관계를 나타내는 용어로서 우선 서로 다른 질량을 가진 물체들 사이의 상호 관계를 과장하는 용법이다. 중심 질량이 큰 물체가 체계 내에서 유일하게 끌어당기는 힘을 가진 것처럼 오해될 소지가 있기 때문이다. 그렇지만 실제로는 상대적으로 중심 질량이 작은 물체들도 중심 질량이 큰 물체에 대해 마찬가지로 끌어당기는 힘을 갖고 있는데, 체계의 구성 원리에서 그 힘의 크기가 무시되는 것이다. 자연계에서 이러한 체계 개념이 유일하게 지배적인 현상은 아니라는 사실은 쌍둥이별의 발견을 통해 분명히 밝혀졌다. 은유를 통해 이루어지는 개념 형성에 대한 비판을 위해 필수적인 인식은 지구가 떨어지는 사과를 끌어당길 뿐 아니라 — 끌어당기는 힘의 차이를 수치로 나타낼 수는 있어도 경험적으로는 결코 증명할 수 없지만 — 떨어지는 사과 역시 지구를 끌어당긴다는 관점을 고수하는 것이다. 그렇지만 인력이라는 새로운 은유는 체계에 대한 경직된 이해로 인해 내용이 공허해진 완전히 낡아빠진 은유를 무효화했다. 인력이라는 용어가 도입되기 이전에는 '자연스러운 장소'와 '자유낙하'라는 은유를 사용했는데, 그것은 어떤 물체가 자신의 고향처럼 귀속되는 자연스러운 장소가 있다고 여기고 그 물체가 전체의 일부였다가 언젠가 분리되어 나왔다고 생각했던 것이다. 이런 경우 새로운 은유는 단지 낡은 은유를 대체하고 '더 올바른' 용어로 등장하는 것이 아니라, 무엇보다 최우선으로 은유의 사용 자체가 불가결하다는 것을 은유 자체로서 우리의 의식에 각인하는 역할을 한다.

언어는 한편으로 은유의 쇄신을 통해 역사적으로 쇄신될 필요가 있고 다른 한편으로 온갖 부류의 상상력을 작동시키는 활성화로 인해 불가피하게 오도될 우려도 있다. 리히텐베르크가 언어를 '바로잡는다'라고 한 말을 절대로 논박할 수 없는 확고부동한 '정통 언어'를 만들어내야 한다는 요구로만 이해하지 않는다면 그러한 이율배반은 거의 해소될 수 있을 것이다. 언어를 바로잡는다는 것은 언어를 대체한다는 뜻이 결코 아니다. 잘못된 언어 사용으로 인한 잘못된 철학이라는 테제의 이면에는 다시 데카르트가 말한 악령genius malignus이 감춰져 있다. 또한 보편적인 오류의 가능성을 끝장낼 수 있고 바로 그것이 이성의 본질이라고 믿는 이성에 대한 과도한 믿음이 감춰져 있다. 그런 테제와 이러한 믿음의 차이는 언어의 기만을 증명해도 언어의 기만을 막는 데는 아무런 도움이 되지 않는다는 것이다.(언어의 기만에 대한 증명은 '악령'을 퇴치해야 했지만 전혀 그러지 못했다.) 리히텐베르크는 다른 언어로 말하라고 권고하지도 않는다. 이것은 코페르니쿠스의 개혁이 완벽한 승리를 거두었음에도 불구하고 코페르니쿠스 이전 시대의 방식으로 사용되던 언어가 그대로 존속했다는 사태를 반영하는 놀랍고도 인상적인 결과이다. 코페르니쿠스 이전 시대의 언어가 그대로 존속한 이유는 분명하다. 지각 방식은 전혀 코페르니쿠스적 변화를 겪지 않았기 때문이다. 그런데 이것은 인식론에도 그대로 적용된다. 외적 대상에 대한 인식이라는 말을 사용하는 것은 모순을 내포하고 있고, 인간이 자기 자신의 밖으로 나간다는 것이 불가능하다는 것은 아주 쉽게 이해할 수 있다. 코페르니쿠스의 발견이 언어 사용에는 영향을 주지 못했다는 데서 분명히 알 수 있듯이, 이런 경우 언어는 단지 게을러서 과거의 용법을 고수하는 것만은 아니다. 그것은 자연 자체의 힘 때문이기도 하다. 다시 말해 자연은 인간이 마음대로 다룰 수 없는 대상을 내면화하고 그럼으로써 인간 자신의 행동을 위한 위험한 공상을 하도록 허용하지 않는 힘을 지녔다. 인간의 언어는 "세계(우주)의 구조에 대해서는 코페르니쿠스적으로 사고할 수 있지만 인간 자신에 대해서는 철학적으로 사고하지 못한다."[24] 이것은 언어의 부적절한 사용으로 인해 초래되는 오류가 삶에 유용할 수도 있다는 것을 보여주는 하나의 측면이다. 그런 오류는 그냥 무의미하게 지속되는 것이 아니라 고도의 지속 가능성 시험을 통과했음을 당당히 보여주는 것이다. 다른 하나의 측면은 "인간의 고차원적 정신은 자연이 인간에게 장난이라도 하듯이 부추기는 오류를 찾아낼 줄 알 만큼은" 총명하다는 것이다.[25] 리히텐베르크는 자연의 그런 유희가 필연적인 것이라고 덧붙여도 무방했을 것이다. 인간이 그런 기만을 통찰하면 그것은 더 이상 기만이 아니다. 그런 이유에서, 일종의 현상학적 환

---

24 II, 200.(H 151)
25 같은 곳.

원으로 괄호를 치고, 지금까지 말한 것의 연장선에서 더 나아가서 다음과 같이 말해도 무방할 것이다. "철학은 말을 하기 시작하면 비非철학의 언어로 말하지 않을 수 없다."[26] 정말 그렇다면 '가장 신선한' 언어로 말해야 할 것이다. 그런 언어는 은유의 쇄신을 통해 그 어떤 비유적 표현도 특정한 오류의 최종적 표현이 아니라는 것을 주지시켜 주며, 그런 한에는 '가장 신선한' 표현 자체를 다시 상대화하는 아이러니를 내포한다. 언어의 노화를 비판하는 노선과 언어의 오도 가능성을 비판하는 노선은 그런 면에서는 서로 수렴된다. 언어는 그 옷을 벗겨내도 벌거벗은 상태가 존재하지 않는 옷이다. 그런 점에서 리히텐베르크는 '물자체'Ding an sich라는 개념에 담겨 있는 절망을 너무 잘 알고 있었다.

이제 우리가 이미 살펴보았던 메모, 즉 어떤 생각에 옷을 입히면 그 생각이 다르게 보인다는 주장과 허구의 대화 상대에게 생각을 벌거벗은 모습으로 보여주겠다는 약속을 언급하는 그 메모가 불과 20년 전의 것으로서 언어의 문제를 수사학적 장식의 문제로 파악하고 있으며, 그러나 아직은 언어가 결코 생각과 완벽하게 일치할 수 없는 본질적 기만성을 지녔고 그런 기만이 자기 보존을 위한 자연스러운 기능이라는 관점에서 파악하지는 않았다는 사실을 눈여겨볼 필요가 있다. 언어는 그 의상 외에 드러낼 수 있는 것이 적을수록 벌거벗은 상태가 사라진다. 생각은 결코 벌거벗은 상태가 될 수 없고, 애초부터 벌거벗은 상태가 아니었다. 생각은 언어를 통해 비로소 옷을 입는 것이 아니라 어떤 경우에도 이미 언어적으로

---

26 같은 곳.

옷을 입은 상태이다. 바로 이러한 동기Moment를 파악하는 것이 무엇보다 중요하다. 관음증자처럼 빈틈 사이로 엿보는 것이 아니라 언어적 서임敍 ff., Investitur의 우발성을 경험하게 하는 것이 중요하다. 그 우발성은 오로지 그때그때 도입되는 언어적 수단의 신선함에 연유한다. 허구의 대화 상대에게 옷을 입히기 이전의 생각을 벌거벗은 모습으로 보여주겠다고 제안한 것은 결과적으로 믿을 수 없는 약속이라는 것이 입증된 셈이다. 리히텐베르크는 그가 이해한 칸트의 관점을 상당히 진척시켜서 그 역시 내적 경험이 자기감정Selbstaffektion에 의해 유발된 현상이라는 견해를 이미 수용했지만, 그사이에 그 역시 체념해서 자기 자신과의 대화를 아무리 영원히 계속하더라도 벌거벗은 진리의 모자람을 극복하는 예외에 도달할 수는 없다는 것을 인정하지 않을 수 없었다. 칸트 철학의 맥락 안에 있는 이러한 이론적 입장은 단지 체계적인 균형과 일관성에 도움이 되는 거라고 소박하게 이해하고 인정할 게 아니라 더 유심히 살펴볼 필요가 있다.

은유를 통해 생각을 신선하게 활성화하는 문제를 다룬 또 다른 일련의 메모들은 집필 시기로 볼 때 벌거벗은 생각을 보여주겠다고 약속하는 초기의 자기 독백과 비트겐슈타인의 선구자 격으로 벌거벗은 생각을 볼 수는 없다는 후기의 언어 비판 사이 정확히 중간 시기에 위치하고 있다. 낱말이 마모되어 생생한 느낌을 상실하고 그저 뜻만 통하는[27] 문제를 논의의 출발점으로 삼는 중간 시기의 메모들에서 낡은 낱말들 대신에 새로운 은유를 도입하는 것은 연상 개념을 떠올리게 하는 잘 다듬어진 (생각과 표

---

27 I, 409 f.(E 271)

현의) 결합을 지양하고 새로운 생각을 새로운 결합으로 적어도 가능하게 해주는 프로그램이 된다. 리히텐베르크는 이것을 나타내는 은유를 도입하는데, 초기의 전기 실험에서 빌려 온 이 은유는 그때그때 방전을 위해 새로운 회로를 모색하는 전기 충전의 경향을 떠올리게 한다. "오래된 낱말을 사용하자면, 초보적인 교과서가 길을 파놓은, 이성으로 통하는 운하에서는 흔히 하나의 은유가 새로운 운하를 뚫는데, 이것은 종종 매우 효과적이다."[28]

리히텐베르크의 통찰에서 또 주목할 것은 오늘날 우리가 '해석학적' 대상이라 일컫는 것의 본보기로 은유를 사고했다는 것이다. 은유는 저자의 의도를 넘어서는 초과분을 내포할 수 있는 언어적 수단의 총체로서, 저자의 의도가 도대체 무엇이었을까 하는 질문에 대한 대답에 만족하지 못하는 사람들에게 그 초과분을 제공한다. 저자의 의도가 실제 역사적 상황에 의해 생성된 조건에 고정불변으로 얽매이는 것이 아니라면, 그런 질문은 오히려 저자의 의도가 무엇이었을까 하는 문제를 가변적인 가능성 내지 부득이한 필연성을 따지는 다른 질문으로 물어야 할 것이다. 후대의 해석학적인 계승자들과 달리 리히텐베르크는 이러한 문제의식을 단 하나의 문장으로 너끈히 표현했다. "은유는 그 저자보다 훨씬 더 똑똑하며, 그런 방식으로 수많은 사물에 대해 말한다."[29] 은유의 강점은 다의성이다. 이렇게 말하는 것은 은유가 본질적으로 미학적이라는 테제와 동일하

---

28 I, 477.(F 116)
29 I, 512.(F 369)

다. 이 말은 다시 은유가 단지 '벌거벗은 생각'에 베일을 씌우는 것은 아니라는 점을 다르게 표현한 것일 뿐이다. 그 벌거벗은 생각은 우리가 궁극적으로 도달해야 할 해석과 해명의 목표로 늘 사고해야만 하는 것이다. 끊임없이 그 베일 너머를 사고하는 사람은 그가 가질 수 없는 것을 얻지 못하면서 자신이 가진 것도 잃는다.

참고 문헌

블루멘베르크 자신이 사용하지 않았거나 사용 여부가 확실하지 않은 판본은 *로 표시했다.
모든 하이퍼링크는 2019년 5월 24일에 마지막으로 접속했다.

Bayle, Pierre, *Dictionnaire historique et critique*. Seconde edition, revuë, corrigée & augmentée par l'Auteur. Rotterdam 1702. (Siehe auch ⟨https://reader.digitale-sammlungen.de/de/fs1/object/display/bsb10936629_00007.html⟩)

_____, *Herrn Peter Baylens, weiland Professors der Philosophie und Historie zu Rotterdam, Historisches und Critisches Wörterbuch, nach der neuesten Auflage von 1740 ins Deutsche übersetzt. Mit des berühmten Freyherrn von Leibnitz, und Herrn Maturin Veissiere la Croze, auch verschiedenen andern Anmerkungen, sonderlich bey anstößigen Stellen versehen, von Johann Christoph Gottscheden*, Bd.4 Q-Z. Leipzig 1744. (Siehe auch ⟨https://reader.digitale-sammlungen.de/de/fs1/object/display/bsb11196595_00001.html⟩.)

Blumenberg, Hans, *Die Legitimität der Neuzeit*, Erneuerte Ausgabe. Frankfurt a.M. 1988.

Briefe der Dunkelmänner, Hrsg. v. Peter Amelung, übers. v. Wilhelm Binder. München 1964.

Brod, Max, *Franz Kafka. Eine Biographie*, Dritte, erweiterte Auflage. Berlin, Frankfurt a.M. 1954.*

Buber-Neumann, Margarete, *Milena, Kafkas Freundin*. München 1979.

Burckhardt, Carl J., Der Honnête Homme. Das Eliteproblem im siebzehnten Jahrhundert. In: ders., *Gestalten und Mächte. Reden und Aufsätze*. Zürich 1941, 71~96.

_____, *Richelieu. Der Aufstieg zur Macht*. München 121947.

Clark, Ronald W., *Sigmund Freud*. Übers. v. Joachim A. Frank. Frankfurt a.M. 1981.

Daunicht, Richard (Hrsg.), *Lessing im Gespräch. Berichte und Urteile von Freunden und Zeitgenossen*. München 1971.

Erasmus von Rotterdam, Adagiorum chiliades (Adagia selecta) / Mehrere tausend Sprichwörter und sprichwörtliche Redensarten (Auswahl). Übers., eingeleitet u. mit Anm. vers. von Theresia Payr. In: ders., *Ausgewählte Schriften. Ausgabe in acht Bänden*. Lat. u. dtsch. Hrsg. v. Werner Welzig, Bd. 7. Darmstadt 1972, 357~633.

Erxleben, Johann Christian Polykarp, *Anfangsgründe der Naturlehre*, mit Verbesserungen und vielen Zusätzen von G.C. Lichtenberg. Göttingen 1794.

Fontane, Theodor, *Sämtliche Werke. Abt. II: Aufsätze, Kritiken, Erinnerungen*. Bd. 2: Theaterkritiken. Darmstadt 1969 [zitiert als Fontane, WW].

Fontenelle, Bernard Le Bovier de, Œuvres de Fontenelle. Des Académies Françoise, *des Sciences, des Belles-Lettres, de Londres, de Nancy, de Berlin et de Rome*. Paris 1790 [zitiert als Fontenelle, WW, ed. Bastien]. (Siehe auch: (https://reader.digitale-sammlungen.de/de/fs1/object/display/ bsb10603107_00001.html).)

_____, *Herrn Bernhards von Fontenelle Auserlesene Schriften, nämlich von mehr als einer Welt, Gespräche der Todten, und die Historie der heydnischen Orakel; vormals einzeln herausgegeben nun aber mit verschiedenen Zugaben und schönen Kupfern vermehrter ans Licht gestellt von Johann Christoph Gottscheden*. Leipzig 1760 [zitiert als Fontenelle, ed. Gottsched]. (Siehe auch (https://reader.digitale-sammlungen.de/de/fs1/ object/display/bsb11251501_00005.html).)

_____, *Textes choisis. 1638~1702. Extraits, texte integral*. Introduction et notes par Maurice Roelens. Paris 1966.

_____, Œuvres. Bd. 2. Ed. par Georges Bernard Deppins. Paris 1818.

Freud, Sigmund, *Gesammelte Werke*, chronologisch geordnet. London [zitiert als Freud, WW].

_____, Die Traumdeutung. *Gesammelte Werke*, Bd. II/III. London 1942, 1~642.

_____, Vergänglichkeit. *Gesammelte Werke*, Bd. X: Werke aus den Jahren 1913~1917. London 1946, 357~361.

_____, Vorlesungen zur Einführung in die Psychoanalyse. *Gesammelte Werke*, Bd. XI. London 1944.

_____, Goethe-Preis 1930 — Brief an Dr. Alfons Paquet. Ansprache im Frankfurter Goethe-Haus. *Gesammelte Werke*, Bd. XIV: Werke aus den Jahren 1925~1931. London 1948, 543~550.

_____, *Die Traumdeutung*. Frankfurt a.M. 1979.

_____, *Vorlesungen zur Einführung in die Psychoanalyse*. Frankfurt a.M. 1977.

_____, *Briefe an Wilhelm Fließ 1887~1904*. Ungekürzte Ausgabe, Hrsg. v. Jeffrey Moussaieff Masson, dt. Fassung v. Michael Schröter. Frankfurt a.M. 1986.

Grossner, Claus, *Verfall der Philosophie. Politik deutscher Philosophen (Hans Albert, Ernst Bloch,*

Hans-Georg Gadamer, Max Horkheimer, Georg Picht, Karl R. Popper u. a.), mit Gesprächen und Originalbeiträgen. Reinbek 1971.

Hebbel, Friedrich, *Tagebücher*. In: ders., *Werke*. Bd. 4. München 1966.

Hegel, Georg Wilhelm Friedrich, Dissertatio philosophica de orbitis planetarum/ Über die Planetenbahnen. Lat. u. dtsch. In: ders., *Sämtliche Werke I: Erste Druckschriften*. Hrsg. v. Georg Lasson. Leipzig 1928, 347~401.

_____, *Wissenschaft der Logik*. 2 Bde. Hrsg. von Georg Lasson. Leipzig 1934.

_____, *Vorlesungen über die Geschichte der Philosophie*. In: ders., *Sämtliche Werke XVa (System und Geschichte der Philosophie)*. Vollständig neu nach den Quellen Hrsg. v. Johannes Hoffmeister. Leipzig 1940.

_____, Briefe. Bd. 1: 1785~1812. Hrsg. v. Johannes Hoffmeister. Hamburg 1952.

_____, *Gesammelte Werke*. In Verbindung mit der Deutschen Forschungsgemeinschaft Hrsg. v. der Rheinisch-Westfälischen Akademie der Wissenschaften. Hamburg 1968 ff. [zitiert als: Hegel, Gesammelte Werke].*

_____, Dissertatio philosophica de orbitis planetarum. *Gesammelte Werke*, Bd. 5, 1998, 233~253.*

_____, *Wissenschaft der Logik 1. Gesammelte Werke*, Bd. 11, 1978.*

_____, *Wissenschaft der Logik 2. Gesammelte Werke*, Bd. 12, 1981.*

Heine, Heinrich, *Sämtliche Werke*. Hrsg. v. Klaus Briegleb. Darmstadt 1971 [zit. als Heine, WW].

_____, Die Romantische Schule. *Sämtliche Werke*, Bd. III, 357~504.

_____, Ludwig Börne. Eine Denkschrift. *Sämtliche Werke*, Bd. IV, 7~148.

_____, Shakespeares Mädchen und Frauen. *Sämtliche Werke*, Bd. IV, 171~294.

_____, Neue Gedichte. *Sämtliche Werke*, Bd. IV, 295~434.

_____, Deutschland. Ein Wintermärchen. *Sämtliche Werke*, Bd. IV, 571~646.

Herz, Markus, *Briefe an Ärzte*. 2 Bde. Berlin 21784. (Siehe auch (https:// gdz.sub.uni-goettingen.de/id/PPN653903618).)

Hofe, Harold von (Hrsg.), *Briefe von und an Ludwig Marcuse*. Zürich 1975.

Janouch, Gustav, *Gespräche mit Kafka*. Anmerkungen und Erläuterungen von Alma Urs. Erw. Ausgabe Frankfurt a.M. 1968.*

Kafka, Franz, Betrachtungen über Sünde, Leid, Hoffnung und den wahren Weg. In: ders., *Gesammelte Werke. Hochzeitsvorbereitungen auf dem Lande*. Hrsg. v. Max Brod. New York 1953, 39~54.

Kant, Immanuel, *Kant's gesammelte Schriften*. Hrsg. v. der Königlich Preußischen Akademie der Wissenschaften (Akademie-Ausgabe, *AA*), Berlin 1900 ff. [zitiert als Kant, WW]. (Siehe auch (https://korpora.zim. uni-duisburg-essen.de/Kant/verzeichnisse-gesamt.html).)

_____, Anthropologie in pragmatischer Hinsicht. In: *AA*, Bd. VII. Berlin 1917, 117~335.

_____, Von einem neuerdings erhobenen vornehmen Ton in der Philosophie. In: *AA*, Bd. VIII. Berlin, Leipzig 1923, 387~406.

_____, Über eine Entdeckung, nach der alle neue Kritik der reinen Vernunft durch eine ältere entbehrlich gemacht werden soll. In: *AA*, Bd. VIII. Berlin, Leipzig 1923, 185~251.

_____, Logik. In: *AA*, Bd. IX. Berlin, Leipzig 1923, 1~150.

_____, *Briefwechsel*, Bd. I (1747~1788). In: *AA*, Bd. X. Berlin, Leipzig 21922.

_____, *Briefwechsel*, Bd. II (1789~1794). In: *AA*, Bd. XI. Berlin, Leipzig 21922.

_____, *Briefwechsel*, Bd. III (1795~1803). In: *AA*, Bd. XII. Berlin, Leipzig 21922.

_____, *Briefwechsel*, Bd. IV (Anmerkungen und Register). In: *AA*, Bd. XIII. Berlin, Leipzig 1922.

_____, *Handschriftlicher Nachlaß*, Bd. VII. In: *AA*, Bd. XX. Berlin 1942.

_____, *Handschriftlicher Nachlaß*, Bd. VIII (Opus postumum, 1. Hälfte). In: *AA*, Bd. XXI. Berlin, Leipzig 1936.

_____, *Handschriftlicher Nachlaß*, Bd. X (Vorarbeiten und Nachträge). In: *AA*, Bd. XXIII. Berlin 1955.

Kierkegaard, Sören, *Die Tagebücher 1834~1855*. Ausgewählt und übertragen von Theodor Haecker. Kempten 41953 [zitiert als Kierkegaard, ed. Haecker].

_____, Über den Begriff der Ironie mit ständiger Rücksicht auf Sokrates. Übers. v. Hans Heinrich Schaeder. München, Berlin 1929.

Lessing, Gotthold Ephraim Lessing, *Briefe*. In: ders., *Gesammelte Werke*, Bd. IX. Berlin 1957.

Lichtenberg, Georg Christoph, *Schriften und Briefe, Bd. 1 und 2: Sudelbücher*. München 1968 [zitiert als Lichtenberg, WW].

Locke, John, *Versuch über den menschlichen Verstand in vier Büchern*. Übers. v. Julius Heinrich von Kirchmann. Bd. 2. Berlin 1873. (Siehe auch (https://reader.digitale-sammlungen.de/de/fs1/object/display/bsb 11163790_00001.html).)*

Löwith, Karl, Hegel und die Sprache. In: *Neue Rundschau* 76, 1965, 278~297.

_____, Hegel und die Sprache. In: ders., *Sämtliche Schriften*. Hrsg. v. Klaus Stichweh und Marc B. de Launay. Bd. I: Mensch und Menschenwelt. Beiträge zur Anthropologie. Stuttgart 1981, S. 373~398.*

Lübbe, Hermann, Religion nach der Aufklärung. In: *Zeitschrift für philosophische Forschung* 33,

1979, 165~183.

Nietzsche, Friedrich, *Gesammelte Werke* (Musarion-Ausgabe, *MusA*). 23 Bände. München 1920 ff. [zitiert als: Nietzsche, WW].

_____, Über Ethik. In: *MusA*, Bd. I.: Jugendschriften. 1922, 405 f.

_____, Geburt der Tragödie. *MusA*, Bd. III. 1920.

_____, Vorlesung »Die vorplatonischen Philosophen«. *MusA*, Bd. IV. 1921, 247~366.

_____, Über Wahrheit und Lüge im aussermoralischen Sinne. *MusA*, Bd. VI. 1922, 75~91.

_____, Unzeitgemäße Betrachtungen 3/4. *MusA*, Bd. VII. 1922.

_____, Menschliches, Allzumenschliches 1. *MusA*, Bd. VIII. 1923.

_____, Morgenröthe. Gedanken über die moralischen Vorurteile. *MusA*, Bd. X. 1924, 3~356.

_____, Aus der Zeit der Morgenröte. *MusA*, Bd. XI. 1924, 3~128.

_____, Die Fröhliche Wissenschaft. *MusA*, Bd. XII. 1924.

_____, Einzelbemerkungen aus den Jahren 1882~1884. *MusA*, Bd. XIV. 1925, 5~104.

_____, Jenseits von Gut und Böse. *MusA*, Bd. XV. 1925, 1~268.

_____, Zur Genealogie der Moral. *MusA*, Bd. XV. 1925, 269~450.

_____, Nietzsche contra Wagner. Aktenstücke eines Psychologen. *MusA*, Bd. XVII. 1926, 275~302.

_____, Der Wille zur Macht 3/4. *MusA*, Bd. XIX. 1926.

_____, Die Vorreden des Jahres 1886. Zur Neuauflage der »Fröhlichen Wissenschaft«. *MusA*, Bd. XXI, 155~166.

_____, *Werke in drei Bänden*. Bd. III. Hrsg. v. Karl Schlechta. München 1956.

_____, *Sämtliche Werke*. Kritische Studienausgabe in 15 Einzelbänden. Hrsg. v. Giorgio Colli u. Mazzino Montinari. München, Berlin 1980 [zitiert als KSA].*

_____, *Sämtliche Briefe*. Kritische Studienausgabe in 8 Bänden. Hrsg. v. Giorgio Colli und Mazzino Montinari. Berlin, New York 1986 [zitiert als KSA Briefe].*

_____, *Frühe Schriften*, München 1994 (Fotomechanischer Nachdruck der Ausgabe: Friedrich Nietzsche, Werke und Briefe, München 1933~40) [zitiert als BAW].*

Orieux, Jean, *Das Leben des Voltaire*. Aus dem Französischen von Julia Kirchner. 2 Bde. Frankfurt a.M. 1968.

Pascal, Blaise, *Pensées de Blaise Pascal*. Nouv. éd., collationnée sur le manuscrit autographe et publ. avec une introd. et des notes par Léon Brunschvicg. München 1930 [zitiert als Pensées].

_____, *Gedanken*. Nach der endgültigen Ausgabe übertragen von Wolfgang Rüttenauer. Mit Einführung von Romano Guardini, Leipzig 1937 [Exemplar in der Bibliothek von Hans

Blumenberg, die hier zitierten Passagen weichen aber von dieser Ausgabe leicht ab; zitiert als Gedanken].

_____, Œuvres complètes III: Les pensées, les opuscules, la correspondance. Publiées par Fortunat Strowski, Paris 1931.

Rathenau, Walther, Vom Schriftgelehrten und von der Wahrheit. In: ders., *Gesammelte Schriften* IV. Berlin 1925, 353~356.

Rousseau, Jean-Jacques, Confessions. In: ders., Œuvres complètes. Ed. publ. sous la dir. de Bernard Gagnebin. Paris 1959 ff. (Bibliothèque de la Pléiade).

Scheler, Max, Über Scham und Schamgefühl. In: ders., *Gesammelte Werke*, Bd. 10: Schriften aus dem Nachlaß 1. Zur Ethik und Erkenntnislehre. Hrsg. v. Maria Scheler. Bonn 21957, 65~154. I.

Schivelbusch, Wolfgang, *Intellektuellendämmerung. Zur Lage der Frankfurter Intelligenz in den zwanziger Jahren.* Frankfurt a.M. 1982.

Schopenhauer, Arthur, *Sämtliche Werke*. Textkritisch bearbeitet und hrsg. v. Wolfgang Frhr. von Löhneysen. Stuttgart, Frankfurt a.M. 1968 [zitiert als Schopenhauer, WW].

_____, Die Welt als Wille und Vorstellung. *Sämtliche Werke*, Bd. I und II.

_____, Über die Universitätsphilosophie. *Sämtliche Werke*, Bd. IV: Parerga und Paralipomena I.

_____, *Der handschriftliche Nachlaß* in fünf Bänden. Hrsg. v. Arthur Hübscher. Frankfurt a.M. 1966~1975 [zitiert als Nachlaß].

_____, Frühe Manuskripte (1804-1818). *Nachlaß*, Bd. I. Frankfurt a.M. 1966.

_____, Brieftasche. In: *Nachlaß*, Bd. III. Frankfurt a.M. 1970, 142~185.

_____, Adversaria. In: *Nachlaß*, Bd. III. Frankfurt a.M. 1970, 399~665.

_____, Cholerabuch. In: *Nachlaß*, Bd. IV/1. Frankfurt a.M. 1974, 72~110.

_____, Pandectae II. In: *Nachlaß*, Bd. IV/1. Frankfurt a.M. 1974, 152~237.

_____, Spicilegia. In: *Nachlaß*, Bd. IV/1. Frankfurt a.M. 1974, 238~313.

Seidel, Christa, Art. »Astronomie II«. In: *Historisches Wörterbuch der Philosophie*. Hrsg. v. Joachim Ritter. Bd. 1 (A-C). Darmstadt 1971, Sp. 590~593.

Spaemann, Robert, Die Frage nach der Bedeutung des Wortes »Gott«. In: *Der fragliche Gott. Fünf Versuche einer Antwort.* Hrsg. v. Joseph Kopperschmidt. Düsseldorf 1973, S. 45~66.

Staël-Holstein, Germaine de, *De l'Allemagne*. London 1813. (Siehe auch (https://reader.digitale-sammlungen.de/de/fs1/object/display/bsb1150196_00007.html).)

_____, Über Deutschland. Vollständige und neu durchgesehene Fassung der deutschen Erstausgabe von 1814 in der Gemeinschaftsübersetzung von Friedrich Buchholz, Samuel

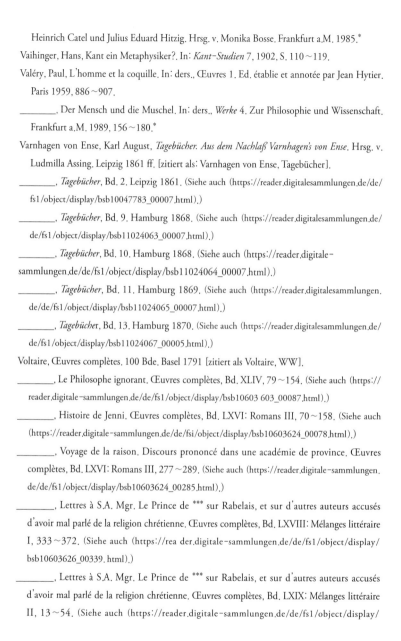

Heinrich Catel und Julius Eduard Hitzig. Hrsg. v. Monika Bosse. Frankfurt a.M. 1985.*

Vaihinger, Hans, Kant ein Metaphysiker?. In: *Kant-Studien* 7, 1902, S. 110~119.

Valéry, Paul, L'homme et la coquille. In: ders., Œuvres 1. Ed. établie et annotée par Jean Hytier. Paris 1959, 886~907.

_____, Der Mensch und die Muschel. In: ders., *Werke* 4. Zur Philosophie und Wissenschaft. Frankfurt a.M. 1989, 156~180.*

Varnhagen von Ense, Karl August, *Tagebücher. Aus dem Nachlaß Varnhagen's von Ense.* Hrsg. v. Ludmilla Assing. Leipzig 1861 ff. [zitiert als: Varnhagen von Ense, Tagebücher].

_____, *Tagebücher*, Bd. 2. Leipzig 1861. (Siehe auch ⟨https://reader.digitalesammlungen.de/de/fs1/object/display/bsb10047783_00007.html⟩.)

_____, *Tagebücher*, Bd. 9. Hamburg 1868. (Siehe auch ⟨https://reader.digitalesammlungen.de/de/fs1/object/display/bsb11024063_00007.html⟩.)

_____, *Tagebücher*, Bd. 10. Hamburg 1868. (Siehe auch ⟨https://reader.digitale-sammlungen.de/de/fs1/object/display/bsb11024064_00007.html⟩.)

_____, *Tagebücher*, Bd. 11. Hamburg 1869. (Siehe auch ⟨https://reader.digitalesammlungen.de/de/fs1/object/display/bsb11024065_00007.html⟩.)

_____, *Tagebücher*, Bd. 13. Hamburg 1870. (Siehe auch ⟨https://reader.digitalesammlungen.de/de/fs1/object/display/bsb11024067_00005.html⟩.)

Voltaire, Œuvres complètes. 100 Bde. Basel 1791 [zitiert als Voltaire, WW].

_____, Le Philosophe ignorant. Œuvres complètes, Bd. XLIV, 79~154. (Siehe auch ⟨https://reader.digitale-sammlungen.de/de/fs1/object/display/bsb10603 603_00087.html⟩.)

_____, Histoire de Jenni. Œuvres complètes, Bd. LXVI: Romans III, 70~158. (Siehe auch ⟨https://reader.digitale-sammlungen.de/de/fsi/object/display/bsb10603624_00078.html⟩.)

_____, Voyage de la raison. Discours prononcé dans une académie de province. Œuvres complètes, Bd. LXVI: Romans III, 277~289. (Siehe auch ⟨https://reader.digitale-sammlungen.de/de/fs1/object/display/bsb10603624_00285.html⟩.)

_____, Lettres à S.A. Mgr. Le Prince de *** sur Rabelais, et sur d'autres auteurs accusés d'avoir mal parlé de la religion chrétienne. Œuvres complètes, Bd. LXVIII: Mélanges littéraire I, 333~372. (Siehe auch ⟨https://rea der.digitale-sammlungen.de/de/fs1/object/display/bsb10603626_00339.html⟩.)

_____, Lettres à S.A. Mgr. Le Prince de *** sur Rabelais, et sur d'autres auteurs accusés d'avoir mal parlé de la religion chrétienne. Œuvres complètes, Bd. LXIX: Mélanges littéraire II, 13~54. (Siehe auch ⟨https://reader.digitale-sammlungen.de/de/fs1/object/display/

bsb10603627_00013.html).)

_____, *Dictionnaire Philosophique*. Avec introduction, variantes et notes par Jean Benda, *texte établi par Raymond Naves*. Paris 1954.

_____, Aus den Briefen an seine Hoheit Monseigneur le Prince de ⋯ Über Rabelais sowie andere Autoren, die man bezichtigt, sie hätten die christliche Religion verunglimpft. In: ders., *Kritische und satirische Schriften*. Übersetzt von Karl August Horst, Joachim Timm und Lieselotte Ronte. Nachwort von Fritz Schalk. München 1970, 386~427.

Voß, Johann Heinrich, *Briefe*. Nebst erläuternden Beilagen Hrsg. v. Abraham Voß. Bd. 1. Halberstadt 1829.

Wieland, Christoph Martin, *Ausgewählte Werke* in drei Bänden. Hrsg. v. Friedrich Beißner. Darmstadt 1964.

_____, Geschichte der Abderiten. *Ausgewählte Werke* in drei Bänden, Bd. 2: Romane, 579~903.

_____, Göttergespräch. *Ausgewählte Werke* in drei Bänden, Bd. 3: Erzählende Prosa und andere Schriften, 633~766.

Wieser, Harald, Am Stammtisch der heimlichen Staatsanbetung. In: Michel, Karl Markus (Hrsg.), *Kursbuch* 56: Unser Rechtsstaat. Berlin 1979, 51~57.

Wittels, Fritz, *Sigmund Freud. Der Mann, die Lehre, die Schule*. Leipzig 1924.

_____, Revision of a Biography. In: *The Psychoanalytic Review* XX, 1933, 361~374.

인명 찾아보기